인간이란   무엇인가

LE PERSONNAGE ET LA PERSONNE by Paul Tournier

인간이란 무엇인가

LE PERSONNAGE ET LA PERSONNE

폴 투르니에 | 강주헌 옮김

포이에마
POIEMA

일러두기

1. 이 책에서 'personnage'는 '등장인물'로, 'personne'는 '실제 인간'으로 옮겼다. 카를 구
   스타프 융 교수가 사용한 라틴어 '페르소나 *persona*'는 'personne'보다는 'personnage'
   라는 단어의 뜻에 가깝다.
2. 본문에 인용한 성경은 대한성서공회에서 펴낸 새번역판을 따랐다.

인간이란 무엇인가
폴 투르니에 지음 | 강주헌 옮김

1판 1쇄 발행 2014. 1. 3. | **1판 8쇄 발행** 2022. 10. 26. | **발행처** 포이에마 | **발행인** 고세규 |
등록번호 제300-2006-190호 | **등록일자** 2006. 10. 16. | 서울특별시 종로구 북촌로 63-3
우편번호 03052 | 마케팅부 02)3668-3260, 편집부 02)730-8648, 팩스 02)745-4827

값은 뒤표지에 있습니다. ISBN 978-89-93474-67-1 03230 | **독자의견 전화** 02) 730-
8648 | **이메일** masterpiece@poiema.co.kr | 좋은 독자가 좋은 책을 만듭니다. | 포이에마
는 독자 여러분의 의견에 항상 귀를 기울이고 있습니다.

병을 치료하지 말고 인격을 치료하라

스위스의 내과 의사였던 폴 투르니에는 상담자, 심리치료사, 또는 정신과 의사로 잘 알려져 있다. 폴 투르니에 탄생 106년, 그리고 서거 28주년이 되는 해에 그의 대표작 중 하나인《인간이란 무엇인가》가 불어판에서 우리말로 출간되어, 그를 사랑하는 독자의 한 사람으로 더없이 기쁘다.

투르니에는 1898년 5월 12일, 스위스 제네바에서 태어났다. 아버지 루이 투르니에와 그의 두 번째 아내인 엘리자벳 오르몽 사이에서 누나 루이스에 이어 두 번째 아들로 출생했다. 태어난 지 3개월 만에 아버지를 여의고, 여섯 살이 되던 해에는 유방암으로 어머니마저 돌아가시자 고아가 된 투르니에는 외삼촌 자크 오르몽의 집에서 성장했다.

나는 자폐증에 걸려서 나 자신 속에 갇혀 버렸다. 한편으로는 거칠고 또 한편으로는 소심한 아이가 되어 버리고 말았다. 언제나 외톨이가 되어 친구들을 멀리했고 사람들과 사귀지도 못하고 누구도 믿지 못하는 아이가 되었다.

집 뒤에 있는 고목나무와 사냥개를 말벗 상대로 삼아 자폐아로 어린 시절을 보냈다. 열두 살에 예수님을 삶의 주인으로 영접한 후 의사가 되어야겠다고 결심했다. 아마 "자기 부모를 빼앗아간 질병과 대결하려는 그의 무의식" 때문이었을 것이라고 게리 콜린스는 해석했다.

투르니에는 열여섯 살 되던 해에 그의 첫 번째 심리치료사인 고등학교 그리스어 교사 쥘 뒤부아로부터 인격적 대우를 받으면서 한 인격으로 피어나기 시작했다. 뒤부아 선생의 지도로 사회생활에 자신감을 회복한 투르니에는 마침내 전국총학생연맹 회장 선거에서 피선되어, 국제적십자사의 일과 사회복지사업에도 관여했다. 1923년, 제네바 의과대학을 졸업하고 1년의 인턴 과정 후 일반내과 의사가 되었다. 1923년 넬리 부비에와 결혼하여 두 아들을 두었다.

비인격적 가정환경에서 자라난 투르니에는 1932년 옥스퍼

드 그룹운동(Oxford Group Movement: MRA: 1932~46)에 참여하면서 두 번째 전환기를 맞았다. 국제연맹의 고위직에 있던 네덜란드인과의 만남을 통해 신앙 안에서 자신의 연약함과 마음의 괴로움을 나누는 대화법을 배웠다. 매일 1시간 이상 묵상을 통해 하나님의 인도하심을 구하고, 서로 성공과 실패, 승리와 잘못을 고백하는 사랑과 섬김의 운동에 참여하면서 고백적 신앙인으로 변화되었다.

그러나 그를 따듯한 의사로 변화시킨 것은 아내와의 인격적 대화였다. 아내 앞에서 고아로서의 아픔을 울면서 이야기하게 되었고, 비로소 부부간에 진정한 감정을 솔직히 나눌 수 있게 되었다.

그때를 회고하며 투르니에는 "아내와 나 사이에는 아무런 비밀이 없었다"고 고백하기도 했다. 이러한 일련의 경험을 통해 투르니에는 의학적 지식과 기술을 자랑하는 차가운 의사에서 따듯한 마음을 가지고 '함께 씨름하는 환자fellow struggler'를 돌보는 '대화 상담자'이자 '인격 의학자'로 차츰 변화되었다.

지금 이 세계가 필요로 하는 것은 새로운 의술의 개발이 아니라 하나님께 순종하고 기도하는 의사들이다. 이들이 하나님과의 깊은 관계를 가지면서 현대의 모든 의학적 자료들과 지식을 사용할 때 우리는 예측하지 못했던 커다란 도움을 의학으로부터 받을 수 있을 것이다.

1939년 투르니에는 부인의 권유로 그가 처음 쓴 책《인간 치유*Médecine de la Personne*》원고를 들고, 고등학교 시절의 은사 쥘 뒤부아 선생을 찾아간다. 스승이 노환으로 소천하기 두 달 전의 일이었다. 그는 선생이 시키는 대로 아침부터 저녁까지 하루 종일 원고를 읽어나갔다. 해질 무렵 마지막 장을 읽었을 때, 선생은 갑자기 '우리 함께 기도하세'라고 말했다. 투르니에가 물었다. "선생님, 언제 크리스천이 되셨습니까?" 선생은 "바로 지금!"이라고 대답했다. 관념론자로 남아 있던 그리스어 선생이 제자의 도움으로 인격적인 하나님을 만나게 된 것이다. 스승의 유언에 따라 투르니에는 뒤부아 선생의 장례를 집전했다.

1947년, 투르니에는 '보세이 그룹*Bossey Group*'을 조직하여 전인격적 치유에 관심을 가지고 있는 의사와 신학자들의 모임을 주관하기 시작했다. 이 모임은 오늘날까지 계속되고 있는 보세이 그룹 운동의 효시가 되었다. 이때 발표되었던 논문들이 후에 책으로 출판되었는데, 지금 독자가 손에 들고 있는《인간이란 무엇인가》도 그때에 발표되었던 글을 모은 것이다. 이외에도《강자와 약자》,《모험으로 사는 인생》,《비밀》,《선물의 의미》,《현대인의 피로와 휴식》등이 책으로 묶여 나왔다. 그래서 사람들은 의학과 신학, 그리고 심리학이 통합되어 있는 그의 접근을 '인격 의학*medicine of the whole person*'이라고 부른다.

한 사람의 개인적 문제와 그의 하나님과의 관계가 신체적 질병과 치유에 영향을 미친다는 사실을 나는 깨닫게 되었다. 우리의 질병과 생활방식 사이에는 깊은 관계가 있다. 현대 의술의 문제는 대부분의 의사들이 그들의 의료 지식이나 기술에 뒤져 있는 것이 아니라 병을 앓고 있는 환자의 인격에 대해서보다는 병에 대해서 더 많은 것을 알고 있다는 사실이다. 이때부터 나는 질병을 환자의 생활과 연관시켜서 치료하는 일에 내 생애를 바칠 결심을 했다.

약만 처방하는 의사가 아니라 인격적인 의사로서 환자와 대화할 때 부부 사이의 갈등, 직장에서의 어려움, 양심의 죄책감, 분노, 스트레스, 실망과 낙담 등 인간을 괴롭히는 문제는 무엇이나 거론했다. 모든 환자가 약만 처방했을 때보다 더 빠르게 치유되는 것을 목도하기 시작했다. 1941년에 출간한 그의 처녀작 《인간 치유》는 바로 이러한 경험과 생각을 묶어 출간한 것이다.

그는 한때 의료 활동을 청산하고 목회를 할 것인가, 아니면 의사로서 계속 봉사할 것인가를 놓고 고민했다. 그리고 결국 평신도 의사로서 주님을 섬기는 쪽을 선택한다. 그는 인격적인 대화와 상담을 위해 소수의 환자만을 받되 많은 시간을 저술 활동에 투자했다. 그의 모든 책은 전 세계 18개 언어로 번역되어 의사, 상담자, 사회사업가, 간호사, 가정사역자 등 사람을 돕는 직종에 종사하는 이들에게 지금도 큰 영향을 미치고 있다.

1976년, 폴 투르니에는 순회 강연차 그리스 아테네를 방문하고 있었다. 어느 날 아내가 심장마비를 일으켜 병원에 입원했다가 그만 주님 품에 먼저 안기고 말았다. 아내의 임종 전 두 사람이 나누었던 대화를 투르니에는 이렇게 기록하고 있다.

"아내가 말했다. 만일 한 달 전에 심장마비가 왔을 때 내가 죽었다면 지금쯤 나는 천국에 가 있겠죠? 그리고 한 번도 만나 뵌 적이 없는 시부모님을 만날 수 있었을 텐데요." 투르니에는 고아와 결혼해 순례의 여정을 함께해준 아내에게 이렇게 대답했다. "당신은 나를 이토록 아껴주었구려. 정말 당신은 나를 사랑하고 받들어주었소. 그러니까 당신이 이제 세상을 떠나게 되면, 아버지도 어머니도 꼭 당신을 맞으러 오실 거요. 그리고 당신들의 자녀를 이처럼 소중히 보살펴준 그대에게 더없이 감사해 하실 거요!"

아내와 사별한 지 8년 후, 그는 자기보다 서른다섯 살 연하의 피아니스트와 두 번째 결혼을 했으며, 1986년 10월 7일, 88세의 일기로 소천했다. 그는 노년에 《여성, 그대의 사명은》, 《고통보다 깊은》 등 몇 권의 책을 더 보태 총 25권을 저술했다. 폴 투르니에의 사상적 제자 게리 콜린스는 그의 상담 접근을 '대화식 상담dialogue counseling'이라 명명했으며, 그의 생애와 사상을 《폴 투르니에의 기독교 심리학》이라는 책에 요약했다.

"병을 치료하지 말고 인격을 치료하라." 투르니에가 의사와 상담자들에게 일관되게 부탁하는 내용이다. 이 책이 점점 비인간화되어 가고 있는 현대 후기 사회에 정신적 산소를 불어넣는 역할을 하기를 기대한다. 그의 책에는 복음주의 신학과 심오한 인간 이해, 현장에서 살아 숨 쉬는 영성이 함께 녹아 있다. 이 책을 읽는 분들은 누구나 그가 왜 "20세기 기독교가 가장 사랑한 상담자"라는 애칭을 얻게 되었는지를 이해하게 될 것이다.

정동섭, 한동대 외래교수

차
례

1부

등장인물

이해에는 치유의 효과와 인간적인 가치가 있다. 어떤 사람의 삶을 지적으로 이해하기 위해서는 그 사람이 살아온 역사를 쓰는 것으로 충분하다. 한 사람의 심리적 메커니즘을 이해하기 위해서는 그 사람의 마음을 특정한 관점에서 해석하면 된다. 그러나 진정한 이해가 있는 순간에는 역사적인 관점에서나 심리학적인 관점에서나 지적으로 표현할 수 없는 사건이 일어난다.

<u>1</u>

나는 누구인가?

오늘은 제네바의 경축일이다. 1602년 12월 어느 날, 이탈리아의 사부아 공작이 어둠을 틈타 제네바를 점령하려고 했지만 하나님이 경이롭게 구해냈다는 에스칼라드(*l'Escalade*, '기어올라감'을 뜻한다—옮긴이) 축제일이다. 매년 이 날이면, 제과점 진열장은 그 전투에서 가장 자주 회자되는 사건을 기념하는, 초콜릿이나 누가(흰 빛깔의 무른 사탕—옮긴이)로 만든 작은 냄비들로 채워진다. 루아욤 부인이란 여자가 사부아 군인들이 자기 집 창문 아래를 지나가는 것을 보고는 화덕에서 냄비를 집어 들고 한 군인의 머리에 세게 내던져 그를 죽였다는 사건이다.

역사적 사실일까, 전설에 불과한 것일까? 어젯밤 한 라디오 프로그램 아나운서는 그 일화가 사실인지를 묻는 익명의 청취자에게 똑 부러지게 대답했다. 역사학자들이 그 문제를 이미 연구했다고. 가인센도르프 교수가 확인한 바에 따르면, 루아욤 부인은 실제 인물이고, 그 유명한 냄비 사건은 그 후손 중 하나의 유언장에서 언급되지만, 에스칼라드에 관련한 가장 오래된 자료에는 그 사건이 전혀 언급되지 않는 것으로 보아 그 일화는 나중에 조작된 듯하다고!

따라서 그 일화의 자세한 전말이 정확한 것인지 아닌지는 누구도 자신 있게 말할 수 없다. 윌리엄 텔, 크리스토퍼 콜럼버스 등 모든 위대한 역사적 인물에 관련한 일화들도 마찬가지다. 위대한 인물들 중에는 학자들에게 실제로 존재했는지조차 의심받는 이들이 있을 정도다. 전설과 역사적 사실의 경계는 어디일까? 아무리 박식한 학자라도 그 경계를 명확하게 그을 수는 없다.

이미지와 등장인물

호의적이거나 악의적인 소문과 평판이 우리 시대 사람들의 이미지에도 거의 즉각적으로 영향을 미친다. 중요한 것은 그런 이미지다. 그 이미지가 우리 마음에 속닥이며 우리에게 실질적으로 영향을 미치고, 공경심이나 경멸감을 불러일으키기 때문이다.

게다가 이런 원리는 우리 자신의 눈에 비친 우리 각자에게도 그대로 적용된다. 아무리 신중한 사람이라도 옛 기억을 떠올릴 때 착각을 완전히 배제할 수는 없다. 우리가 기억에 떠올리는 것은 그 자체로 진실이 아니다. 겉모습, 즉 우리가 보고 느꼈던 것일 뿐이다. 우리가 보고 느꼈던 것, 즉 이미지와 느낌이 다소 왜곡된 채 우리 기억에 남아 있는 것이다.

병자만이 아니라 건강한 사람까지, 온갖 연령층과 온갖 환경의 남녀가 자신에 대해 더 정확히 알고 싶어서 매일 나를 찾아온다. 그들은 자신들의 삶에 대한 이야기를 나에게 늘어놓지만, 세세한 부분까지 정확히 말하지는 못한다. 그들은 실제로 자신이 어떤 사람인지 알고 싶어 하지만, 그들이 모든 것을 꼼꼼하게 정확히 말하지 않더라도 우리가 함께하는 모든 것에서 그럭저럭 타협점을 찾을 수 있으리라 생각한다.

그들은 다음 상담 시간에 일부 내용을 수정하거나, 뭔가를 빠뜨려서 내가 사실을 잘못 이해할까 봐 걱정됐던지 새로운 내용을 덧붙이는 경우도 적지 않다. 물론 이런 걱정은 당연한 것이다. 하기야 정직하다는 것을 보여주고 싶은 욕심이 없는 사람은 이 세상에 하나도 없을 것이다.

하지만 나는 어떻게든 그들을 안심시켜야 한다. 인간의 탐구에서 중요한 것은 역사적 사실이 아니라 우리가 세상을 어떻게 보고 느끼느냐는 것이기 때문이다. 우리 기억이 우리를 속일지라도 기억은 결코 우연히 왜곡되는 것은 아니다. 왜곡된 기억은 역사적 사실만큼이나 우리 자신에 대해서도 많은 것을 말해준다.

이와 마찬가지로, 우리는 역사적 기록만이 아니라 전설을 통해서도 인간에 대해 많은 것을 알 수 있다. 전설은 분명히 다른 세계이지만, 그 자체로 하나의 세계다. 오히려 가장 학술적인 역사책보다 전설이 더 확실한 자료인 경우도 많다. 인간을 제대로 이해하려면 철학과 사회학, 생리학과 심리학 서적도 읽어야겠지만, 《일리아스》, 《오디세이아》, 《아이네이스》, 《바가바드기타》, 심지어 샤를 페로Charles Perrault의 동화도 읽어야 한다.

연극만큼 관례를 정확히 지키는 것이 있을까? 정확히 말하면, 우리가 관람하는 연극은 등장인물들의 '연기'다. 하지만 정확하기 이를 데 없는 전기보다 소포클레스의 비극 한 편에 인간에 대한 더 많은 진실이 담겨 있다. 배우들은 각자 자신의 역할을 연기하지만, 우리는 실생활에서 어떤 사람을 지켜보고 있는 것만큼이나 확실하게 배우들의 몸짓과 대사를 통해 인간을 이해한다. '인간personne'이라는 단어 자체가 목소리를 강조하려고 배우들이 썼던 가면(sonare … per)에서 파생한 것이다.

카를 구스타프 융 교수가 사용한 '페르소나persona'라는 라틴어 단어는, 우리가 프랑스어로 흔히 '인간personne'이라 표현하는 것을 뜻하는 것이 아니다. 오히려 '등장인물personnage'이라는 단어의 뜻에 가깝다. 언어적으로도 무척 복잡하지만, 이런 복잡성은 내가 이 책에서 다루려는 문제의 복잡성을 그대로 보여주는 듯하다. 우리는 실제 인간과 등장인물을 직관적으로 다른 존재라 생각하지만, 즉 실제의 자아와, 우리가 맡는 역할이 다르다고 생각하지만, 그 둘 사이에 복잡하게 뒤얽힌 관계가 있다. 나는 그 관계를 이 책에서 살펴보려 한다.

교양인이 되는 데 전설, 시, 음악이 과학보다 중요했던 시대가 있었다. 그 시대는 지금보다 훨씬 인간적이었다. 지금 우리가 인간에 대해 알고 있는 많은 것, 정확히 말하면 인간의 몸만이 아니라 인간의 삶을 지배하는 심리적이고 사회적인 법칙이 거의 밝혀지지 않은 때였다. 하지만 인간 자체에 대해서는 지금보다 그때 더 잘 알았을 거라고 말할 수 있다.

피란델로의 희곡, 《작가를 찾는 6인의 등장인물》에서 한 인물은 산초 판사 같은 상상의 존재가 진짜 사람보다 더 진짜 같다고 말한다. 산초 판사가 당신과 나보다 더 완성품 같다는 뜻이다. 세르반테스가 산초 판사에 대해 말하는 것이 산초 판사의 모든 것이다. 반면에 나는 나 자신에 대해 나 자신에게 혹은 다른 사람에게 끝없이 말하지만, 내가 누구인지 완벽하고 충실하게 그려낼 수 없다. 누구에게나 자신조차 알 수 없는 불가해한 미스터리가 있다.

그러면 현재의 나와, 내가 될 수 있는 존재의 경계는 어디에 있을까? 내일 어떤 새로운 사건에 대한 내 반응에서 지금까지 내가 나 자신에 대해 찾아낸 어떤 면보다 중요한 면이 드러날지 누가 알겠는가? 내일이면 드러날 것이 오늘의 나 안에 억눌려 있는 것은 아닐까?

산초 판사도 모든 사람에게 똑같은 존재로 보이지는 않는다. 산초 판사에 대한 내 생각은 당신의 생각과 다르고, 세르반테스의 생각과도 다르다. 나에게 산초 판사는 《돈 키호테》를 읽을 때 내 마음속에 떠올린 개인적인 이미지이고, 내가 머릿속으로 연상해낸 생각들과 삶의 경험들에 도움을 받아 빚어낸 이미지다. 그 이미지가 '나의' 산초 판사다. 따라서 나의 자아와 삶의 이야기, 그리고 세르반테스의 이야기들이 의식적으로나 무의식적으로 내 머릿속에 불러일으킨 여운에 따라 산초 판사의 이미지가 결정된다.

내 눈에 들어오는 모든 사람이 마찬가지다. 그들은 나에게 자신의 모습을 최대한 정확히 보여주려고 애를 쓰지만, 나는 그들의 노력만큼이나 나 자신에게 영향을 받아 그들에 대한 이미지를 결정한다. 그들이 다른 어떤 치료자를 만나더라도 그는 나와 마찬가지로 그들을 정확히 보지 못한다. 게다가 그들 자신도 나에게 보여주었던 모습을 다른 치료자에게 똑같이 보여주지 못한다.

이런 이유로 나는 실제 지난 20년 동안 인간의 이런 문제에 몰두했던 것이다. 이 문제는 보편성을 띠기 때문에 모든 사상과 모든 문명에도 무척 중요하다. '인간이란 무엇인가?' 그러

나 이 문제는 좁게 보면, 나의 개인적인 운명에도 마찬가지로 중요하다. '나는, 실제로, 누구인가?'

우리가 의식하든 의식하지 않든 우리 모두가 이 문제에 시달린다. 내가 행하는 모든 상담에도 이 문제가 걸려 있다. 나에게 상담을 받으려고 오는 사람들은 물론이고, 나 자신도 이 문제에서 자유롭지 않다. 사람들과 속내를 터놓고 진실하게 만나는 것이 내 직업의 본질이다. 나에게 상담을 받는 사람에게나, 나 자신에게나 그런 만남이 있어야 진정한 자아를 발견할 수 있다. 나는 상담실에서는 물론이고, 어떤 형태의 만남에서나, 친구나 가족과 함께 있을 때도, 학회에 참석할 때도, 휴가를 즐길 때도 항상 그런 만남을 이루어내려고 애쓴다.

그러나 나에게 상담을 받으려고 오는 이들은 그렇게 한가로운 사람들이 아니다. 자기 자신을 간절하게 이해하고 싶은 사람들이다. 따라서 내가 그들에게 도움을 주기를 기대한다. 지금까지의 경험에 따르면, 인간이라는 이 흥미진진한 문제는 일반적인 생각보다 훨씬 복잡한 듯하다. 인간이란 존재의 이런 면들을 조금이라도 밝혀보려는 생각에 이 책을 쓰기로 한 것이다. 내 생각에 책을 쓴다는 것은, 이미 나를 알고 있든 그러지 않든 불특정한 독자들과 대화하는 것이다. 또한 내가 살아가는 과정에서 나에게 제기된 의문들을 독자들에게 제기하는 것이기도 하다.

어떤 면에서, 내가 유리한 위치에 있는 것은 사실이다. 나를 찾아오는 사람들은 대체로 자신을 나에게 숨김없이 보여주려고 결심한 사람들이다. 따라서 누구에게도 감히 말하지 못했던 것을 나에게 말한다. 내가 찾아내야 하는 것은 그들 자신만이 아니라, 그들 각자의 내면에 감추어진 인격, 즉 일상의 삶에서 덧씌워진 거짓된 겉모습을 떨쳐낸 한층 순수한 인격이다.

그러나 내 위치가 유리하더라도 내가 절대적으로 순수한 인격까지 찾아낸다는 것은 불가능하다. 어쩌면 하나님만이 절대적인 인격이 무엇인지 아실 것이다. 나는 나 자신의 진정한 실체도 파악할 수 없으며, 마찬가지로 누구의 진정한 실체도 파악할 수 없다. 그저 이미지만을 이해할 뿐이다. 그것도 단편적이고 왜곡된 이미지, 겉으로 드러난 이미지, 즉 '등장인물'에 불과하다.

따라서 이 책의 목적은 내가 찾아내는 것만이 아니라 끝까지 찾아내지 못하는 것, 즉 내가 인간의 문제를 조금이라도 밝혀준다고 생각하는 것과 끝까지 불가사의하고 어둠에 감춰지는 것을 추적하는 것이다. 실제 인간과 등장인물 사이에는 이상한 관계가 있다. 그 둘은 서로 결부돼 있지만 별개의 존재다. 나는 단지 이미지를 통해서 실제 인간에 접근할 뿐인데, 그 이미지는 나에게 실제 인간을 조금이나마 보여주는 동시에 실제 인간을 감춰버린다. 다시 말하면, 이미지는 실제 인간을 드러내는 동시에 감춘다.

게다가 인간은 살아서 움직이는 존재다. 상담할 때마다 나는 그의 새로운 이미지를 찾아낸다. 그렇게 잇달아 제시되는 이미지들은 불연속적이고 변덕스러워서 서로 모순되게도 보이지만, 내 직관은 그에게 일체성과 연속성이 있다고 내게 말해준다. 객관적으로 증명할 수는 없지만 반박할 수 없는 직관이다. 따라서 나는 그 불연속적인 이미지들을 통합해보려는 열망에 거기서 공통점을 찾아내고, 그 이미지들을 똑똑 끊어지는 환등기 필름으로 생각하지 않고 영사기 필름이라 생각하며, 그런 끊임없는 움직임에서 그라는 인간을 파악해보려 한다.

그러나 연속된 영사기 필름은 분리된 이미지보다 훨씬 많은 착각을 불러일으킨다. 삶을 통합하겠다는 무모한 짓만큼 위험한 것은 없다. 그런 시도의 결과는 삶의 무한한 다양성을 잘라내고 삶을 임의적으로 추상화한 일종의 도표에 불과할 것이다. 그렇게 해서 내가 얻는 것은 실제 인간이 아니라, 또 다른 한 이미지에 불과할 것이며, 그것도 진실을 오도하는 더욱 억지스런 이미지에 불과할 것이다. 순전히 내 개인적인 표상을 가공한 이미지에 불과할 것이다. 구체적으로 말하면, 내가 보고 왜곡한 것은 루아욤 부인이나 산초 판사의 페르소나지, 그들 자체가 아니다.

따라서 인간에 대해 평생 끈질기게 연구했지만 결론을 내리는 데는 한층 신중하고 조심스러울 수밖에 없다. 인간이 끊임없이 서로에게 가하는 판단이 피상적이고 잘못된 것임을 알기 때문이다. 도덕적인 판단만이 아니라 심리적이고 철학적인 판단도 마찬가지다. 물론 나에게 자신의 면면을 더 숨김없이 드러내기 때문에 상대적으로 정확하게 판단할 수 있는 사람들이 있다. 하지만 그때마다 내 판단이 진실과는 거리가 멀다는 것을 더욱 절실하게 깨닫는다.

언젠가 한 부부가 나에게 상담을 받으려고 왔다. 남편이 부인에 대해 말하는 동안, 나는 남편이 신혼시절이었다면 부인에 대해 어떻게 말했을까 생각해보았다. 그 이후로 부인이 당연히 변했겠지만, 남편의 생각에는 그다지 변하지 않은 것으로 보였을 것이다.

신혼시절에 남편은 당연히 사랑의 눈으로 부인을 보았을 테고 이상적인 이미지를 마음속에 그렸을 것이다. 남편은 그 이미지를 사랑했고, 그 이미지가 실체라고 생각했을 것이다. 그 이후로 남편은 거듭 상처를 받았고, 따라서 이런저런 편견도 갖게 됐다. 그가 지금 혐오하고 비난하는 이미지가 부인의 실체가 아니듯이, 과거의 이미지도 부인의 실체가 아니었다. 나는 남편에게 이렇게 묻고 싶었다. "부인을 정확히 알고 싶지 않습니까?" 그가 부인에 대해 내린 판단 때문에, 부인을 정확히 파악하지 못하고 있었기 때문이다.

나는 태어나서 석 달 만에 아버지를 여의었다. 따라서 아버지의 한 친구가 쓴 전기, 신문에 실린 부고 기사, 아버지가 남긴 시와 기사, 편지와 사진, 한참 후에 주변 사람들에게 들은 일화들을 통해서만 아버지를 알고 있을 뿐이다. 이 모든 자료를 바탕으로 내 마음은 하나의 이미지를 만들어냈다. 그 이미지가 나의 심리적인 콤플렉스에 영향을 받은 것은 당연하다. 내가 마음속에 그려낸 이상형을 그 이미지에 투영했기 때문이다. 요컨대 내가 원하는 모습으로 아버지의 이미지를 조작하고 왜곡했던 것이다. 하지만 어떤 사람이 아버지와 어린 시절을 함께 보냈다며 나에게 자신이 아는 아버지를 묘사해주더라도, 그가 그려낸 아버지의 모습이 내가 마음속에 그려낸 아버지의 모습보다 더 정확하다고 확신할 수는 없다.

실체와 페르소나

오늘 나는 펜을 다시 집어든다. 오늘도 애국적 행위를 축하하는 경축일이다. 제네바에는 경축일이 많기도 하다고 생각할 독자들도 있을 것이다. 여하튼 오늘은 공화국 회복일로, 오스트리아군이 우리를 프랑스의 점령에서 구해준 날이다. 정확히 말하면, 1813년 12월 31일이었다.

오늘 아침에는 새벽부터 대포 소리가 성벽에서 울려 퍼졌다. 매년 오늘 나는 성벽에 올라가, 여전히 옛날식으로 인사말을 나누는 애국 시민들을 만난다. "오스트리아 만세! 공화국 만세!" 그들이 데려온 아이들은 대포 소리에 귀를 막지만, 제네바의 전통과 조국애가 무엇인지 배운다.

마침내 나는 군중에게 떠밀리며, 기념식이 열리는 교회에 들어간다. 빼곡하게 들어찬 사람들은 도시의 수호자인 하나님께 감사드리고, 역사적 사건들에 대한 이야기에 귀를 기울인다. 물론 정부 당국과 시민에게 전하는 교회의 설교도 듣는다.

이 모든 것이 제네바 토박이인 나에게는 무척 소중하다. 어린 시절의 수많은 기억이 내 마음에 새겨져서 그날의 행사에 참석할 때마다 되살아난다. 내가 태어난 조그만 나라, 정치적 삶이 영적 운명과 밀접한 관계가 있는 나라만의 특별한 뭔가가 있다.

하지만 비판적인 관찰자라면, 공화국 회복일이라는 경축 행사를 의례적인 무대장치에 불과하다고 생각할 수 있다. 군중이 자신들에게 던지는 은밀한 눈길을 의식하며 연단에 엄숙한 자세로 앉아 있는 정부 관리들이 등장인물이다. 상황에 맞게 처신하는 그 모든 사람이 등장인물이다. 강단에 서서 과장된 몸짓을 해보이며 목소리까지 세심하게 조절하는 설교자도 등장인물이다. 그는 비난을 불러일으킬 정도로 지나치게 엄숙해 보이지 않으려고 애쓰지만, 길에서 나를 만나 말하는 것처럼 말하지도 않는다.

느닷없이 어린아이 목소리가 쥐 죽은 듯 조용하던 교회의 침묵을 깨뜨린다. "아빠, 아빠, 저기서 말하는 사람은 누구야?" 교회에 처음 온 아이인 게 분명하다. 또 사회적 관습을 아직 배우지 못했을 것이다. 아이의 아버지는 당황해서, 아이의 자연스러운 질문에는 대답하지 않고 나지막한 목소리로 아이에게 조용히 하라고 다그친다. 그러나 내 주변에 앉은 사람들은 아이의 돌발적인 행동에서 조금이나마 긴장이 풀렸던지, 혹은 무거운 엄숙함에 짓눌려 갑갑하던 차에 창문이 활짝 열리고 맑은 공기가 들어온 것 같았던지 희미한 미소를 짓는다.

상담실에서 나는 사회의 관습을 격렬하게 비판하는 사람을 곧잘 만난다. 그들은 정치적이고 종교적인 의식에 담긴 공허한 허영을 신랄하게 비판한다. 똑똑하다는 사람들이 진부하고 하잘것없는 연설을 해도 군중은 바보처럼 박수만 쳐대는 꼴이라니! 이런 사회의 일원이 되기를 거부하는 사람은 공적 행사를 무의미한 코미디쯤으로 생각한다. 한마디로 연설자, 성직자, 군중 등 모두가 미리 짜인 각본대로 자기 역할을 하는 코미디에 불과하다! 반항적인 사람들도 시나리오만 다를 뿐, 시나리오에 따라 움직이는 것은 똑같다.

언젠가 한 환자가 사회에 우롱당한 삶에 대해 핏대를 올렸다. 삶은 자발적이고 진실하고 진정성을 띠어야 하지 않는가. 그런데 공적 행사에 등장하는 인물들에게는 그런 흔적이 보이지 않는다는 것이다. 그들은 인간, 즉 실제 인간이 아니라 익명의 무대감독이 줄을 잡아당기는 꼭두각시 인형들에 불과하다고!

나는 반박할 수가 없었다. 모두 맞는 말이 아닌가. 특히, 그 사람이 자신의 삶에 대해 나에게 털어놓은 뒤에는 그렇게 불평하는 이유가 더 잘 이해된다. 나를 포함해 모든 사람이 그러듯이, 그가 그렇게 생각하는 이유는 개인적 상황에서 찾을 수 있다. 그의 부모는 '사람들이 뭐라고 말할까?'라는 생각의 노예였다. 그는 자신의 눈에 멋있어 보이는 친구들과 어울려 길에서 놀고 싶었고, 그들처럼 옷을 입고 싶었을 것이다. 하지만 "너는 그런 못된 녀석들이랑 어울려 다녀서는 안 된다!"라는 말에 그렇게 할 수 없었다.

한편 그의 동생은 모든 면에서 부모의 마음에 드는 착한 소년이었다. 게다가 학교 성적도 나무랄 데 없었다. 물론 내 환자는 부모가 자기보다 동생을 더 좋아하는 것을 알아차렸다. 동생은 부모에게 자랑거리였지만 그는 부모를 부끄럽게만 할 뿐이었으니까. 게다가 부모는 그에게 이렇게 말하기도 했다. "너만 보면 걱정이 끊이지 않는다. 대체 뭐가 되려고 그러니? 제발 동생 좀 닮아라!" 그는 동생이 미웠다. 동생은 어느덧 사회에서 주목받는 저명한 인물이 됐지만, 그에게 동생은 불만스럽기만 한 사회와 가족의 규범에 순응하는 자의 화신으로 보일 뿐이었다.

의식이 진행되는 동안 나는 그 남자의 이야기를 생각한다. 나라도 그런 어린 시절을 지냈다면 그처럼 사회에 반감을 가졌을 것 같다. 하지만 내가 살아온 환경은 완전히 달랐다. 내가 지금 세상을 보는 관점도 그런 환경에 영향을 받은 게 분명하다. 잠시 후, 의식이 끝나면 나는 옛 친구들과 악수를 나눌 것이다. 그 친구들보다 덜 친한 사람들은 나에게 아는 척을 하며 모자를 살짝 기울일 것이다. 나는 의사이며 작가다. 따라서 적어도 겉으로는 주변 사람들에게 존경을 받는다. 나도 어쩔 수 없이 한 등장인물인 셈이다.

누군가 나에게 다가와, 내가 얼마 전에 출간한 책을 재미있게 읽었다고 말한다. 아첨하는 사람이 아닐까? 물론 내 생각을 비판하는 사람도 있지만, 그런 비판도 내 관심을 끌려는 행동이다. 우리 사회는 반항적인 사람을 배척하고, 더 심하게는 아예 무시해버린다. 그 때문에 나는 인간의 허영심, 나 자신의 허영심을 뻔히 알면서도 사회의 관습에 어쩔 수 없이 말려든다. 만약 내가 사회적 관습에 반발하는 행동을 하면 참신하고 용기 있다고 평가받겠지만, 반항적인 사람이 그렇게 행동하면 무례하다고 손가락질받을 것이다.

나는 내면 깊이, 많은 점에서, 교회의 연단에 의젓하게 앉아 있는 동생보다 반항적인 그의 형에게 연민을 느낀다. 물론 그가 많은 잘못을 저질렀지만, 나는 예수 그리스도의 종이 아닌가. 예수는 그 시대를 지배하던 지독한 형식주의에 반발하며 일어섰다. 위대한 인물들을 비난하며 경멸하던 사람들의 친구였던 예수는 어떤 의식에서나 상석을 차지하는 위대한 인물들에게 비난을 퍼부었다. 그들은 예수를 용서하지 않고, 결국 예수를 십자가에 매달아 못 박았다.

하지만 솔직히 인정하지만, 내 삶은 반항자의 삶보다 동생의 삶과 비슷하다. 상담실에서는 내가 반항적인 형에게 공감하며 연민을 품더라도, 지금 이곳에서는 동생과 한 울타리에 있다. 다시 말하면, 전통적인 사회적 의례에 참석한 사람들과 함께 있다. 이 사람들과 나 사이에는 어떤 은밀한 협약이 있기 때문에, 나는 반항자의 눈에는 보이지 않는 무엇인가를 볼 수 있다. 그에게는 가면무도회에 불과한 이 무대에서, 나는 눈에 보이지 않지만 분명히 살아 숨 쉬는 실체가 구체적으로 투영된 모습을 찾아낼 수 있다. 조국도 실제 인간, 즉 실체이며, 전통이 호화로운 옷을 입혀놓았을 뿐이다. 이곳에 모인 사람들이 찾는 것은 그 실체다. 이 정부 관료들이라는 등장인물들 뒤에, 반복된 행위로 친숙해지고 호감이 가는 의례적인 몸짓 뒤에 우리를 끌어당기는 실체가 있다. 애국심은 조국과의 개인적 교감이다.

모든 인간에게는 얼굴이 있다. 조국에도 얼굴이 있다. 누군가에게는 가면으로 보이는 것도 조국의 얼굴이다. 나는 조국을 추상적으로 생각하며 사랑할 수 없다. 조국이 나에게 보이는 대로 사랑한다. 조국의 풍경, 호수와 언덕을 묘사하는 시詩가 조국의 얼굴이다. 멀리 보이는 산, 내 아버지가 노래했던 교회, 조국의 과거, 에스칼라드의 영웅들, 공화국을 되찾은 시민들도 조국의 얼굴이다. 역사에 등장하는 모든 인물, 예컨대 칼뱅과 장 자크 루소, 우리 조국에 평화를 안겨준 기욤 앙리 뒤푸르 장군, 적십자의 창시자 앙리 뒤랑이 조국의 얼굴이다.

내가 사는 도시 제네바 너머에 내 조국이 있고, 윌리엄 텔과 니콜라 드 플뤼 수호성자, 작가들과 미술가, 국경일 저녁이면 모든 산꼭대기에 피어오르는 봉홧불, 테생 주의 흥겨운 노래와 그리종 주의 장엄한 경치, 그뤼틀리 목초지의 좁은 대피소들과 모라의 성벽들, 레만 호숫가의 포도밭이 있다. 이런 것들이 내 조국을 꾸민 장식이고, 내 영혼이 숨 쉬는 환경이다. 그렇다, 이런 것들은 장식이다. 그러나 이런 것들이 없다면 지금의 나도 없을 것이다. 이 모든 것이 나라는 실제 인간과 관계가 있다. 이 모든 것은 나라는 실제 인간을 만들어냈고, 나라는 실제 인간이 이 모든 것에 투영돼 있다.

프랑스인, 핀란드인, 그리스인, 미국인 등 다른 나라의 어떤 사람을 제대로 이해하려면 그가 살아가는 환경, 그가 속한 국가의 역사, 가족 배경, 직업, 그가 즐기는 축제와 관습을 알아야 한다. 그런 외국인이 내 서재에 들어와서 단어를 이용하는 언어로만 나에게 말하는 것은 아니다. 통통하거나 여윈 얼굴, 가냘프거나 짧고 굵은 손가락, 단정하거나 헝클어진 외모, 의자에 앉고 악수하는 자세, 그의 집에 대한 설명, 그가 선택한 부인, 그가 애지중지하거나 나무라는 자식들 등 그의 페르소나를 만들어내는 모든 것, 심지어 그가 허영심에 의도적으로 덧붙인 것까지, 모든 것이 그의 실체를 추적하는 사람에게는 그라는 실제 인간을 짐작할 수 있는 지표다.

인간을 이해하는 두 가지 길

다시 출발점으로 돌아가자. 우리가 왜곡되고 변형된 이미지만을 볼 수 있다면, 게다가 그 이미지가 그 자신만이 아니라 우리 자신에게도 영향을 받고, 그가 속한 환경에게도 영향을 받는다면, 그의 진정한 실체를 어떻게 찾아낼 수 있을까? 잘못된 이미지를 수천 장 겹쳐 놓는다고 정확한 이미지를 찾아낼 수는 없다. 그것은 한 사람을 찍은 음화 1,000장을 한 인화지에 겹쳐놓고 그 사람의 완벽한 사진을 만들어내겠다는 짓과 다를 바가 없다. 통합synthèse은 덧붙이기가 아니다.

하지만 내 일상의 경험에 따르면, 진정한 실체를 찾으려는 이런 노력이 전혀 보람이 없는 것은 아니다. 어떤 남자가 내 앞에 있다고 해보자. 그는 자신의 삶과 자신에 대해 이미 많은 것을 말해주었다. 내가 상담하기 전에 당부한 대로 그는 정직하게 숨김없이 말했다. 나는 사소한 것까지 놓치지 않으려고 신경을 곤두세웠다. 사소한 것도 중요하기 때문이다. 그가 "이 많은 얘기를 끈기 있게 들어주셔서 고맙습니다. 선생님께는 하찮게만 들렸을 텐데도요"라고 말할 정도였다. 이런 말을 들으면 나는 놀라지 않을 수 없다. '끈기'라고 한 것은 내가 그렇게 수고했다는 뜻이겠지만, 내 입장에서는 100명을 피상적으로 관찰하는 것보다 한 사람을 철저하게 이해하는 것이 훨씬 더 재미있다.

그러나 사소한 것 하나하나가 중요하지만, 그것들을 전부 기록하는 게 중요한 것은 아니다. 내가 계속 기록하고 관찰하더라도, 기록과 관찰이 나에게 그 실제 인간을 드러내주지는 않는다. 하지만 중립이란 탈을 쓴 상담을 계속하면, 우리도 의식하지 못하는 사이에 다른 무엇, 완전히 다른 유형의 무엇이 일어난다. 구체적으로 말하면, 우리 사이에 일종의 관계가 형성된다. 그것은 공감과 애틋한 감정으로 형성된 관계이며, 우리가 서로 흉금을 터놓은 데서 비롯되는 성과다.

이런 관계가 형성되면 나는 그를 알아가는 단계를 넘어 이해하는 수준에 이르렀다고 불현듯 확신하게 된다. 이해하는 것은 완전히 다른 수준이다. 내가 알아낸 것을 전부 합한다고 이해할 수 있는 것은 아니다. 이해는 우리가 이루어낸 접점에서 불현듯 분출하는 빛이다. 그 사람이 자신에 대해 끝없이 말하더라도 우리가 그런 접점을 찾아내지 못하면 그 빛은 결코 나타나지 않는다. 게다가 그 이후로 그가 나에게 어떤 말을 하더라도 그 빛을 감추지는 못할 것이다.

흥미로운 사실은 그도 나와 동시에 그런 내적 확신을 경험한다는 것이다. 그는 자신이 나에게 이해받았다는 것을 직감한다. 게다가 그는 자신을 과거보다 더 잘 이해하게 되고, 그가 자신을 이해하듯이 내가 그를 이해하고 있다는 것을 느끼게 된다. 우리는 내적으로 어떤 것을 직감하더라도 다른 사람에게 말로 표현한 것만을 진정으로 의식하게 된다. 말로 표현되지 않은 직감은 막연한 상태를 벗어나지 못하기 때문이다. 그 직감이 말로 표현된 순간, 우리 둘의 실제 인간이 만난다. 실질적인 접촉이 이루어지는 것이다. 다시 말하면, 내가 외부로부터가 아니라 내면으로부터 그를 찾아낸 것과 같다.

지금까지 그에 대해 알아낸 모든 것을 근거로, 나는 그의 기질과 성격과 개성을 개략적으로 그려낼 수 있다. 필적학자의 표현을 빌리면, 그의 '초상肖像'을 그려낼 수 있다. 또 심리학에서 배운 지식을 바탕으로, 나는 그 초상을 해석하고 그의 행동을 그런대로 설명할 수 있을 것이다. 내가 프로이트 심리학자라면 그의 본능과 사회적 제약의 상호작용으로 설명할 것이고, 내가 융 심리학자라면 개성화individuation와 통합integration의 과정으로 설명할 것이다. 만약 내가 알프레트 아들러Alfred Adler나 파블로프 혹은 다른 심리학자의 제자라면, 내 스승의 이론을 증명하는 자료를 그 똑같은 초상에서 찾아낼 것이다.

사실 나는 이 심리학자들의 여러 이론이 서로 배타적이라 생각하지 않는다. 또 이 모든 이론이 흥미로우며, 인간을 이해하는 데 유용한 부분들이 있다고 확신한다. 그러나 심리학 이론들은 마음의 메커니즘만을 설명할 뿐이다. 물론 신체의 모든 생리학적 메커니즘에 관한 연구만으로 우리가 실제 인간을 완전히 파악할 수 없다. 결국 인간의 모든 메커니즘, 즉 신체와 마음의 현상과 관련한 모든 것은 등장인물에 대해 말하는 것이지 실제 인간에 대해 말하는 것이 아니다.

과학적이고 객관적인 학문 덕분에 우리가 어떤 이미지를 그려볼 수 있는 것은 사실이다. 하지만 앞에서도 말했듯이, 우리의 객관적인 노력에도 불구하고 우리가 끊임없이 변하는 삶의 흐름을 설명하기 위해서 어떤 이론을 선택하여 삶을 연구하고 도식화하는지에 따라 그 이미지는 달라진다. 이런 접근법은 연구이고 설명이며 해석이지 이해가 아니다. 이런 주장은 심리학 이론의 수만큼 적절하고 흥미로운 해석이 많다는 사실에서 입증된다.

내가 조금 전에 제기했던 직관적인 이해, 즉 환자와 내가 거의 동시에 경험한, 우리에게 서로 상대를 이해하고 있다는 확신을 일깨워준 개인적 접점은 결코 과학적이라 할 수 없기에 얼핏 생각하면 상당히 주관적인 듯하다. 이런 이유로 이해는 현재 우리에게 주어진 어떤 심리학 이론과도 관계가 없다.

내가 그랬듯이, 프로이트 심리학자나 융 심리학자도 환자와의 개인적 접점을 불현듯 경험한 적이 있을 것이다. 그가 자신만의 기법으로 그때까지 환자에게 행했던 모든 과학적 시도는 그런 열매를 맺기 위한 준비 과정이었을 것이다. 앞에서 말했듯이 나도 오래 대화한 후에야 그런 결실을 맺지 않았던가. 다만, 환자를 대할 때 내 방법보다 엄밀한 기법이 필요했을 것이다.

따라서 인간을 이해하려는 시도는, 어떤 현상을 설명하는 이론이 아니라 완전히 새로운 유형의 시도다. 이해는 우리가 개인적으로 어떤 이론을 선택하는지에 따라 달라지는 환자의 이미지에 영향을 받지 않고, 환자가 우리에게 털어놓은 이야기의 정확성에도 영향을 받지 않는다. 모든 심리학적 기법은 진실성이 전제돼야만 개인적 접점을 찾을 수 있다고 한목소리로 말한다.

나는 얼마 전 상담에서 이런 전제를 뼈저리게 절감했다. 한 여성이 어린 시절이 무척 고통스러웠다며 그에 관한 일화 하나를 나에게 이야기하기 시작했다. 그런데 조금 전까지도 그녀는 어린 시절에 대해 말하기를 주저하며 "제가 어린 마음에 느꼈던 것이어서 어린 시절에 겪은 일을 말씀드리면 선생님이 오해하실까 두려워요. 제가 당시 상황을 사실 그대로 보지 못했을 테니, 선생님이 우리 어머니를 정확하게 판단하지 못하실 수도 있잖아요"라고 말했다.

나는 의사의 상담실은 판결을 내리는 법정도 아니고 역사학자의 강의실도 아니라고 그녀를 안심시켰다. 또 내가 그녀를 이해하려면 무엇보다 그녀가 자신의 느낌을 표현해야 하고, 그녀의 어머니를 이해하려면 그녀의 어머니에게 직접 말을 들어야만 하며, 어머니의 이야기를 들으면 어머니에 대한 내 판단이 크게 달라질 수 있기 때문에, 딸의 이야기만으로 어머니를 판단할 수 없다고도 덧붙였다.

그러나 그녀는 격한 감정에 사로잡혔고, 진실을 알고 싶은 마음이 강박에 이른 상태였다. 그녀는 적절한 단어를 찾아내기도 힘든 듯 무척 느릿하게 말을 꺼냈다. 그런데 느닷없이 나는 온몸에 전율을 느꼈다. '맞아, 바로 이런 게 진실하려고 몸부림치는 마음이야! 정말 감동적이야!'라는 생각이 들었다. 그때 나는 초자연적인 현상을 맞닥뜨린 기분이었다. 나는 그녀의 모습에 완전히 압도당하고 말았다.

그런 내가 어떻게 그녀의 어머니를 함부로 판단할 수 있었겠는가! 역사적 진실은 지적 지식과 판단의 대상이다. 당시 우리는 완전히 다른 현상을 다루고 있었다. 그러나 그녀의 마음을 짓누르던, 진실을 향한 극단적인 강박이 새로운 차원의 진실, 즉 그 자체로 진실이어서 역사와 시간을 초월하는 진실로 향하는 문을 열어주었다. 바로 이것을 나는 '이해'라고 일컫는다.

이해에는 치유의 효과와 인간적인 가치가 있다. 어떤 사람의 삶을 지적으로 이해하기 위해서는 그 사람이 살아온 역사를 쓰는 것으로 충분하다. 앞에서도 보았듯, 그런 이야기는 항상 신중하게 다루어야 한다. 한 사람의 심리적 메커니즘을 이해하려면 그 사람의 마음을 특정한 관점에서 해석하면 된다. 해석이 얼마나 정확한지는 별개의 문제다. 그러나 진정한 이해가 있는 순간에는 역사적 관점에서나 심리학적 관점에서나 지적으로 표현할 수 없는 사건이 일어난다.

그 여성이 나에게 말한 사실들 중 많은 부분이 앞으로 잊히겠지만, 당시 내가 온몸으로 느꼈던 전율감은 영원히 잊히지 않을 것이다. 그 순간, 나는 정보를 얻는 단계에서 교감하는 단계에 들어섰다. 정보는 지적인 것이지만 교감은 영적인 차원이다. 그러나 정보는 교감으로 이어지는 길이다. 정보는 등장인물들에 대해 말하고, 교감은 실제 인간에 다가간다. 정보를 통해서 나는 사례를 이해할 수 있다. 하지만 실제 인간을 이해하기 위해서는 교감이 있어야 한다. 사람들은 우리에게 각자의 사례를 개별적으로 취급해주기를 바라지만, 그들의 실제 인간을 이해해주기도 바란다.

따라서 인간을 알아가는 방법에는 두 길이 있다. 하나는 객관적이고 과학적인 길이고, 다른 하나는 주관적이고 직관적인 길이다. 두 길은 우리 정신에서 완전히 다른 능력을 활용하기 때문에 서로 치환할 수 없다. 전자는 논리적인 분석과 명확한 평가로 이루어지지만, 후자는 총체적인 이해로 이루어진다. 전자는 점진적이고 끝이 없는 과정이지만, 후자는 순간적인 완전한 깨달음이다.

하지만 두 길은 서로 교차하며 뒤얽힌다. 앞에서 말했듯이, 객관적인 탐구는 개인적 접점을 위한 준비 과정이다. 반대로 개인적 접점은 보다 심화된 객관적 관찰을 가능하게 해준다. 나는 상담에서 이런 관계를 일상적으로 경험한다. 과학적 관점에서 벗어나지 않는다고 말하는 내 동료들이 항상 인정하는 것은 아니지만 그들도 나만큼이나 이런 관계를 경험하고 있을 것이다. 심리학자와 환자 사이에 인간적인 교감이 형성되면, 환자는 심리적 방어벽을 걷어내고 그의 심리적 메커니즘을 더 깊이 관찰할 수 있는 문을 열어줄 것이기 때문이다.

내 환자의 꿈 이야기를 예로 들어보자. 그녀는 나에게 상담을 받으러 오려고 외출복을 찾았지만 도무지 찾을 수 없었다. 꿈속이었지만, 나에게 상담을 받기 위해서 굳이 외출복을 입을 필요는 없다는 생각이 떠올랐다. 이런 생각은 등장인물로부터의 해방을 상징한다고 말할 수 있다. 그녀와 나 사이에 교감이 형성됐기 때문에 그녀가 나에게 편안함을 느낀다는 뜻이다. 다시 말하면, 일상생활에서 꾸미는 것처럼 등장인물로 치장하는 대신에 나에게는 본연의 모습을 보여줘도 상관없다고 생각했다는 뜻이다.

하지만 두 방법—지적 정보 교환과 영적 교감—이 서로 지원 관계에 있더라도 그 둘을 통합하기는 쉽지 않다. 우리 정신은 인간을 현상의 집합체로 파악하는 동시에 실제 인간으로 파악하지 못하는 듯하다. 현상에 집중하면 실제 인간이 사라지고, 실제 인간에 집중하면 현상이 흐릿해진다.

19세기에 결정론과 자유의지에 대한 많은 논쟁이 있었다. 당시에 알려진 결정론은 물리화학적인 결정론과 생리학적인 결정론이 거의 전부였다. 그 이후로 인간에 과학적으로 접근한 이미지가 완성됐다. 정신분석학자들, 파블로프학파, 현대 사회학자들의 연구 덕분에 인간이 몸만으로 결정되는 게 아니라 하나하나의 감정과 생각으로도 결정된다는 것이 밝혀지면서 마침내 엄밀한 결정론의 고리가 완성됐다. 예컨대 프랑스의 생물학자이자 철학자인 장 로스탕(Jean Rostand, 1894-1977)은 "인간은 스스로 움직이는 꼭두각시에 불과하다"고 말했다.[1]

페르디낭 공세트(Ferdinand Gonseth, 1890-1975) 교수가 취리히에서 이 문제로 토론회를 주재한 적이 있었다.[2] 수학자, 물리학자, 생리학자, 심리학자가 과학적 관점에서, 즉 어떤 우연도 어떤 자율성도 허용하지 않는 '인과적 설명'의 과학이란 관점에서 차례로 자신들의 세계관과 인간에 대한 견해를 밝혔다. 그런데 낯선 목소리가 갑자기 토론에 끼어들었다. 이른바 '개인주의자'의 목소리로 그는 과학적 증거를 제시하지 않은 채 직관만으로 "우리가 받아들이는 인간의 이미지가 순전히 꼭두각시의 이미지가 아닌 것은 분명하다. … 나는 한마디로 이렇게 반론을 제기할 수 있다. 나는 살아 있는 존재다!"라고 이의를 제기했다. 그리고 그 철학자는 "인과관계로 설명할 수 없는 경험은 얼마든지 있다"고 덧붙였다.

경험이라…. 삶, 실제 인간, 자유, 개인적 맹세, 인간적 교감 등은 시간적으로 전개되는 현상이 아니라, 직관적으로 불현듯이 인지되는 경험이다. 그런데 과학과 기술이 지배하는 시대에는 의사도 실제 인간이라는 의미를 멀리할 가능성이 크다. 하지만 트루아퐁텐R. Troisfontaines 박사가 '순전히 개인적인 경험'이라고 정확히 지적한 죽음의 문제를 다룰 때,[3] 의사는 환자를 꼭두각시가 아니라 실제 인간으로 보려고 노력해야 한다.

2

실제 인간이 사라진 세상

"삶을 되찾고 싶어서 선생님을 찾아왔습니다!"

한 남자가 내 상담실에 들어와서는 이렇게 말했다. 하지만 놀랍게도 그의 얼굴은 무척 밝아 보였다.

그는 유엔에서 자기 나라를 대표하는 외교관 친구의 집에서 바로 나를 찾아온 것이었다. 그 친구의 집에서 멋진 연회가 열렸고, 제네바에 파견된 외교관들로 북적거렸다는 말도 덧붙였다. 그는 나에게 연회장의 모습을 생생하고 인상적으로 설명해주었다. 모두가 미소 띤 얼굴로 정중하게 행동하며 촌철살인의 풍자를 상냥한 말투로 감추었고, 지극히 진부한 말부터 침묵과 냉담한 반응까지 적절하게 조절하며 모두가 치열한 눈치 싸움을 했다. 모두가 자신의 진의와 저의는 감추고 상대의 진의를 알아내려 애쓰는 것 같았다.

외교적인 음모만 있었던 것은 아니었다. 우리 모두가 자신의 권위를 공고히 하고 상대에게 그럴듯한 인상을 심어주기 위해 매순간 행하는, 감상적인 책략과 은밀한 계략도 있었다. 그들은 목적을 달성하려고 본격적으로 그런 시도들을 하며 불꽃을 튀겼다.

옷차림과 악수, 대화의 주제, 장신구 등 모든 것이 계산된 것이었다. 도우미들은 무덤덤한 표정이었지만, 그들도 자신들에게 맡겨진 역할을 훌륭하게 해냈다. 연회를 주최한 부부도 상황에 걸맞게 온갖 배려를 아끼지 않았다. 그날 연회에 참석한 외교관들은 앞으로도 이런저런 연회에서 번질나게 만날 것이고, 치열한 외교전도 계속될 것이다. 여하튼 그들 사이에는 모두가 철저하게 지켜야 하는 무언의 협약이 존재한다.

등장인물의 형성

내 상담실을 찾아온 그 방문객이 다시 말했다. "정말 코미디였습니다!" 그러나 그가 외교관들의 연회를 그처럼 신랄하게 비난할 수 있었던 것은, 그 자신도 다른 사람들과 마찬가지로 코미디에서 어떤 역할을 맡았다는 것을 알았기 때문이다. 그는 강박에 시달릴 만큼 그런 상황을 싫어했다. 그는 "삶을 되찾고 싶습니다!"라고 하고는 "꼭두각시처럼 살고 있는 기분입니다!"라고 덧붙였다. 수년 전부터, 그는 그런 고통과 싸우며 세계 각처를 돌아다녀야 했다. 그가 본 것은 겉모습, 호의적으로 포장한 삶뿐이었다. 그의 회상은 계속 이어졌다. 모든 만남이 힘들었다는 기억밖에 없었다. 실제 인간의 만남이 아니라, 이런저런 식으로 꾸며진 등장인물들의 만남이었다. 그 자신도 그런 놀음에 사로잡혀 자연스럽고 순수하며 진정한 모습을 보여줄 수 없었던 까닭에 고통스럽기 그지없었다.

"아주 가끔이었지만 사랑의 충동에 사로잡히면 나 자신을 되찾은 기분이었습니다. 하지만 그때에도 충동은 금방 사라졌습니다. 내가 진정으로 찾고 싶었던 것은 삶이었지만, 사랑을 원하는 척해야 한다는 것을 깨달았으니까요. 사랑은 또 하나의 책략에 불과했던 겁니다. 그 사랑을 유지하기 위해서도 계산적으로 말하고 계산적으로 행동해야 했습니다. 여자가 저한테 기대하는 방식으로 사랑놀이를 해야 했습니다. 여자에게 환심을 사려고 여자의 변덕을 받아줘야 했습니다. 물론 여자도 나를 잃지 않으려고 내 변덕을 받아주었겠지요. 우리는 삶이 우리 손안에 있다고 생각하지만 실제로는 그렇지 않습니다."

그러고는 갑자기 입을 다물었다. 잠시 후, 그가 다시 말했다. "그런데 선생님이 저를 초조하게 하시는 것 같습니다."

"무슨 말씀이신지요?"

"제가 조금 전까지 아무 말이나 막 하지 않았습니까? 두서 없이 말하긴 했지만 선생님께 정말 하고 싶었던 말입니다." 그 때 내가 어떤 기분을 느꼈겠는가? 진정한 삶을 추구하는 그에 게 깊이 공감하며 그의 말을 한 마디도 놓치지 않고 싶었기 때 문에 나는 거의 무의식적으로 그에게 질투심을 느꼈다. 그를 향한 질투심이 내 내면에 미묘하게 꿈틀거렸던 이유는, 그가 자신의 심정을 너무도 정확하게 표현해냈기 때문이었다.

여하튼 그는 직감적으로, 개인적 접점이 끊어진 것을 느꼈 던 것이다. 앞에서도 말했듯이, 개인적 접점은 삶과 자발성과 교감의 전제조건이다. 그러나 그가 용기 있게 "선생님이 저를 초조하게 하시는 것 같습니다"라고 말한 순간, 그 접점이 다시 이어졌다. 그렇다, 진심을 전제로 한 교감은 한없이 불안정하 고 취약하다! 일상의 삶에서 속내를 계속 드러내놓고 있기는 불가능하다. 속마음은 두꺼운 갑옷으로 감추어야 한다.

언젠가 한 외국인 동료가 '집단 정신분석psychanalyse collective' 모임에 꾸준히 참석한다고 나에게 말했다. 그의 말에 따르면, 모임에 참석하는 사람들은 누구나 "자신의 생각을 꾸밈없이 솔직하게 말해야 한다"는 규칙을 지켜야 했다. 그 말을 듣고, 나는 웃음을 터뜨리지 않을 수 없었다. 내 생각에는 말도 안 되는 규칙이었기 때문이다. 물론 그들은 성실한 사람들이어서 그 규칙을 충실히 따른다고 생각했을 것이다. 그러나 그들 모 두가 동일한 정신분석학파의 가르침을 받았다면 자신들도 의식하지 못하는 사이에 어떤 암묵적 규약을 따르고 있을 가능성이 크다. 정신분석은 어떤 사회적 관습들로부터 그들을 해방했지만, 필연적으로 다른 새로운 규약을 만들어냈다. 모든 사회, 모든 단체가 결국에는 자신들만의 어휘와 기법을 갖기 마련이다. 그 조직에 속한 사람들은 그런 사실을 의식하지 못하지만, 외부에 있는 사람들의 눈에는 확연히 그렇게 보인다. 제복이 없는 군대가 없다는 사실을 생각해보라. 언어조차 표현 방식에서 반드시 지켜야 할 의무적인 틀, 즉 문법을 강요하지 않는가. 예의와 절제가 사회적 삶을 지배한다. 하기야 예의와 절제가 없다면 사회적 삶이 불가능할 것이다. 내가 그 정신분석학자들의 모임에 입회해서 규칙을 따르기로 한다면 가장 먼저 어떤 말을 할지만 생각해봐도, 내가 얼마나 삿되고 자존심이 강하며 부도덕하고 교만하며 부정직한 사람인지 짐작할 수 있다. 친밀한 관계와 하나님의 존재라는 기적을 제외하면, 내 생각에 진정한 정직은 존재하지 않는 듯하다.

그러나 그 방문객이 나에게 숨김없이 털어놓은 고통에서 자유로운 사람이 있을까? 눈을 크게 뜨고 주변 사람들과 우리 자신을 바라보면, 모두가 예외 없이 그런 코미디에서 자기 역할을 하고 있다는 것을 확인할 수 있다. 누구나 온갖 수단을 동원해 자신의 목표를 추구한다. 이타적인 목표도 있지만 이기적인 목표도 있다. 또한 모두가 목표를 달성하기 위해 온갖 전략을 구사한다. 구체적으로 말하면, 우리 모두가 100판의

체스 경기를 동시에 진행하는 체스 챔피언처럼 행동하며 살아간다.

여자와 돈, 쾌락과 명성(혹은 악명)을 얻고 싶은 욕심, 자신과 사랑하는 사람을 지키겠다는 목표, 심지어 다른 사람의 공감과 믿음을 얻으려는 마음 등 이런 모든 것이 매순간 우리 말투와 몸가짐에 영향을 미치며, 우리라는 등장인물을 만들어간다. 사무실, 공장, 모임, 위원회 등 어느 곳이나 다를 바가 없다. 심지어 가정이라는 공간도 마찬가지다. 상대적으로 자신감에 넘치는 사람들은 위협이라는 무기를 사용하고, 그렇지 않은 사람들은 상대의 심금을 울리거나 교묘한 술책을 사용한다. 동맹을 맺었다가 해체하고, 보복을 위한 계획을 세운다. 재치 있는 말로 위험을 모면하고, 자신의 의견을 피력하는 것보다 남들에게 점수를 따고 자신의 입장을 변명하는 말을 더 많이 한다.

언젠가 나는 한 환자에게 깊은 인상을 받았다. 그는 자신의 삶에서 결정적인 순간, 즉 마침내 진정한 삶을 되찾았던 순간에 대해 나에게 말해주었다. 부유하고 편안했던 청소년 시절이 전쟁으로 황폐화되고, 그는 조국을 침략한 나치스에 추적당해 맨몸으로 도망쳐서 방랑자처럼 떠돌아다녔다. 길에서 빵을 파는 행상을 만났지만 그에게는 빵 하나를 사 먹을 돈조차 없었다. 그때 남루한 옷을 걸친 거지가 행상에게 다가가 빵을 샀다. 거지는 옆에 우두커니 서 있는 그를 보고는 빵을 자기가 먹지 않고 그에게 건넸다.

거지의 충동적이면서도 자연스러운 행동에 그는 큰 충격을 받았다. 그 행동은 그를 눈뜨게 해준 일종의 계시였다. 그 순간의 깨달음으로 그는 완전히 다른 사람이 됐다. 그날 이후, 그는 문명사회가 끝없이 탐닉하는 위장과 꾸밈을 의식하고 거기서 고통을 느꼈다. "전차에 올라 빼곡히 앉아 있는 사람들을 볼 때마다 마음속으로 기도하고 싶은 심정입니다. 천연덕스런 얼굴로 서로 몰래 쳐다보며 겉모습으로 주변 사람들을 평가하고 재산까지 가늠해보는 사람들을 용서해달라고 말입니다."

따라서 사회적 삶 전체가 '게임'과 비슷하다. 게임에는 여러 가지 의미가 있다. 첫째로는 기분전환을 위한 놀이라는 뜻으로 쓰인다. 많은 점에서, 게임은 파스칼이 말했던 '위락divertissement'이다. 많은 사람이 위락을 통해 개인적인 고통을 잊으려 한다. 우리가 게임에 탐닉하고, 게임에 참여하는 것을 좋아하며, 게임에서 배제되면 공동체에서 쫓겨난 것처럼 고통스러워한다는 것을 솔직하게 인정하자.

게임에는 스포츠 경기, 즉 경쟁이라는 의미도 있다. 건강이 그다지 좋지 않아 무척 걱정하는 기업가를 예로 들어보자. 그는 항상 막다른 지경에 이르렀다는 근심에 사로잡혀 지낸다. 출장에서 돌아오거나 퇴근하면 녹초가 되어 곧바로 침실에 들어가 누워버린다. 그러니 가족과 함께하는 시간이 거의 없다. 하지만 인간관계가 중요하다는 것은 누구보다 잘 알고 있다.

안타깝게도 회사가 성장할수록 친구들과 함께하는 개인적인 시간이 줄어든다는 것도 인정한다. 그렇지만 그는 지난 수년 동안 회사를 성장시키는 데 열중했고, 지금도 회사를 키우는 데 열정을 쏟고 있다.

게임이라는 단어에는 다른 의미, 예컨대 무대 공연이라는 뜻이 있다(영어의 play를 생각해보라―옮긴이). 삶은 우리 각자가 배우처럼 어떤 역할을 맡은 연극이다. 각광footlight에 불이 들어오면, 누구도 무대를 떠날 수 없다. 동료들에게도 피해를 줄 수 있기 때문이다. 게임은 규범을 뜻하기도 한다. 게임의 규칙이란 말이 있지 않은가. 게임의 규칙은 누구나 지켜야 하는 규범이다. 끝으로 게임에는 노예라는 뜻이 있다. 도박꾼은 도박이라는 악습에서 벗어나지 못하기 때문이다.

우리는 우리 자신이 만들어내거나, 다른 사람들이 우리에게 강요한 등장인물의 노예다. 장 폴 사르트르Jean-Paul Sartre는 이 문제에 대해 통찰력 있는 글을 써냈다.[1] 잉크병은 그 자체로 잉크병이고 다른 어떤 것도 아니지만, 사르트르의 눈에 인간은 언제나 '재현représentation'된다. 카페의 웨이터는 카페의 웨이터로서 적합한 몸짓과 행동으로 그 역할을 할 때에만 카페의 웨이터다. 이쯤에서 르네 알랭디René Allendy의 《병든 의사의 일기Journal d'un médecin malade》가 생각난다.[2] 알랭디는 생을 마감할 즈음에 자신을 찾아온 동료들과 친구들을 잔혹할 정도로 명철하게 묘사한다. 그들이 그를 위로한다며 건넨 말들과 태도에서, 그는 때로는 의식적으로 때로는 무의식적으로 끊임없이 그들 자신의 자아와 평판을 은밀히 지키려는 방어벽을 식별해낸다. 그래서 파스칼이 "우리는 진정한 자아를 무시한 채 상상의 자아를 치장하고 보존하려고 애쓴다"고 말한 것 아니겠는가.

우리가 이런 끝없는 치장에서 벗어나기를 원하더라도 그런 바람은 이루어질 수 없을 것이다. 그런 치장은 필연적인 사회적 삶에 의해 외부로부터 강요되기도 하지만, 우리에게 제2의 천성이 됐기 때문이다. 우리를 지금의 우리로 만든 오랜 교육에 의해 등장인물이 실제 인간에 덧씌워졌다. 이런 교육은 태어나면서부터 시작되며, 학교에 입학하면서 더욱 강화된다. 어떤 의미에서 학교는 모든 인간을 획일화하는 거푸집이다. 독창적이어서 그런 거푸집을 거부하는 아이는 골칫덩이가 된다. 다른 아이들은 착하고 얌전한 학생 역할을 하는 반면에 그 아이는 골칫덩이 역할을 하게 되는 것이다.

학생들은 각 과목의 구두시험에서 선생님에게 대답하는 요령에 대한 '정보'를 서로 주고받는다. 학교에 다니는 목적은 개인적인 철학을 형성하는 게 아니라 학위를 받는 것이다. 학위가 없으면 사회에서 괜찮은 직업을 구하지 못하기 때문이다. 학교를 졸업한 후에는 직장 동료들에게 인정받고, 상관에게 높은 평가를 받고, 경쟁자에게 존중받으며, 고객에게 인정받으려면 어떻게 처신해야 하는지를 배운다. 그래야 함께하면 손해인 사람들을 멀리하고, 우리에게 도움을 주는 사람들과 어울릴 수 있기 때문이다.

　교육, 직함, 명예와 상장, 직접 체험, 관계와 우정, 부모와 재산 등 모든 것이 집약되어 우리가 맡을 등장인물이 결정된다. 이 모든 것이 등장인물의 겉모습을 결정하고, 우리가 주변 사람들과 맺는 관계를 강화하거나 위협한다. 그 겉모습이 제2의 천성이 된다는 것은 누구나 잘 알고 있다. 순수한 상태로 이해받기 위해서는 이 모든 것을 떨쳐내야 하지만, 그것은 꿈이다. 내가 학위증과 자격증을 불태워버리더라도 나는 여전히 투르니에 박사일 것이고, 내가 지금까지 쓴 모든 책을 불태워버리더라도 나는 그 책들을 쓴 저자일 것이다.

　여기에 다른 사람들이 덧씌워주는 것들이 더해진다. 좋은 것이든 나쁜 것이든 간에 그런 것들도 우리에게 영향을 미친다. 30세가 넘어서야 아버지와 함께한 여행에서 아버지의 진면목을 발견한 남자를 예로 들어보자. 그때까지 그에게 아버지는 전형적인 '매질하는 아버지', 즉 무섭기만 한 아버지였다. 그의 어머니가 "얌전하게 행동하지 않으면 아빠한테 이를 거야"라고 겁을 주었기 때문이다. 아버지는 아들을 사랑했지만, 본의 아니게 엄한 아버지 역할을 했던 것이다.

　어느 가정에서나 구성원들의 상호관계는 이런 식으로 구체화된다. 나는 경험으로 그런 사실을 확인했다. 한 환자가 나에게 치료를 받은 후에 자신에 대해 더 잘 알게 되고 행동도 훨씬 자유로워졌다. 하지만 그는 어떤 의미에서는 기존질서를 파괴한 것이기 때문에 걸핏하면 강력한 저항에 부딪혔고, 그의 가족들은 내가 그에게 바람직하지 않은 영향을 미친 것이라 생각했다. 그들이 나에게 그를 진료하도록 부탁했을 때, 그런 결과가 닥치리라고는 예상하지 못했던 것이다. 따라서 전에는 겪지 않았던 새로운 갈등이 생긴 셈이었다.

좀 더 구체적으로, 가족 내에서 신데렐라 역할을 하던 한 소녀를 예로 들어보자. 그녀는 항상 집에서 지내면서 어머니를 도와주었지만, 자매들은 밖으로 나다녔다. 어느 날 저녁, 그녀가 초대를 받았다며 외출을 해야겠다고 말했다. 하지만 모두가 그녀의 외출을 방해하고 나섰다. "오늘 밤엔 외출하면 안 된다. 네 언니가 클럽 모임에 나가야 한다는 것을 알잖니. 네 생각만 하지 말고 언니 사정도 생각해야지."

부부 사이에도 완전히 투명한 관계를 구축하고 유지하려면 기적이 필요하다. 배우자에게 이해받지 못하고, 흠 잡히고 비판받으며, 심지어 멸시당할지도 모른다는 두려움에 진실을 말하지 못하고 속내를 털어놓지 못한다. 예컨대 부인은 남편의 반응을 살피며 비위를 맞추고, 곤란한 상황을 피하는 행동을 취한다. 물론 서로 양보하는 올바른 부부생활이다. 그러나 자유의지로 양보하고 숨김없이 말하는 것과, 마지못해 억지로 꾸민 태도는 완전히 다른 것이다.

내 경험에 의하면, 특히 부부는 유난히 대조적인 모습을 띠는 경우가 많다. 예컨대 남편이 말이 많으면 부인은 과묵한 편이다. 따라서 말이 많은 쪽이 침묵의 순간을 메우려고 말을 더 많이 하게 된다. 한편 남편이 신중하고 겁이 많으면 부인이 활달하고 대담한 편이다. 남편이 자녀들에게 엄격하면 부인은 남편 몰래 자녀들을 감싸는 경향이 있다. 또 남편이 절약하면 부인은 헤픈 경우가 많으며, 남편은 모범을 보이려고 자신의 자연스러운 성향마저 과도하게 억제한다. 이런 경우, 남편이 자신도 뭔가를 사고 싶은 욕망이 있음을 솔직하게 털어놓는다면 어떻게 되겠는가? 십중팔구 부인의 위험천만한 소비 성향에 날개를 달아주는 꼴이 될 것이다!

따라서 어느 쪽이든 자신의 성향을 두드러지게 드러냄으로써 상대의 성향을 견제하기 마련이다. 결국 양쪽 모두가 자신에게 맡겨진 역할을 해내며, 그 역할의 포로가 된다. 내 상담실을 찾아오는 사람들은 자신이 배우자가 생각하는 사람과 무척 다른 사람이라는 것을 고백한다. 많은 가족이 상투적인 습관의 힘에 길들여져서 답답한 삶을 살고 있는 게 사실이다. 똑같은 문제로 똑같은 다툼이 반복되고, 그때마다 똑같은 변명이 나온다. 어느 날 남편이 부인의 요리 솜씨를 칭찬하면 부인은 매일 남편에게 그 음식을 내놓고, 남편이 그 음식만을 좋아한다고 사방팔방에 떠들고 다닌다.

언젠가 나는 부부 문제 전문가인 테오도르 보베Théodore Bovet 가 행복한 부부생활에서 최대의 적은 지루함이라고 말하는 것을 들었다. 그렇다! 실제 인간의 변화무쌍한 유동성이 등장인물로 굳어지면 필연적으로 지루함이 뒤따른다. 성생활마저도 환상을 상실하고, 의례적인 관례로 변해버린다.

등장인물이 될 수 밖에 없는 이유

언젠가, 내가 무척 존경하는 동료 의사가 친절한 설명을 적은 편지를 써서 한 환자를 나에게 보냈다. 여러 주가 지났지만 양쪽 모두의 선의에도 불구하고 우리 상담은 아무런 성과가 없었다. 그래서 나는 그 과정을 깊이 생각해보았고, 문제가 나에게 있다는 결론에 이르렀다. 내 동료가 나를 믿는 만큼, 나도 반드시 성공으로 보답해야 한다는 강박관념에 사로잡혀 있었던 것이다. 요컨대 내가 그를 존경하는 만큼 나도 그에게 존경을 받고 싶었고, 따라서 그를 실망시키고 싶지 않았던 것이다.

이런 결론에 이른 그날, 나는 그 환자에게 내 잘못을 솔직히 시인했다. 그 순간부터, 상담 분위기가 확연히 달라졌다. 무엇보다 실패할지 모른다는 두려움이 크게 줄어들었다. 결국 실패할지 모른다는 두려움 때문에 우리 상담은 아무런 결실을 맺지 못하고 악순환의 고리를 맴돌았던 것이다. 요컨대 내가한 등장인물이 됐고, 환자를 위해 그 역할을 멋지게 해내고 싶었지만 내 동료의 기대에 부응해야 한다는 압박감도 분명히 있었던 것이다. 바로 여기에 민감한 문제, 즉 '돋보이는 역할'이라는 문제가 있다.

우리가 맡는 등장인물이 우리 본능과 이기심과 허영심만으로 형성되는 것은 아니다. 당연한 말이겠지만 우리 욕망도 큰 역할을 한다. 욕심이 전혀 없어 보이는 사람도 마찬가지이다. 주변에서 우리에게 도움을 기대할 때 우리는 우쭐해지기 마련이다. 솔직히 말하면, 나도 주변의 칭찬에 결코 무감각하지 않다. 언젠가 내가 대기실 문을 열었을 때 유난히 깜짝 놀라는 표정을 짓던 한 환자의 모습이 아직도 기억에 생생하다. 그는 나에게 상담을 받으러 오기 훨씬 전부터 내가 어떤 사람일까 생각해보았다며, 내가 하얀 수염을 멋지게 기른 노의사일 거라고 상상했었다고 털어놓았다. 나는 지금도 수염을 기를 생각은 없지만, 그렇다고 수염이 하얗게 변하는 것을 막을 도리는 없다.

그러나 위의 글을 똑바로 읽은 독자라면, 나도 주변 사람들이 나에게 기대하는 등장인물의 역할을 충실히 해야 한다는 미묘한 유혹을 매순간 받는다는 것을 이해할 것이다. 그 유혹은 내 역할을 완벽하게 해내야 한다는 근심의 형태로 교묘하게 다가온다. 진정한 삶을 찾는 사람에게는 그런 삶을 쟁반에라도 담아 안겨주고 싶은 심정이다. 내가 그렇게 할 수 있다면 그는 대단한 경험을 하겠지만, 내가 그에게 강렬한 인상을 줄 만한 말을 찾아내 유도하더라도 그런 일은 결코 일어나지 않는다. 진정한 깨달음은 돌연히 나타나는 것이어서, 누구도 그 과정을 정확히 모른다.

사람들이 자신의 진정한 모습을 찾아내고 삶에서 겪는 어려움을 해결하도록 돕는 것이 나에게 주어진 사명이다. 누가 뭐래도 무척 멋진 사명이다. 그러나 이 사명이 직업이 된다면 어떨까? 개인적 접점을 찾는 일, 인간의 비밀과 사랑의 근원을 추적하는 일이 직업이라면? 나는 이 직업이 무척 위험하다는 것을 잘 알고 있기 때문에, 나에게 상담을 받으려고 찾아온 사람이 내가 정통하리라 생각하며 나에게 어떤 비결이나 비법을 기대할 때마다 온몸이 마비되는 기분이다. 심리치료사가 되어 환자들을 개인적으로 만나지만, 심리치료사라는 역할이 나에게는 결코 쉬운 직업이 아니다. 나는 천성적으로, 또한 심리적 콤플렉스 때문에 신중하고 소심하며 비사교적이기 때문이다. 다른 사람들과 원만하게 지낼 수 있도록 나의 자아로부터 해방시켜달라고 매일 하나님께 기도할 정도다.

게다가 나는 의사, 심리요법 의사, 영성 지도자라는 세 가지 일을 하고 있다. 의사와 심리요법 의사로서 기계적 타성에 빠져 그 일을 짜증스럽게 생각하며 영혼의 치유자로 일한다면 그것은 어불성설일 것이다. 솔직히 말하면, 나는 영혼의 치유라는 사명에 가장 의욕적이다. 의학과 심리학에는 한계가 있다는 것을 경험으로 알기도 하지만, 인간의 보편적이며 궁극적 욕구는 하나님의 존재를 깨닫는 것이기 때문이다.

많은 사람이 채워지지 않는 허전함을 느끼고, 그 때문에 나를 찾아온다. 그리고 적잖은 사람이 "저도 선생님처럼 흔들리지 않는 믿음을 갖고 싶습니다!"라고 말한다. 그들의 이런 기대를 저버리지 않으려면 나는 긍정적인 경험만을 이야기하는 수밖에 없다. 그러나 내가 개인적으로 겪은 어려움이나 의심, 심지어 실수까지 숨김없이 전해주면, 그들은 처음에는 예외 없이 뜻밖이라는 표정을 짓지만 곧 진실이라는 것이 우리를 감싸며 하나로 이어준다는 것을 깨닫는다. 내가 그들과는 다른 사람이라 생각하기 때문인지, 내가 하나님의 전능함을 경험했다고 말하면 그들은 더더욱 큰 감동을 받는 듯하다.

그러나 내가 겪은 어려움을 사사로이 말할 수는 있어도 많은 사람이 있는 곳에서 공공연히 말할 때는 신중하고 또 신중하기 마련이다. 설교자는 개인적으로 힘든 시기를 지나고 있더라도 강단에서는 영혼의 부침과 상관없이 일관된 믿음의 메시지를 선포할 수 있어야 한다.

성직자도 다른 전문직 종사자와 마찬가지로, 직업적 왜곡과 상투적 역할에서 자유롭지 못하다. 언젠가 한 목사의 딸이 아버지에게 받았다는 편지를 나에게 보여주었다. 그 목사는 딸에게도 신자에게 쓰듯이 편지를 썼다. 감동적인 편지였다. 눈물겹도록 감동적인 편지였다. 하지만 딸은 그런 훈계를 귀에 딱지가 앉을 정도로 들었던 까닭에, 그 감동적인 편지가 아무런 효과도 거두지 못했다. 언젠가 한 전차 운전자는 은퇴한 노목사를 가리키며 나에게 "은퇴하기 전에는 항상 우리에게 반갑게 인사를 건넸던 분입니다"라고 말했다.

이런 현상은 불가피한 것이고, 많은 신자가 이 때문에 고통받는다. 교회심의회와 종교조직위원회에서 일하는 사람들이 흔히 느끼는 압박감을 감추는 많은 원인 중 하나도 여기에 있는 듯하다. 실제로 그런 모임을 끝낸 후에 막연한 불안감에 사로잡히고, 결국 수년 후에는 낙담해서 사직하는 사람들을 나는 적잖게 보았다. 공통된 일을 여러 사람이 함께 하면 의견 대립과 갈등, 질투와 비판이 없을 수 없기 때문이다. 하지만 종교 모임에서는 그런 감정을 속 시원히 드러낼 수 없다. 그리스도인이라면 세상의 어떤 사람들보다 용서와 사랑과 상호부조의 정신을 보여줘야 한다는 분위기가 팽배하기 때문이다. 따라서 공격성은 주변 사람들을 불안하게 만들기 때문에 억눌러야 한다.

　나는 모든 환자를 사랑으로 진심을 다해 대하고 싶다. 의사의 그런 자세가 환자들에게 절실하게 필요한 것이기도 하지만 예수 그리스도가 나에게 기대하시는 것이기도 하기 때문이다. 내가 필요 이상으로 그런 모습을 보여주고, 심지어 불쾌한 마음이나 짜증을 웃는 얼굴로 감추려고 애쓰는 위험한 짓을 감수해도, 직관력이 있는 사람이면 나에게서 어색한 기운을 어렵지 않게 눈치 챈다. 이런 거짓된 태도가 고상한 일에 종사하는 사람들이 치러야 하는 대가일까? 그렇다면, '노블레스 오블리주noblesse oblige'인 셈이다. 선생은 학생들에게 자신의 무지를 감춰야 한다. 변호사는 성공을 확신하는 자신감을 보여줘야 한다. 의사가 진단과 예후에 대해 확신하지 못하는 모습을 보여준다면 환자는 더더욱 불안해질 것이다. 또 교수가 많은 연구 결과를 내놓지 못한다면 공부하지 않는 학자라고 손가락질 받을 것이다.

때때로 우리는 눈코 뜰 새 없이 바쁜 척하고, 어떤 때는 불안하고 초조해도 여유 있는 척한다. 누가 부탁하는지에 따라 그 부탁을 감히 거절할 생각조차 못한다. 또 누구에게나 은밀한 허영심이 있지만 그 허영심이 순진하기 짝이 없는 경우도 많다. 나는 박사학위를 받기 직전에 곧 사용할 수 있기를 기대하며 서명을 연습하고 또 연습했다. 그런데 복잡한 데다가 부자연스러워서 나는 곧 그 서명을 포기하고 말았다.

앞서 말한 그 외국인 방문객이 털어놓은 외교관들의 눈치 싸움은 학자들의 모임이나 자선 모임에서도 그대로 재현된다. 의사들의 학회, 대학 교수들의 회의, 예술가들의 모임, 스포츠 위원회에서도 개개인이 자신의 업적과 경험, 힘들게 찾아낸 독창적 이론을 돋보이게 하려는 욕심으로 불꽃이 튀기 마련이다. 누구나 어떤 조직의 일원이 되어 수년을 헌신적으로 일하면 그 조직과 일체가 되어 그 조직을 지키기 위해 온갖 계략을 꾸미기 마련이다. 자신의 조국을 위해 일하는 외교관, 위원회 회장, 노동조합 조합장, 종파의 열렬한 신자 사이에는 큰 차이가 없다. 이런 이유로, 조직이나 기업을 해체하거나 합병하는 것보다 설립하는 것이 더 쉽다.

조직의 목적이 고결하고 유익할수록 조직의 발전에 관심을 갖는 것은 당연하게 여겨진다. 어떤 종교 공동체에 속한 여인의 경우를 예로 들어보자. 그녀는 공동체 회원들이 자신에게 보여준 배려에 크게 감동받았다. 그들은 그녀를 인간적으로 대해주었고 그녀의 가치를 인정해주었다. 하지만 그녀는 공동체원임을 뜻하는 제복을 입는 순간, 공동체원들이 그녀에게 공동체를 위해 일해주기를 바란다는 것을 깨달았다. 그녀가 "조직의 이익이 개인의 이익보다 앞선다는 느낌이었습니다"라고 말했듯이, 조직원들의 그런 바람은 필연적인 것이고 당연한 것이기도 하다.

현대 사회와 비인간화

물론 내가 앞에서 말한 현상은 우리 시대만의 특이한 현상이 아니다. 먼 옛날 사회가 형성된 때부터 사회에 내재한 속성이다. 문명사회에서 실제 인간이 등장인물 뒤로 소멸되어가는 현상이 오늘날 더욱 두드러지게 나타나는 것은 테크놀로지의 발달, 도시에 집중된 인구, 삶의 기계화 때문이다. 요즘 사람들은 꿈도 꿀 수 없지만, 과거의 농부들과 노동자들은 본래의 자아를 유지할 수 있었다.

실제 인간이 본래의 창조물이라면, 등장인물은 관례화되고 자동화된 틀이다. 획일화된 삶과 운집한 대규모 인구가 우리에게 규격화된 틀을 강요한다. 우리는 매일 똑같은 시간에 똑같은 사무실이나 공장에 도착하기 위해 똑같은 버스를 탄다.

이처럼 과도하게 전문화된 세계는 우리에게 로봇처럼 똑같이 행동하기를 요구한다.

우리는 생산을 위한 하나의 톱니바퀴, 하나의 연장, 하나의 기능에 불과하다. 우리가 무엇을 하는지만이 중요할 뿐, 우리의 생각이나 감정은 중요하지 않다. 게다가 우리의 생각과 감정은 언론이나 영화와 라디오를 동원한 프로파간다에 의해 조작된다. 우리는 매일 똑같은 신문을 읽고, 똑같은 구호를 들으며, 똑같은 광고를 보고 살아간다.

물론 이 모든 것이 문명의 탓만은 아니다. 더 편안하게 살기 위해 오랜 세월을 묵묵히 일한 사람들을 생각해보자. 문명의 발달로 그들은 언제라도 약간의 환상을 품을 수 있다. 하지만 그들은 언제나 똑같은 카페에 가고, 똑같은 친구들을 만나고, 똑같은 대화를 되풀이하며, 휴가를 똑같은 곳에서 보내는 것을 좋아한다. 그야말로 기계적인 삶이다.

인간답게 살기를 원하는 사람도 대중사회의 톱니바퀴를 벗어날 수 없다. 대중사회에서는 독창성이 반짝 주목받더라도 곧 외면당하고 사그라지기 때문이다. 많은 사람이 모일수록 집단본능이 더욱 강해진다. 대기업은 결국 꼭두각시들을 만들어낸다. 이런 이유로 나는 "실제 인간을 창조해내는 것이 소명이다"라고 말한 지벡 교수의 말을 자주 인용한다. 하지만 요즘의 일, 즉 프레더릭 테일러Frederick Taylor가 창안해낸 과학적인 공장 관리 및 노무 관리는 등장인물들을 양산할 뿐이다. 이 방법은 인간성을 말살하고, 개개인의 개성을 박탈한다. 많은 현대 사상가들이 이 점을 이미 지적했기 때문에 이 문제에 대해서는 더 거론할 필요가 없을 것이다.

국가 권력이 점진적으로 증대하며 개인의 삶을 지배하고, 과거에는 개인의 자율성에 맡겨두었던 분야들에 개입하는 경우가 증가한 것도 무시할 수 없는 요인이다. 규칙과 서식과 기업이 증가했고, 여기서 인간은 사례와 서류와 번호에 불과하다. 특히 공무원들은 국가라는 비인격적인 권위체에서 지극히 작은 조각에 불과하기 때문에 열성적으로 일하더라도 자신의 제한된 권한 밖의 일에 대해서는 적극적으로 나설 수가 없다.

많은 기업이 정부의 이런 비효율성에 반발하며 인간성을 회복하기 위해 공장에 심리학을 도입했다. 그러나 이런 시도조차 규격화된 정신공학적 검사나 통계지수의 형태를 띤다. 결국 다시 등장인물을 평가하고 등장인물의 역할을 연구해서 등급에 따라 분류하는 셈이다. 과학이 실제 인간의 존재에 무관심하기 때문이다.

과학의 힘으로 테크놀로지가 발달하고, 기계의 수가 증가하며, 인간미가 없는 모든 인공적인 시스템이 만들어진다. 국제 정신의학회의 지난 회의에서, 대형 정신병원의 수석 의사인 내 동료가 자신의 환자인 목장 관리자에 대해 우리에게 말해 주었다. 그의 병원은 대형 목장도 운영하고 있었다. 그런데 목장 관리자가 사표를 제출했다. 내 동료는 목장 관리자를 불러

사표를 쓴 이유가 뭐냐고 물었다. 그는 이렇게 대답했다. "경영자들이 젖을 짜는 전기 기계를 구입했습니다. 그래서 예쁜 젖소들과 개인적으로 접촉할 일이 없어졌습니다. 저는 이런 환경에서 계속 일하고 싶지 않습니다."

이런 기계화 현상이 삶의 모든 영역으로 확대되며 문명에서 인간의 냄새를 지워내고 있는 실정이다. 젊은 건축가들은 지금도 인간적인 세계를 추구하지만, 그 젊은이들의 정신을 짓누르는 문제들이 무엇인지 나는 잘 알고 있다. 한 세기 전만 해도 교회 앞 광장, 도심의 상점가, 경치가 좋은 작은 공간은 하루 일과가 끝난 후 사람들이 모여드는 만남의 장소였다. 그들은 그곳에서 흉금을 터놓고 만났고, 함께 산책하며 평온하게 대화를 나누었다. 또 서로 손을 맞잡고 무리를 지어 도로를 차지했다.

그러나 이제 거리는 자동차들이 차지하고, 붉은색과 초록색이 번갈아 켜지는 교통신호등의 리듬에 따라 끝없이 꼬리를 물고 이어진다. 심지어 자동차들은 주차를 이유로 인도까지 침범한다. 과거에는 도시의 영혼이 깃들었고 사람들이 새로운 친구를 사귀며 대화를 이어가던 광장, 따라서 국민 여론이 자연스레 형성되던 광장을 요즘 사람들은 잰걸음으로 지나가고, 교통체증으로 자동차를 멈출 수밖에 없을 때나 창문을 내리고 멀리서 가볍게 목례를 나눌 뿐이다. 광장을 걸어서 지날 때는 조금이라도 틈새가 생기면 재빨리 지나가야 하는 실정이다.

미국에는 자동차에서 내리지도 않고 영화를 볼 수 있는 곳이 생겼다. 거대한 주차장으로 자동차를 몰고 들어가서, 주차장 끝에 세워진 대형 스크린에 상영되는 영화를 보면 된다. 물론 사방에 설치된 확성기에서 대사가 쾅쾅 흘러나온다. 기계가 노동의 공간만이 아니라 즐거움을 누리는 곳에도 들어서서 인간미를 빼앗아가고 있다.

우리는 공장이나 기업에서 오랜 시간을 보내지만 자신의 실제 인간, 개인적인 관심사, 삶의 희노애락, 마음속에 간직한 열망에 관심을 보이는 사람을 만나지 못한다. 기계처럼 진행되는 일상의 삶, 그리고 이 시대의 분위기 때문에 우리가 제대로 모르는 사람들을 동료로 삼아 일한다. 그 동료들도 우리를 제대로 모르는 것은 마찬가지다. 결국 모두가 서로 겉모습만 알 뿐이고, 상대를 관례적으로 떠맡은 등장인물로만 파악할 뿐이다.

이 시대를 살아가는 사람들 대다수가 집단사회에 함몰되어 이런저런 집단을 이루고 정신없는 속도로 움직이지만, 극복하기 힘든 정신적 외로움에 시달린다. 그들은 누구에게 마음의 문을 열어야 할지 모른 채 마음을 답답하게 짓누르는 비밀을 혼자 간직한다. 모두가 바쁘고, 모두가 기계화된 사회의 피상적인 모습에 사로잡혀 살아간다.

이런 현대 사회에서 의사가 개인적으로 접촉할 기회를 제공하는 유일한 사람인 경우가 적지 않다. 사람들은 의사에게라도 이해받고 싶어한다. 의사라면 많은 사람과 삶을 경험하고, 의사가 되기 위해 수련받는 과정에서 일반적인 개념보다 특수한 사례에 주목했을 것이라 생각하기 때문이다. 실제로 의사는 이론가보다 관찰자에 가깝다. 따라서 사람들은 의사에게 자신의 진실한 모습을 보여주려 애쓴다. 그들에게 덧씌워진 껍데기를 벗어던지는 행위 자체가 등장인물이라는 가면을 벗고 싶은 욕망을 상징한다. 프랑스 소설가이자 극작가인 쥘 로맹Jules Romains의 희곡 《크노크Knock》에서 보았듯이, 한 고약한 마을 사람이 의사 크노크를 괴롭힐 생각으로 진찰을 받으러 가지만 크노크 앞에서 완전히 발가벗겨진 후에는 자신의 존재조차 확신하지 못하지 않는가!

나는 자신에게 부여된 사명이 무엇과도 비교할 수 없는 중요한 사명이라고 생각하는 동료 의사들을 많이 만났다. 특히 공장이나 서민 지역에서 일하는 의사들의 사명감은 투철하다. 다른 곳에서는 얼굴을 맞대고 내밀한 속내를 털어놓지 못하는 사람들이 그들의 상담실에 줄지어 찾아온다. 의사가 그들의 대답에서 미세한 변화까지 놓치지 않고 주의를 기울이면, 그들이 대수롭지 않게 여겼던 기억에서 꺼낸 사건도 오랫동안 억눌려 있던 비밀에 다가가는 문을 열어줄 수 있다. 특히 질병에 걸리거나 죽음을 예감하면, 바쁜 일상에 휩쓸리며 마음속에 묻어두었던 의문들이 밖으로 표출될 수 있다.

그러나 이런 의사들도 점점 정반대로 치닫는 상황에 맞서야 한다. 의학이 발전하기는 했지만, 그런 발전으로 인해 의학마저 비인간적으로 변해가기 때문이다. 실제로 의학계에도 젖짜는 기계를 떠올리게 하는 기계들이 점점 많아지고 있다. 르네 마크René-S. Mach 교수가 작년에 열린 제네바 국제회의에서 이 문제에 대한 토론회를 주재할 때 이런 현상을 신랄하게 지적했다. "과거에는 의사의 섬세하고 예민한 손이 놓였던 환자의 몸에 이제는 전기 검진 장치의 차갑고 반짝거리는 금속 표면이 놓인다."[1]

과학은 우리 인간에게 복잡한 문제를 제기하면서도 가장 순수한 문제, 즉 삶에 관련된 문제를 외면하게 만든다. 의사가 받았던 교육도 실제 인간보다는 몸과 정신의 메커니즘에 집중하는 경향을 띤다. 그래도 과학이 의사의 권위를 높여준 것은 사실이다. 이 장을 시작하면서 언급한 외국인 방문객은 하루하루 기록한 일종의 일지를 나에게 건네주었다. 흥미롭게도 그 일지에는 의학계에서 무척 존경받는 내 동료를 방문하고 느낀 소감을 생생하게 표현한 글이 있었다. 권위를 뽐내는 듯한 하얀 기계들, 냉정한 전문적인 질문들, 알쏭달쏭한 몸짓! 그는 "간단히 말하면, 그는 위대한 스승의 옷을 입고 있었다"라는 말로 그 의사에 대한 기록을 끝맺었다.

게다가 시대의 흐름에 따른 전문화로 인해 유기적인 조직보다 하나하나의 기관이 중시되고, 의학도 대표적인 전문분야로 변해 세세한 부분까지 기계적으로 처리된다. 그러나 내 생각에는 실제 인간을 연구하는 의학을 몇몇 소수의 의사에게 국한된 보충적인 분야로 생각하는 것만큼 중대하고 위험한 문제는 없을 듯하다.

끝으로, 의학의 법적 지위와 사회보험의 발달로 거의 모든 나라에서 의사라는 직업의 성격이 급속도로 바뀌고 있다. 의사들이 진료실에 끝없이 밀려드는 환자들을 최대한 짧게 진료하며, 컨베이어벨트에서 일하는 노동자처럼 변해가고 있다.

얼마 전 제네바에서 열린 국제기관지질환연구학회에서, 스위스연방 대통령이며 연방의원인 로돌프 루바텔(Rodolphe Rubattel, 1896-1961)은 개막식에서 이 문제를 거론했다. 그는 의사들에게 "신속성, 자동화, 생산성, 수익성 및 그 밖의 섬뜩한 뜻을 지닌 단어들로 표현되는 작금의 위험한 상황"에 대해 말하며 다음과 같이 덧붙였다. "이른바 사회적이라 일컬어지는 의학은 계급과 빈부에 차별을 두지 않고 모두에게 똑같은 혜택을 주어야 하는 것입니다. 그런데 인간의 본질로부터 이런 혜택, 즉 접촉하고 공감하는 기회를 박탈한다는 것이 이상하지 않습니까? … 의사도 결국에는 자신도 의식하지 못하는 사이에 화학적 분석, 일람표, 엑스레이 필름 등으로 눈에 띄는 증상만을 검진하며, 50년 전의 의사들이 가장 먼저 관심을 가졌던 증상들, 즉 개인마다 다른 증상들을 충분히 고려하지 않는 피상적인 관리자로 전락할 위험은 없을까요?"

요즘 많은 의사들이 이 문제를 절박하게 생각하지만, 해결하기가 쉽지는 않다. 전문화와 현대 과학의 이점을 포기할 수도 없고, 인간과 그들의 고통을 이해하려면 어쩔 수 없이 받아들여야 하는 사회적 추세에 저항할 수도 없지 않은가.

그래도 깊이 생각해보면, 해결책이 제도에 있지 않고 의사의 마음가짐에 있다는 것을 알 수 있다. 의사가 아무리 전문화되고 깊은 지식을 지녔더라도 개인적이고 영적인 삶에서 인간이라는 의식을 잊지 않는다면 인간적인 면모를 유지할 수 있다. 이런 경우, 의사는 인간에게 가장 보편적이고 심원한 고통이 누구나 마음속에 비밀로 간직한 고통이며, 그런 고통이 육체와 정신의 건강한 삶을 위협한다는 것을 깨닫게 될 것이다. 그런 고통은 기계화된 환경에서 잠깐 받는 진료로는 밝혀지지 않기 때문에 성급한 처방으로는 해결되지도 않는다.

의사들의 학회에 참석할 때마다 대다수 의사들이 시간적 여유가 없다고 나에게 항변한다. 그들이 심리요법 의사처럼 모든 환자에게 충분한 시간을 할애할 수 없는 것은 사실이다. 그러나 내가 첫 책(1939년에 출간한 《인간 치유 *Médecine de la Personne*》)에서 이미 말했듯이, 나는 일반 개업의로 일할 때 경험한 중대한 사건으로 진료의 방향을 완전히 바꾸었다. 인간을 다루는 의술이 기술적인 심리치료과 똑같을 수는 없지 않은가. 기술적인 심리치료에는 인간미가 부족할 수 있지만 일반 진료에는 인간미가 깊이 스며들 수 있다. 가볍게 던지는 말로도 의사는 환자에게 단순한 사례만이 아니라 인간이기도 하다는 느낌을 전달할 수 있다.

　우리는 관심을 쏟는 것에는 언제라도 충분한 시간을 할애할 수 있다. 인간을 이해하려고 애쓰는 직업보다 더 흥미로운 직업은 별로 없을 것이다.

3

모순된 존재

실제 인간을 발견하기 위해서는 극복해야 할 강력한 장애물이 있다. 지금까지 우리는 외부 세계에서 비롯되는 장애물을 주로 살펴보았다. 우리 시대에 들면서 그 장애물들이 더욱 강력해진 것은 사실이다. 하지만 우리 내면에도 장애물이 존재하는데, 그것을 극복하기가 훨씬 어렵다. 예컨대 지금 내 앞에 어떤 사람이 있고, 나는 그 사람의 말을 주의 깊게 듣는다고 가정해보자. 그 사람의 진정한 본성은 무엇일까? 그 사람도 자신의 본성이 무엇인지 모른다. 그는 사람들이 자신을 피상적으로만 관찰하며 잘못 판단한다고 생각할 뿐이다. 한마디로, 사회와 주변 사람들, 심지어 부인까지도 그를 인색하거나 너그럽다고, 적극적이거나 게으르다고, 대담하거나 겁쟁이라고 단순하게 판단한다.

앞에서도 말했지만, 쌍방이 실제 인간을 발견하는 개인적 접점에 이르는 경우는 무척 드물다. 대화를 나누는 두 사람이 흉금을 터놓고 인간적으로 만나고 있음을 진심으로 느껴야 실제 인간을 발견할 수 있다. 하지만 한 인간을 올바로 알기 위해서는 더 많은 것이 필요하다. 진정한 본성이라는 문제는 결코 완벽하게 해결되지 않는다. 나도 마찬가지였다. 상대의 등장인물이라는 껍데기 뒤에 감추어진 실제 인간을 건드리기만 할 뿐이었다. 껍데기를 뚫고 상대의 실제 인물까지 파고 들어가지 못했다.

보상 메커니즘

상대가 나에게 많은 말을 할수록 그의 실제 인간은 더욱 복잡하고 심지어 모순되게 보인다. 하기야 우리 인간은 내적 모순으로 가득한 존재다. 하지만 그런 사실을 우리 자신에게도 인정하기가 쉽지 않다. 따라서 가능하면 다른 사람들에게 감추려고 하는 것은 당연하다. 어쩌면 이처럼 복잡한 내면을 완전히 알게 될 때 비롯되는 현기증에서 벗어나기 위해 가급적 단순한 등장인물로 우리 자신을 꾸미는 게 아닐까? 누구라도 정직하게 자신에 대해 말하면, 무의식까지 파고들지 않더라도 이런 모순은 금세 드러난다.

한 저명한 정치인의 경우를 예로 들어보자. 선거구민에게 무척 인기가 높아 재선을 거듭한 그는 군중 앞에서도 언제나 당당하고 영향력도 막강하다. 하지만 내 상담실에서 그는 실제로는 무척 소심한 사람이라고 털어놓았다. 예컨대 친구가 함께 차를 마시자고 초대해도, 찻잔을 든 손을 심하게 떨어 자신의 소심함이 들킬지도 모른다는 두려움 때문에 그런 초대를 거절할 수밖에 없다는 것이었다.

한편 나에게 처음 상담받으러 올 때 혼자 오지 못할 정도로 소심해 보이는 40대 남자가 있었다. 그의 어머니가 그를 열 살짜리 어린아이처럼 데려와서는 아들의 상황을 대신 설명할 정도였다. 그동안 그는 당혹스런 표정으로 입을 꼭 다물고 의자 끝에 살그머니 걸터앉아 있었다. 영락없이 하급 공무원의 모습이었다. 하지만 그와 나 사이에 개인적 접점이 형성됐을 때 나는 그의 내면에서 모험심으로 가득한 영혼을 찾아냈다. 그는 어머니의 치마폭에서 한 번도 떨어진 적이 없었지만 영웅적이고 대담한 모험, 먼 나라로의 여행을 꿈꾸고 있었다. 그는 탐험기와 탐정소설을 탐독하며 자신을 소설 속의 용감무쌍한 주인공들과 동일시하고 있었다.

물론 그것은 꿈에 불과하고 실체가 없는 비밀스런 삶이라고 반박할 사람도 있을 것이다. 또 그가 우리에게 보여주는 소심한 겉모습이 그의 진정한 본성이라고 주장할 사람도 있을 것이다. 많은 심리학자가 꿈으로의 탈출에 대한 논문을 발표했고, 나 자신도 그에 관한 글을 썼다. 하지만 그 후의 임상 경험에서 나는 그 문제를 더 깊이 생각하지 않을 수 없었다. 어떤 사람은 꿈으로 탈출하는데, 어떤 사람은 따분한 삶에 만족하며 살아가는 이유가 무엇일까? 꿈으로 탈출하는 사람에게는 적극적으로 반응할 수 없었던 내면의 부름이 있었던 것이 아닐까? 그 내면의 부름에 그의 진정한 본성이 감춰져 있는 게 아닐까? 그의 꿈을 단순히 현실도피로, 불을 때지 않은 굴뚝에서 피어오르는 연기쯤으로 간주한다면, 그의 내면에서 공연되는 연극을 제대로 이해할 수 없을 것이다. 불이 없으면 연기도 없는 법이다.

내 판단에 그 남자는 심약하고 소유욕이 강한 어머니의 피해자인 듯했다. 어머니가 그를 대신해서 증상을 말하겠다고 나를 찾아오기까지 하지 않았는가. 그가 어려서 어머니에게 의지할 수밖에 없었던 시절, 어머니가 사사건건 참견해서 그는 자신의 꿈을 마음껏 펼칠 수 없었다. 게다가 어머니는 과부였고, 그는 어머니에게 남은 유일한 혈육이었다. 어머니는 그 유일한 보물을 잃어버릴까 항상 노심초사하며, 아들이 조금이라도 위험한 일을 하려 하면 가로막고 나섰다. 심지어 아들이 직업을 선택할 때도 어머니는 안전을 최우선 조건으로 내세웠다.

물론 이 문제는 생각보다 훨씬 까다롭고 미묘하다. 어떤 면에서 까다로운지 자세히 설명해보자. 교육은 외부의 제약으로 끝나지 않는다. 교육은 어린아이의 내면에 깊숙이 스며들어 강력한 그림자로 자리잡는다. 따라서 결코 사라지지 않는 자생적인 본성과, 그 본성의 표출을 억누르는 그림자가 내적 충돌을 일으킨다. 그 충돌은 본성의 자연스럽고 충동적인 표출을 마비시키는 동시에, 대립하는 두 힘을 소멸시켜버린다.

어머니의 철저한 감시에도 불구하고, 그는 간혹 어머니의 감시망에서 빠져나왔다. 그는 몇 번이고 대담한 행동을 저지르기 직전까지 이르렀던 경우에 대해 나에게 이야기해주었다. 그 순간, 대담한 행동 자체가 그의 내면에서 부글부글 끓어오르는 것 같았다. 그런데 그동안 억눌렸던 잠재력이 그처럼 용솟음치자 불안감이 밀려왔다. 그리고 어머니가 그에게 심어놓은 그림자가 꿈틀거리며 억제하기 시작했던 것이다. 누구나 위험을 느끼면 억제하기 마련이다. 따라서 많은 점에서, 내 생각에는 그의 삶을 억누른 그림자가 대담하게 행동하고 싶은 그의 충동에 감춰진 진정성을 밝혀낼 수 있는 열쇠인 듯하다.

어떤 순간에 자신이 두려웠다고 나에게 고백한 사람이 얼마나 많았던가! 정확히 말하면, 그들은 자신의 내면에서 꿈틀대는 힘, 그들의 본능과 욕망과 감정, 또 그들이 얼마든지 해낼 수 있다고 느꼈던 행동이 두려웠다고 나에게 털어놓았다. 만약 그 힘이 강력하지 않았더라면 그들은 그 힘을 과감히 드러냈을 것이고, 지나치게 조심스런 그들의 태도는 그만큼 뜨거운 그들의 열정을 보여주는 증거로 여겨졌을 것이다.

내가 '~듯하다'라는 표현을 반복하고 가정법을 동원하는 이유는, 인간의 진정한 본성이 무엇인가를 추적할 때 우리가 겪는 어려움이 그만큼 크기 때문이다. 달리 말하면, 어떤 식으로 말해도 항상 의혹이 앙금처럼 남기 때문이다. 예컨대 앞에서 언급한 공무원의 소심한 삶과 내면에 감추어진 모험심 중 어느 쪽이 그의 진정한 본성인지 누구도 확실하게 말할 수 없다.

소심한 삶이 우리 눈에 보이는 모습이기 때문에 그의 실제 삶이라 생각하고 모험을 꿈꾸는 환상을 무시하며 공허한 공상 쯤으로 치부한다면, 그를 크게 잘못 판단하는 결과를 낳을 수 있다. 그가 꿈꾸는 대담한 삶이 감춰졌다는 이유로 덜 중요하지는 않다. 오히려 피곤하고 따분한 일상보다 그에게는 훨씬 더 중요할 수 있다. 그의 본심은 그 꿈에 있고, 겉으로 보이는 기계적인 모습은 그가 참고 견디는 삶일 수 있기 때문이다. 그러나 그의 실제 인간과 모험심으로 가득한 자아를 동일시하며, 소심한 모습은 어린 시절에 강요받은 습관이기 때문에 그 자신에게도 맞지 않는 껍데기에 불과하다고 단정 짓는 것도 잘못이다. 외부에서 오는 영향은 우리가 자발적으로 수용할 때만 우리에게 영향을 미친다. 침략자가 자신에게 협조하는 스파이가 있을 때 어떤 나라를 쉽게 점령할 수 있는 것과 같다.

이 문제를 더 명확히 파악하는 데 도움을 얻기 위해 다른 사례를 예로 들어보자. 이번에도 공무원이었다. 그는 외관상 초라하기 이를 데 없는 삶과, 내면에서 부글부글 끓어오르는 부자가 되고 싶은 욕망의 갈등으로 지독한 고통에 시달렸다. 그는 자신의 내면세계를 표현할 수 없는 예술가, 어떤 의미에서 진정한 예술가이기도 했다. 언젠가 나는 그가 서랍에 남몰래 감추어두었다는 습작의 일부를 읽었다. 그는 그 원고를 감히 완성할 수 없었고 출판할 수도 없었다고 말했지만, 내가 보기에 그의 글솜씨는 탁월했다. 그 원고를 통해 나는 그의 실제 인간의 단면, 세상 누구도 모르는 면을 발견했다.

사르트르는 이처럼 불명확하고 복잡한 내면의 삶을 단호히 부정함으로써 인간의 문제를 함부로 단순화한 듯하다.[1] 위대한 작품은 내면에서 다듬어지고 또 다듬어진 뒤에야 잉태되는 법인 데도 말이다. 사르트르는 "라신의 진수는 그가 발표한 일련의 비극들이다. 그 비극들을 제외하면 아무것도 없다"라고 말했다. 내가 지금 쓰고 있는 이 책도 5년 이상 머릿속으로 구상하던 것이다. 내가 두 달 전에 죽었다면 한 줄도 빛을 보지 못했을 것이다. 그래도 나를 실제 인간으로 이해하는 데 있어서는 책의 구상이 집필보다 훨씬 결정적이기 때문에 구상 자체도 못지않게 중요하다.

첫 책을 발표하기 전에 나는 몇몇 친구에게 원고를 미리 보여주었다. 그들은 호의적으로 지적해주었지만, 그들의 지적에 얼마나 충격을 받았던지 그 후로 거의 6개월 동안 나는 한 줄도 자신 있게 쓸 수 없었다. 어떻게 써도 앞뒤가 맞지 않는 것처럼 보였다. 그래서 첫 책의 출간을 포기할 뻔했다.

겉보기에 보잘것없는 삶에서, 외적 환경과 내면의 의혹 때문에 잉태되지 못한 무수한 작품들을 발견할 때마다 나는 두근대는 가슴을 주체할 수 없을 정도다. 타고난 본성에 관련된 것과, 잠재적 실존에서 사르트르가 말한 '실존'으로 넘어가는 과정에서 우연히 덧붙여진 것을 구분해야 한다.

예술가적 기질을 지닌 공무원은 나에게 상담받은 끝에, 부모가 자신에게 강요한 이미지에 맞추어 스스로 그처럼 초라한 등장인물을 만들어냈다는 것을 깨달았다. 부모는 그의 형과 동생을 가족의 자랑거리로 생각했지만, 항상 그를 무능한 자식으로 취급했다. 그에게 내면의 적은 어린 시절에 누리지 못한 사랑의 욕구였다. 프로이트 심리학자들이 밝혔듯이, 그런 사랑의 욕구 때문에 그는 부모가 바라는 사람이 되려고 애썼다. 그러나 부모가 그보다 다른 자식들을 편애했던 실제 이유는 전혀 다른 데 있었다는 것이 비극이다. 내면의 적은 심층심리학의 영역에 속하는 무의식적 요인, 즉 잘못된 죄책감이다.

그러나 암시의 엄청난 영향력을 이해하기 위해 깊이 분석할 것도 없다. 분별없이 어린아이를 거짓말쟁이로 취급하면, 그 아이는 마음속으로 정직하고 싶어도 거짓말쟁이가 된다. 어린아이는 현실과 허구의 경계가 불분명한 시기다. 더구나 주변 사람들은 언제나 동화 이야기를 들려준다. 그런데 그 아이가 이야기를 꾸며서 실제로 있었던 사건처럼 이야기하면, 모두가 그를 거짓말쟁이로 몰아버린다.

어린아이를 무능한 바보라고 부르면, 그 아이는 내면의 생각을 겉으로 표현할 수 없는 무능한 아이가 돼버린다. 실제로는 눈부시게 예쁘지만 어머니에게 못생겼다는 말을 귀에 딱지가 앉도록 들은 여자아이를 생각해보자. 어머니는 딸의 허영심을 꺾어 놓으려고, 어쩌면 생각보다 훨씬 빈번하게 무의식적인 이유로, 즉 딸이 자기보다 더 빛난다는 두려움 때문에 그렇게 말했을 수 있다. 여하튼 그 결과로 딸은 자신의 외모에 자신감을 갖지 못하고, 남자들이 뚫어지게 쳐다보면 동경의 눈빛을 경멸의 눈길로 오해하는 지경에 이르고 말았다.

우리에게 붙여지는 일종의 별명도 암시 못지않게 상당한 영향을 미친다. 특히 어린 시절에 영향이 크지만, 성인이 된 후에도 별명은 우리 삶에 중대한 영향을 미친다. 우유부단한 남자아이가 있었다. 게다가 열두 살에 아버지를 여의었다. 어머니는 그를 딸처럼 곱게 키웠고, 아버지가 남긴 면도기까지 사촌에게 주며 "너는 이런 게 필요 없을 거다!"라고 말할 정도였다. 안타깝게도 우리 의사들도 환자들에게 종종 무심결에 말하며, 과학이 우리에게 덧씌워준 권위 이상의 영향력을 미친다. 예컨대 조금만 마음에 들지 않으면 성질을 부리며 짜증을 내는 환자에게 '까탈스러운 간'을 지닌 모양이라고 말한다면, 그가 영원히 떨쳐낼 수 없고 그의 건강에도 악영향을 미치는 잘못된 생각을 심어줄 수도 있다.

암시가 국내 정치나 국제 정치에서 어떤 역할을 하고, 정당과 정부가 암시를 어떻게 활용하는지 유심히 관찰하면, 암시의 위력을 어렵지 않게 확인할 수 있다. 미국에서 발표한 통계에 따르면, 암시에 영향을 받지 않는 사람은 국민의 7퍼센트에 미치지 못하는 듯하다. 달리 말하면, 국민 대다수의 의견을 조종할 수 있다는 뜻이다. 이런 해석은 정반대의 프로파간다에 길들여진 다른 국가의 사람들에게 터무니없게 여겨질 것이다. 따라서 그들은 이런 해석의 진정성을 의심하며 받아들이지 않을 것이다. 대체로 어떤 국가든 자국보다는 다른 나라에서 이해관계를 이유로 여론을 조작하는 현상을 더 잘 식별해낸다. 따라서 심리학은 다른 나라 사람들의 행동만을 설명할 수 있을 뿐이다.

　암시의 힘에 못지않게 습관의 힘도 우리에게 영향을 미친다. 파스칼은 습관이 제2의 천성이고, 습관이 우리 자신의 일부가 되는 것을 어렵지 않게 볼 수 있다며 습관의 힘을 강조했다. 나는 어제 신문에서 우연히 스페인 속담 하나를 보았다. "습관은 거미줄의 한 가닥처럼 시작되지만 나중에는 밧줄이 된다." 내 환자 중에는 생활환경에 영향을 받아 습관적으로 체념하고 포기하는 젊은 여자가 있었다. 우리는 수개월 동안 함께 노력했지만 별다른 성과를 얻지 못했다. 그런데 어느 날 그녀가 아직도 오래된 습관에 얽매여 있는 기분이라고 나에게 말했다. 그녀는 오랫동안 개집에 묶인 채 살아서 줄이 풀린 후에도 습관적으로 그 반경을 벗어나지 않는 개와 비슷했다.

이상하게 들리겠지만 인간은 고통에 반발하면서도 고통을 습관적으로 받아들인다. 자신을 심하게 괴롭히던 어려움이 해결된 후 이상하게도 우울증에 사로잡히는 사람들이 있다. 고통을 받지 않으면 살 수 없고, 고통에 자극받아 반발하던 힘을 빼앗겨 무력해진 사람들처럼 보일 정도다. 장마가 지루하게 계속되는 동안 우리는 푸른 하늘을 다시 보기를 간절히 기다리지만, 장마가 끝나도 푸른 하늘이 다시 나타날 수 있을까 의심하듯이, 마음의 기상학도 마찬가지다.

모순된 감정

따라서 보상 메커니즘과 암시와 습관의 영향으로 우리 내면에서는 모순된 성향들이 형성되어 강화되고 고착된다. 그 성향들의 편차가 클수록 본성을 따르려는 자연스러운 삶이 더욱 억제된다. 우리는 스키를 막 배우기 시작한 사람들과 비슷하다. 그들도 양발을 평행하게 유지하려 하지만 양발이 점점 벌어져서 결국 넘어지지 않는가. 이처럼 모순되는 힘들로 인해 실제 인간에서 멀어지는 사람들을 나는 매일 상담실에서 만난다. 겉으로 보기에는 한없이 소심한 사람이 공동체 생활을 가장 갈급하는 사람이고, 겉으로는 무척 사교적인 사람이 견디기 힘든 내면의 고독을 벗어나기 위해 소용돌이 같은 사회에서 위안을 찾는 사람이다. 또 자신감에 넘쳐 보이는 사람이 실제로는 타인 앞에서 보여주는 태도로 내면의 두려움에서 벗어나려는 사람이다. 이렇게 꾸민 태도는 직관력이 뛰어난 동료의 눈빛을 벗어나지 못한다. 그 동료는 그런 꾸민 태도를 부러워하며 열등감에 사로잡히지만 정작 나에게는 "그의 자신에 찬 모습은 허세에 불과하다"고 말할 수도 있다.

언젠가 나는 군인들을 상대로 두려움에 대해 강의한 적이 있었다. 당시 청중석에는 지난 전쟁에서 세운 공훈으로 훈장을 받으려고 우리나라를 예방한 외국군 장교가 있었다. 강의가 끝난 후 진행된 토론에서 그는 자신이 훈장을 받을 정도로 행동했던 이유가 용기 때문인지 두려움 때문인지 모르겠다고 솔직하게 인정했다. 내 생각에 그는 그렇게 인정함으로써 자신이 용기 있는 사람이라는 확실한 증거를 보여준 듯했다. 그러나 우리가 그 장교처럼 솔직하다면 우리 행동의 진정한 동기에 대한 불확실성을 인정해야 한다. 우리 동기는 겉으로 보이는 것과 완전히 다른 경우가 많다. 대담하다고 알려진 한 등반가가 언젠가 나에게 이렇게 고백한 적이 있다. 모두가 그를 대담하다고 칭찬하지만 정작 그 자신은 항상 두려움에 시달린다고! 결국, 위험을 무릅쓰는 그의 성향은 두려움을 구체화하는 한 방법이었던 셈이다. 하기야 막연한 불안감보다 구체적인 위험에 대한 두려움을 견디기가 더 쉽다.

모두가 자부심이 강하다고 생각하는 사람이 실제로는 자신의 능력조차 확신하지 못하고 열등감에 사로잡힌 사람일 수 있다. 따라서 보상 메커니즘에 따라 과시적인 태도를 보이지만, 결코 공허한 마음을 완벽하게 채우지는 못한다. 반면에 확신에 차서 출세지상주의자처럼 보이지만 실제로는 불안감에 짓눌린 사람일 수 있다. 자신에게 주어진 일에 헌신적으로 매진해서 모두에게 칭찬받는 사람이, 그렇게 열심히 일하는 이유는 단순하고 재미없는 일에서 벗어나고 싶기 때문이라며 "사실 나는 게으른 사람인 것 같습니다"라고 고백하기도 한다. 항상 흠잡을 데 없이 완전무결하게 행동하는 사람이 남몰래 못된 행동을 저지르고, 항상 극단적으로 엄숙한 사람이 남들에게 철저하게 감춘 유치한 버릇을 지닌 경우도 적지 않다. 실제로 무척 독실한 신자가 자신이 겪은 견디기 힘든 비극을 나에게 털어놓으며, 주변 사람들은 자신을 독실한 신자의 표본으로 여기지만 실제로는 성적性的 강박관념에 끊임없이 시달린다고 고백하기도 했다.

집에서의 모습과 밖에서의 모습이 완전히 다른 사람이 얼마나 많은가! 그들은 집에서는 왕처럼 대접받으려 하지만 밖에서는 모든 사람을 헌신적으로 돕는다. 집에서는 독재자에 폭군이며 폭언을 일삼지만, 밖에서는 끈기 있게 참으며 타협적인 모습을 보인다. 집에서는 입을 꼭 다물고 있어 다가가기조차 겁나지만, 밖에서는 수다스럽고 스스럼없는 사람으로 변한다. 예컨대 생동감 넘치는 목회로 모두에게 존경받는 목사가 정작 부인과 단둘이서는 기도조차 할 수 없다고 고백하기도

한다. 하기야 우리 모두의 마음속에는 믿음과 의심, 사랑과 양심이 뒤섞여 있다. 지금까지 나는 심리학적 관점에서 인간의 내면에 잠재된 모순을 다루었다. 사도 바울이 로마서에서 "나는 내가 원하는 선한 일은 하지 않고, 도리어 원하지 않는 악한 일을 한다"(롬 7:19)고 말했던 도덕적 갈등에 대해서는 언급하지 않았다.

우리가 이처럼 모순되고 부조리한 감정의 특성을 그대로 인정하기는 쉽지 않다. 아버지를 무척 사랑하지만 그에 못지않게 아버지에 대한 증오심도 깊었던 한 청년이 나를 찾아왔다. 그가 자신의 감정을 나에게 솔직하게 털어놓기 위해서는 먼저 우리 사이에 깊은 교감이 필요했다. 그는 아버지를 향한 적대감을 나에게 고백하면, 내가 아버지에 대한 자신의 사랑을 의심할까 두려워했다. 반면에 알퐁스 메데(Alphonse Maeder, 1882-1971) 박사의 한 환자는 자신에게 깊은 마음의 상처를 안겨주었다고 고용주를 향한 자신의 존경심에 진저리를 냈다. 메데 박사는 그 환자가 내면에서 부글거리는 모순된 감정을 솔직하게 털어놓을 수 있도록 도와야 했다. 그래서 그에게 "존경심에는 물론이고 사랑하는 마음에도 미운 감정이 끼어들 여지가 있지 않을까요?"라고 물었다.[2]

그렇다. 극단적으로 대립되는 감정들, 예컨대 희망과 절망, 즐거움과 슬픔, 불안과 확신이 우리 마음속에서는 나란히 공존할 수 있다. 자신을 괴롭히던 의혹을 나에게 감동적으로 털어놓은 독실한 여성이 생각난다. 그녀는 나를 찾아오기 전에 목사에게 도움을 청했지만, 목사는 그녀의 고백을 단칼에 끊으며 "의심한다고요? 자매처럼 독실한 그리스도인이요? 말도 안 됩니다!"라고 소리쳤다고 했다.

자녀가 아프면 어떤 어머니라도 깊이 슬퍼하겠지만, 한편으로는 자신도 의식하지 못하는 사이에 그런 자녀를 돌보는 데서 한없는 즐거움을 얻을 수 있다. 건강한 자녀는 어머니 품에서 떨어지려 하지만, 아픈 자녀는 어머니 품에 돌아와 자녀의 보호자로서 역할을 다하는 본능적인 만족감을 준다. 자녀는 본능적인 직감으로 자신이 어머니에게 주고 있다는 것을 느낀다. 이런 느낌 때문에 아이는 회복이 늦어지고, 걸핏하면 병에 걸리는 아이가 되기도 한다.

수용과 반항도 마찬가지다. 나는 반항심이 삶의 즐거움과 병의 회복을 방해한다는 것을 책에서 이미 증명해보였다. 질병과 장애를 받아들이고 또 본성과 삶의 환경이 우리에게 가하는 한계를 인정해야, 육체적이고 정신적인 건강을 유지하는 데 결정적인 역할을 하는 내면의 균형을 이룰 수 있다. 독신의 삶을 받아들인 여성을 예로 들어보자. 그것을 더 풍요롭고 더 건강하게 살기 위한 조건이라 생각하고 심지어 영적 소명이라 생각하며 독신 생활을 전폭적으로 받아들인 여성도, 언젠가는 마음속에 독신에 대한 반발심이 여전히 존재하고 그런 반발심을 매일 극복하고 있다는 것을 불현듯이 깨닫는다. 이런 여성은 자신을 더 명철하게 바라보기 때문에, 독신의 삶을 즐기며 그런 삶에 전혀 반발심을 갖지 않는 여성보다 더 진실하게 자기극복에 이를 가능성이 크다.

어머니가, 자식이 집을 떠나 독립할 때 자식의 성장을 진정으로 기뻐하면서도 고통을 느끼는 이유도 같은 방식으로 설명할 수 있다.

우리는 이성적으로 판단하고 행동한다고 생각하고 싶겠지만, 우리 인간은 논리가 아니라 감정의 지배를 받는다. 정확히 말하면, 논리는 우리 행동을 정당화하는 논거를 제공한다. 따라서 우리가 논리적인 존재로 보이지만, 실제로는 철저하게 비논리적이다. 여기서 또 하나의 모순이 더해진다.

두 친구 사이, 바느질 모임, 동호회, 위원회에서 나누는 지극히 단순한 대화부터, 과학단체의 총회와 대규모 국제정치 회담까지 세상의 모든 만남에서 사람들은 이른바 객관적이고 합리적인 토론으로 논거들을 제시한다. 그러나 실제로 모든 사람은 자신의 생득적 성향과 감성과 본래의 기질에 영향을 받은 입장을 취하고, 그 입장을 옹호한다. 따라서 지적인 논쟁에는 두려움과 질투, 유치한 감탄과 무의식적인 투영이 감춰져 있다.

영적 경험이나 지적 경험에는 필연적으로 감정적 경험이 수반된다. 우리는 똑같은 믿음을 지녔다고 고백하는 사람들을 만나면 즐겁고 기쁘다. 우리가 사랑하는 사람을 똑같이 사랑하는 사람이나, 우리를 좋아하는 사람을 만나도 반갑다. 그 이유는 우리가 하나의 공통된 투쟁을 함께한다고 생각하기 때문이다. 종교 공동체나 정당에서, 혹은 카를 마르크스, 토마스 아퀴나스, 카를 바르트, 루돌프 슈타이너, 지그문트 프로이트, 앙리 베르그송, 쇠렌 키르케고르 등을 읽고 이런 경험을 한 사람은 스승의 사상체계를 스승보다 더 열정적이고 더 완강하게 옹호한다. 이런 사람들의 논쟁에 진정한 접촉, 본심에서 우러난 대화가 얼마나 있을까? 독백들을 줄줄이 이어놓은 것에 불과할 것이다. 그러면서도 발표자는 자신이 논리적으로 전개한 논증에 상대가 수긍하지 않는 것을 의아하게 생각할 것이다. 각자가 자신만의 생각에 사로잡힌 포로라는 것을 모르기 때문이다.

우리가 자신의 의견에 영향을 주는 감정적이고 개인적인 동기를 서로 솔직하게 말한다면 얼마나 많은 토론의 모습이 달라질까? 아버지를 향한 원망감에 젊은 아들이 무정부주의자가 되고, 돈을 빼앗길지도 모른다는 두려움에 부자가 공산주의를 극단적으로 반대하며, 위원회 회의에서 한 위원이 질투심 때문에 어떤 동료의 발언에 무조건 반대한다. 또 아버지가 어머니를 학대한 데 대한 복수심으로 여성이 페미니스트가 되고, 어머니에게 억압당한 남자는 복수심에 반페미니스트가 된다.

나는 얼마 전에 국제인간의학회의Rencontres internationales de médecine de la personne의 운영위원회 모임에 다녀왔다. 우리는 실제 인간을 연구하기 때문에 우리 각자의 생각과 의견이 일반적인 생각만큼 객관적이지 않지만 각자의 개인적인 경험과 밀접한 관계가 있다는 것을 알고 있다. 회의에 참석한 동안, 어느 날 밤에 나는 꿈을 꾸었다. 전날 진행된 토론들에 대한 내 반응을 여실히 보여주는 꿈이었다. 다음 날 아침, 나는 가까운 동료들에게 꿈 이야기를 해주었다. 정신분석가인 동료가 내 꿈을 분석하기 위해 나에게 '관념연합'(association d'idées, 연상. 하나의 관념이 다른 관념을 불러일으키는 현상—옮긴이)에 대해 물으며, 내 꿈이 전날의 토론에서 내가 취했던 입장을 압축해서 다시 보여준 것이라고 설명했다. 한편 합리주의에 투철해 이런 식의 분석에 익숙하지 않은 한 외과 의사는 우리 해석을 견강부회에 가깝다고 지적했다. 그러나 나는 우리가 전날의 논쟁에서 벗어나 한층 구체적인 성과를 거둘 수 있을 거라는 강렬한 느낌을 분명히 받았다.

정신분석가 친구는 내 꿈에 깊은 관심을 보이며 세세한 부분까지 물었고, 특히 '선홍색 옷'이 무엇을 뜻하는지 해석해보려 애썼다. 그때 내 아내가 다가와 우리 옆에 앉았다. 아내는 우리가 토론하는 문제에 대해 전혀 몰랐지만, 정신분석가 친구는 그녀에게 느닷없이 물었다. "남편이 꿈에서 봤다는 선홍색 옷이 무엇을 상징한다고 생각하십니까?" 아내가 대답했다. "남편의 억눌린 모든 분노가 아닐까요?" "그렇게 억눌린 분노가 많다고 생각하십니까?" "당연하죠. 저는 남편이랑 의견이 충돌하면 화를 버럭 내지만 남편은 항상 무덤덤하거든요. 우리가 나중에 그 얘기를 다시 하면 남편은 자기도 저만큼이나 화가 났었다고 말해요. 하지만 저에게 화난 모습을 보여주고 싶지 않았다는 거예요."

그날 아침 내내 우리는 그 문제를 토론했다. 회원들이 서로 더 깊이 이해하고 우리 학회가 발전하는 데는 지적인 토론보다 더 유익했다. 집으로 돌아오는 길에 나는 다른 학회, 예컨대 정신분석학자들로만 구성된 학회에서 한 회원이 다른 회원들의 꿈을 분석한다면 어떤 변화가 일어날까 생각해보았다. 회원들 간의 오랜 반목이 단번에 설명되어 쉽게 해소될 것 같았다.

인간, 총체적 존재

지금까지 우리는 인간의 모순에 대해 살펴보았다. 모순된 감정들이 우리 자신의 마음속과 타자의 행동에서 분명히 펼쳐지는 것을 보았다. 내가 무의식 전문가에게 펜을 양보했다면 어떻게 됐을까? 무의식 전문가가 찾아낸 것은, 그의 환자에 대해 지금까지 지녔던 이미지와 확연히 달랐을 것이다. 첫째, 프로이트는 비밀스런 욕망과 근원적인 충동의 세계를 명확하게 보여주었다. 그런 욕망과 충동은 감추어져 있어서 본인도 인지하지 못하지만, 사람의 행동을 지배하며 꿈과 의도되지 않은 행동으로 나타난다. 알프레트 아들러Alfred Adler는 등장인물에서 열등의식에 대한 보상으로 나타나는 부분들을 보여주었다. 한편 카를 융 교수는 무의식에 조상과 집단이라는 요소만이 아니라 흔히 '원형archétype'이라 일컬어지는 영적 요인이 있음을 증명함으로써 무의식의 메커니즘에 대한 우리 지식을 확대해주었다.

프로이트는 인간이 당시의 생각보다 훨씬 더 복잡한 존재라는 것을 밝혔지만, 그 후에는 인간의 무한히 다양한 면을 규격화된 도식에 짜맞춤으로써 인간을 지나치게 단순하게 설명하는 잘못을 범했다.[3] 프로이트는 이런 이유로 비판받지만, 카를 구스타프 융에게는 이런 비판이 적용되지 않는다. 융은 자신이 직접 경험한 신비로운 감정에 대해 자세히 말했다.[4] 그는 그 경험을 통해 사람들이 서로 무척 다르고 이런 다양성에 인간의 풍요로움이 있다는 것을 깨달았다. 물론 융은 관찰을 통해 그런 사실을 이미 알고 있었지만, 신비로운 감정을 통해 그것을 느낀다는 것은 완전히 다른 것이었다. 그래서 융은 자의적인 일반화를 극도로 자제했다.

그러나 우리가 여기서 다루는 실제 인간이라는 문제가 융에게서는 훨씬 더 복잡해진다. 무의식의 심리학이 우리에게 가르쳐준 인간의 모습에서는 모든 것이 모순된 성향의 대립이다. 구체적으로 말하면, 지성과 감정, 직관과 현실감, 남성적이고 논리적인 원리인 아니무스와 여성적이고 감성적인 원리인 아니마, 의식과 무의식 등의 대립이다. 융은 "대체로 무의식에 담긴 내용물은 의식의 상태와 다르다"고 말했다.

우리는 매일 이런 사실을 확인할 수 있다. 프로이트가 말했듯이, 본능의 초도덕적인 충동과, 교육과 사회가 의식 세계에 주입하는 도덕률 간의 대립이 대표적인 예다. 내 환자들을 예로 들어보자. 한 여자 환자는 나에게 진지한 표정으로 "내 내면의 영혼은 정말 순수합니다"라고 말했고, 다른 여자 환자는 "나는 지금까지 성적 충동에 시달려본 적이 없다고 생각했습니다"라고 말했다. 또 언젠가는 완전히 다른 불안감에 사로잡힌 여자가 "섹스는 지금까지 나에게 전혀 문젯거리가 아니었습니다"라고 말했다. 물론 나는 그녀를 프로이트 심리학자에게 보냈다. 그에게 도움을 받으면, 그녀와 같은 환자들은 그때까지 자신의 모습이라고 생각했던 모습과 완전히 다른 자신을 만나게 된다. 유치한 태도와 반응이 성인이 된 후에도 지속되는 이유를 우리에게 밝혀준 것도 프로이트 심리학자들이다. 강하고 냉담하며 금욕적인 여자에게서는 내면의 깊은 곳에 감추어진, 나약한 여자이기를 바라는 억압된 욕망이 발견된다. 반면에 발기부전인 남자는 나약한 모습이 자신의 호색적인 기질, 자신조차 두려울 정도로 지나치게 강렬한 호색적인 기질을 감추기 위한 가면이라는 것을 깨닫는다. 따라서 그가 지금 여자에게 느끼는 무관심은 앞의 가면을 감추기 위한 두 번째 가면이라는 것까지 깨닫는다.

그러나 융 교수가 우리에게 밝혀주었듯이, 인간에게는 그

밖에도 많은 모순이 있다. 예컨대 지식인, 즉 외곬으로 논리만을 따지는 지식인에게는 종교도 이성적 사유의 결과물에 불과하다. 또 그에게서는 게임과 스포츠도 과학과 계산, 즉 환상과 재미라고는 없는 방법론적인 연구로 변해버린다. 반면에 감상주의자도 있다. 그는 슬픈 장면만 보면 눈물이 뚝뚝 흐르기 때문에 그런 자신의 모습이 부끄러워서 영화관에 가는 것조차 꺼린다.

실증주의자를 자처하며 형이상학적인 생각에 빠져본 적이 없다고 자랑하지만, 종교적 열망이 의식적 차원까지 올라오지 않는 게 안타깝다고 고백하는 사람이 있다.

우울증 환자로 수년 동안 병원을 전전하고 다녔던 사람이 있었다. 그는 자신의 몸 안에서 암덩어리가 자라며 자신의 생명을 위협하고 있지만 의사들이 그것을 찾아내지 못하는 거라고 확신했다. 그는 불안과 절망에 짓눌려 그런 심정을 제대로 표현하지도 못했다. 하지만 그의 영혼에 감추어진 희망의 불씨가 있었던지 그는 마차나 자동차를 타고 힘든 여행을 하는 꿈을 무척 자주 꾸었다. 바퀴가 깊은 구렁에 빠지기 일쑤였고 온갖 장애물을 만났으며, 걸핏하면 고장나고 가파른 비탈길을 올라가는 여행이었다. 여하튼 그는 곤경에서 벗어나고 장애물을 극복하며 다시 출발해서 마침내 언덕 꼭대기까지 올라갔다. 그는 지진맥진하고 기운이 하나도 없어 내과학과 외과학이라는 외부의 도움 외에 아무것도 기대하지 않았다. 한번은 상점에 물건을 사러 가서 원하던 물건을 찾지 못하고 있는데, 그 순간 그 물건이 집에 있다는 생각이 문득 떠오른 꿈도 꾸었다.

'자신의 그림자를 억압한' 이상주의자도 있었다. 다시 말하면, 자기 마음에 들지 않는 것에는 마음의 눈을 닫아버리는 사람이 있었다. 언젠가 그는 정말 마음에서 우러나서 진실하게 나에게 말했다. "나는 죄를 짓지 않았습니다!" 물론 그의 부인은 그 말을 인정하지 않았다. 그는 정의의 도래를 위해 고결한 사회운동에 헌신하는 동안 자신이 부인에게 가한 고통을 전혀 몰랐다. 앙리 바뤼크Henri Baruk 교수는 이런 도덕적 양심의 억압을 잘 정리한 책에서,[5] 도덕적 양심의 억압이 공격적 성향의 감추어진 근원이라고 주장했다. 반면에 프로이트 심리학자들은 공격성을 원시적 충동이라 생각한다.

지난 반세기 동안 심리학이 눈부시게 발전하며 해결한 문제도 많지만, 그보다 더 많은 문제를 제기했다. 이제 인간은 그 어느 때보다 복잡하고 모순되고 불안정한 존재로 여겨진다. 무엇이 진실이고, 무엇이 올바르며, 엄밀한 의미에서 실제 인간, 즉 실제 모습을 뒤덮고 감춘 모든 것을 벗겨낸 실제 인간이란 무엇인가? 병든 사람은 물론이고 건강한 사람까지 심리학적 관점에서 보면 제정신이 아닌 사람이다. 정신분석학적 관점에서 보면, 그들 자신에 대해 안다고 생각하던 것들이 여지없이 무너진다. 선과 악이 있는 것인지, 진실한 것과 확실한 것이 있는 것인지 헷갈릴 지경이다.

게다가 심리 분석이 인간 마음에 감추어진 모순들을 해결해 주는 것도 아니다. 정신분석학자들은 그런 사실을 솔직하고 겸손하게 인정한다. 그들이 사용하는 방법들은 중대한 심리적 장애와 억압을 처치하는 하나의 수단, 즉 환자들에게 행복과 정상적인 활동과 사회적 삶의 가능성을 되돌려주는 하나의 수단에 불과하다. 그러나 수개월 혹은 수년 동안 심리 분석을 받아도 그들은 여전히 당신과 나처럼 콤플렉스와 내면의 갈등, 양가감정으로 가득한 존재다. 특히 '양가감정ambivalence'이란 단어는 우리가 인간을 연구할수록 상반되는 감정과 열망으로 분열된 인간을 발견할 가능성이 커진다는 것을 분명하게 보여준다.

카를 융의 개념에서 '통합intégration'은 결코 마음의 단순화 과정이 아니다.[6] 반대로 마음속에 감춘 비밀스런 성향들을 점진적으로 의식하고, 자아 전체, 즉 지극히 복잡하고 모순되는 전체를 받아들이는 과정이다. 따라서 통합은 우리에게 실질적으로 유익하며, 큰 이득을 안겨준다. 그러나 실제 인간이란 문제는 여전히 해결되지 않는다.

이쯤에서 중대한 의문 하나가 제기된다. 여러 분석에 따르면, 무의식의 흐름은 의식적인 삶의 흐름과 완전히 다르다. 그렇다면 우리의 진정한 실제 인간은 무의식적인 충동이고, 의식적인 삶은 우리 자신과 무관한 껍데기, 즉 교육과 은폐하려는 심리기제가 우리에게 덧씌운 등장인물이라 말할 수 있을까? 정신분석학자들의 책을 읽어보면, 그들은 이런 결론을 지향하는 듯하다. 나 역시 앞에서 자부심으로 가득한 사람에 대해 말할 때, 그가 실제로는 자신에 대한 의혹과 열등의식의 포로라고 결론지었다.

외적 실체를 설명하는 숨겨진 실체를 찾아낼 때 우리는 자연스레 '실제로'라는 표현을 사용한다. 그러나 이 표현은 무의식적인 삶만이 진짜라는 뜻을 암시한다는 점에서 오해를 불러일으킨다. '정통 심리학psychologie classique'은 '마음의 기능들'을 하나씩 찾아내는 데 열중했을 뿐, 심층심리학으로 밝혀진 무의식적 요소들에 대해서는 전혀 몰랐다. 한편 심층심리학은 의식적인 삶의 중요성을 과소평가하는 위험이 있다. 실패의 연속이라 할 수밖에 없는 삶을 살았던 남자를 예로 들어보자. 정통 심리학은 그를 의지력이 부족한 사람이라 생각했겠지만, 심층심리학은 훨씬 더 심층적으로 해석할 것이다.

하지만 내 경험에 따르면, 그를 실패로 몰아간 무의식적 메커니즘을 찾아낸다고 그 자체로 그를 치료할 수 있는 것은 아니다. 치료를 위해서는 진정한 재교육이 필요하다. 명시적으로든 암묵적으로든 환자의 의식 에너지를 활용하지 않으면 어떤 심리요법 의사도 환자를 치료할 수 없을 것이다. 샤를 보두앵(Charles Baudouin, 1893-1963) 교수는 심리 현상에서 '생각의 힘과 마음의 힘'이 지닌 지배적인 역할을 역설했지만, 곧이어

"자발적 행위는 본래의 가치를 유지한다"라고 덧붙였다.[7]

거듭 말하지만, 인간의 무의식적인 삶이나 의식적인 삶을 과소평가함으로써 인간을 지나치게 단순화해서 해석하지 않도록 조심해야 한다. 인간은 총체적으로 받아들여야 한다. 인간의 내면에서 작동하는 의식적이고 무의식적인 힘과 모순까지 모두 받아들여야 한다. 과학적으로 연구되는 모든 힘과 메커니즘은 등장인물에 속한다. 실제 인간은 의식적인 기능의 활동으로만 환원되는 것도 아니고, 무의식적인 메커니즘으로만 환원되는 것도 아니다. 실제 인간은 객관적으로 관찰되는 현상의 뒤에 감춰져 있다.

현대 심리학자들이 무의식적인 요소들을 더 중요하게 생각하며 어느 정도까지 실제 인간과 동일시하는 이유는 무의식적인 요소들의 불변성에 있다. 카를 구스타프 융은 "무의식은 변하지 않는다"고 말했다.[8] 누군가 나에게 내 사진을 요구하면, 내 두개골의 엑스레이 사진을 주고 싶다. 엑스레이 사진은 변하지 않지만, 내 얼굴은 매순간 변하기 때문이다. 그러나 내 얼굴 모습은 시시때때로 변하지만, 바로 그 때문에 내 뼈대보다 나만의 고유한 특징을 더 잘 표현해준다. 얼굴 모습은 다른 사람들과 다르지만, 뼈대는 다른 사람들과 거의 비슷하지 않은가.

게다가 무의식에서 발견되는 것은 객관적이라고 확신하기도 어렵다. 나에게 '대단한' 꿈을 이야기해준 젊은이를 예로 들어 설명해보자. 웅장하고 장엄한 꿈이어서 융의 꿈에 비견될 정도였고, 그 꿈의 내용에 나도 푹 빠졌듯이 융도 귀가 솔깃했을 것이다. 그러나 그 젊은이는 그날 저녁 융의 책을 읽었고, 책에서 언급된 꿈처럼 멋진 꿈을 꾸고 싶었다고 나에게 털어놓았다. 그의 무의식이, 나에게 말하고 싶었던 꿈에 어느 정도나 영향을 주었을까? 어린 시절에 부모를 즐겁게 해주기 위해서 부모의 바람대로 자신의 등장인물을 만들었던 사람들의 경우와 다를 바가 없다. 정신분석이 제대로 진행되면 환자들이 더 많은 꿈을 꾸기 시작하고, 환자가 정신분석가와 충돌하면 꿈을 꾸지 않는다는 것은 잘 알려진 사실이다. 내가 프로이트식 메커니즘으로 환자의 행동을 관찰한다면, 환자에게서 성적 억압과 소아성 퇴행(infantile regression, 정신 발달이 멎고 미성숙한 유아적 단계로 후퇴하는 현상—옮긴이)의 증거들이 눈에 뜨일 것이다. 하지만 똑같은 환자라도 융의 해석에 초점을 맞추어 관찰하면, 그에 적합한 자료들을 찾아낼 것이다.

따라서 이 책을 처음 시작하면서 내가 제시한 주장, 즉 "관찰자의 실제 인간이 관찰 대상의 실제 인간과 똑같은 정도로 관찰의 결과에 영향을 미친다"는 주장으로 되돌아간다. 이 주장에는 중요한 의미가 담겨 있다. 게다가 치료 효과도 확실한 기준은 아니다. 환자가 의사를 좋아해서, 의사의 이론을 뒷받침해주는 자료를 넉넉하게 제공한다면, 치료 효과를 높이는 데 필요한 요소인 전이transfert에 유리한 조건까지 스스로 조성하는 것이기 때문이다. 의사와의 관계에서 그는, 자신을 자랑스럽게 생각하며 즐거워하는 아버지의 품에서 성장하는 어린 아이가 되는 셈이다.

2부

삶

●

나는 안정된 영적 삶을 열망하는 많은 사람을 만났다.
그들은 폭발하는 종교적 열정을 경험한 후에 미지근
한 삶으로 되돌아가고, 순종의 승리를 경험한 후에 원
죄의 삶으로 되돌아간 것을 자책한다. 이런 자책에서
그들이 잘못한 것은 없다. 그처럼 변덕스런 삶이 우리
인간의 정상적인 조건이라는 것을 이해해야 한다. 안
정된 영적 삶은 존재하지 않는다.

<u>4</u>

유토피아

지금까지 우리가 언급한 내용에 비추어보면, 조르주 귀스도르 프Georges Gusdorf 교수가 얼마 전에 발표한 책에서 자기성찰intro-spection로는 결코 실제 인간을 찾아낼 수 없다고 주장한 것도 놀랄 일은 아니다.[1] 나는 그 책을 무척 흥미롭게 읽었다. 철학자가 폭넓은 학식과 명철한 사상으로, 내가 매일 상담실에서 실제로 경험하며 확인하는 현상을 논리적으로 설명하고 있기 때문이다.

무엇보다 귀스도르프 교수는 우리에게, 고대인들은 개인에는 거의 관심을 두지 않았고 인간이란 개념 유형을 체계화하려고 노력했다는 사실을 일깨워준다. 소크라테스가 대화를 통해서 "대화 상대들에게 자신들도 의식하지 못하는 내면의 갈등을 적시하려고" 했을 때, 그의 목적은 그들 각자의 '특이성'으로 그들을 파악하려는 게 아니었다. 오히려 인간의 미리 결정된 '규범적인 생각'을 드러내려는 것이었다. 따라서 귀스도르프는 우리에게 "플라톤이 《크라틸로스Cratylus》에서 어렴풋이 제시하는 막연한 분석의 심연"에 빠지지 않도록 조심해야 한다고 조언한다.

등장인물과 실제 인간의 관계

반면에 몽테뉴는 새로운 관점, 즉 자기성찰의 중요성을 역설하는 듯하다. 자신의 진정한 모습을 발견하기 위해서 인간은 어떤 선입견도 없이, 어떤 독선적인 편견도 없이 자신을 관찰해야 한다며, 몽테뉴는 《수상록Essais》에서 "나는 결코 가르치지 않는다. 다만 이야기할 뿐이다"라고 말했다. 그리고 이렇게 덧붙였다. "당신이 비겁하고 잔인한 사람인지, 헌신적이고 정직한 사람인지는 당신만이 안다. 당신을 제외하고는 누구도 당신을 정확히 알지 못한다. 그들은 당신을 불확실하게 추측할 뿐이다. 그들은 당신의 본심을 보는 게 아니라 당신의 껍데기를 볼 뿐이다."

이 새로운 관점은 장 자크 루소의 등장으로 완전히 꽃피었다. 루소는 《고백록 *Confessions*》의 서문에서 자신의 진정한 모습, 인류 역사에서 처음으로 "있는 그대로, 완전히 자연 그대로의 모습으로 정확하게 그려진 인간의 초상화"를 보여줄 것이라고 선언했다.[2] 그때부터 진실성은 자아발견을 위한 필요충분조건으로 여겨졌다. 프랑스 작가 프랑수아 모리악(François Mauriac, 1885-1970)은 "누구나 알듯이, 자신에 대한 진실성은 우리 세대의 미덕이다"라고 말했을 정도였다.[3]

루소가 《고백록》에서 역설한 관점, 즉 일기에서 시도하던 방법이 그 후로 널리 확산되어 그것은 현 시대의 특징이 되었다. 스위스 철학자 앙리 프레데릭 아미엘(Henri-Frédéric Amiel, 1821-1881)은 평생 꼼꼼하게 쓴 일기를 우리에게 남겼다.[4] 하지만 아미엘 자신도 인정하듯이, 이런 노력에도 불구하고 아미엘은 자신의 진정한 실체를 찾아내지 못했다. 아미엘만큼 정직하고 충실하게 일기를 쓰면서 자신의 실제 인간을 찾아내려는 시도를 하더라도 누구나 결국에는 그 시도가 실패하기 마련이라는 것을 인정할 수밖에 없다. 본질적인 것이 항상 우리 손아귀에서 빠져나가기 때문이다. 프랑스 작가 쥘리앵 그린(Julien Green, 1900-1998)은 자신의 일기에 대해 이렇게 말했다. "누군가 이 일기를 찾아낸다면, 그는 나를 완전히 잘못 판단할 것이다. … 나를 판단하는 데 진정으로 중요한 것을 쓰지는 않았기 때문이다."[5]

자기성찰도 자신에 대해 확실한 답을 주지 못한다. 앙드레 지드(André Gide, 1869-1951)는 "벌써 서른여섯 살이지만 나는 아직도 내가 구두쇠인지 낭비벽이 심한 사람인지 모르겠다. 나에게 식탐이 있는지 없는지도 모르겠다"라고 말했다.[6] 이는 앞에서 언급한 몽테뉴의 말에 대한 서글픈 대답이다. 게다가 자기성찰은 실제 인간을 왜곡하기도 한다. 프랑스 시인 폴 클로델(Paul Claudel, 1868-1955)은 "우리는 자기 자신을 바라보며 자신을 왜곡할 뿐이다!"라고 말하지 않았던가.[7] 자기점검을 위해서는 엄청난 노력이 필요하다. 자기점검에 조금씩 몰두해가면 우리 정신은 세상과 하나님과 정상적인 관계를 유지하지 못한다. 정신은 끝없는 자기분석에 빠져들어 아무런 결실을 거두지 못하고, 그런 악순환 과정에서 실제 인간이 위축되고 왜곡되며, 오히려 잘못 제기되는 문제는 무한히 늘어난다.

프란체스코 살레시오 성자(1567-1622)는 이런 인간의 본성을 통찰력 있게 파악한 끝에 이렇게 말했다. "성령은 자신의 내면을 지나치게 많이 알기를 원하는 사람에게는 임하지 않을 것이다. … 두려운 것을 두려워하면, 두려운 것을 두려워하는 마음을 두려워할 것이다. 불만스런 것에 화를 내면, 불만스런 것에 화를 내는 태도에 화를 내게 될 것이다. 화를 내고서는 화를 낸 것에 화를 내는 사람을 나는 많이 보았다. 연못에 돌을 던지면 연못에 생기는 동그란 파동이 점점 커지면서 퍼져나가는 것과 다를 바가 없다."[8]

이쯤이면 앙드레 지드의 절규도 이해할 수 있을 것이다. "대체 나에게 무슨 일이 있었던 것일까? 나는 내 안에 숨겨져 있던 천진난만하고 진실하던 젊음을 죽였다." 또 다른 곳에서는 "이 일기를 멋지게 쓰고 싶은 욕심이 일기의 장점, 심지어 일기의 진실성까지 지워버린다"고 썼다.[9] 아미엘도 진정한 자아를 끝없이 추구했지만 결국 "자유로운 생각이 우리에게서 개성을 빼앗아간다"고 인정했다.[10] 프리드리히 니체는 "자신만큼 자아로부터 동떨어진 것은 없다"라고 말했다.[11] 이런 이유에서 귀스도르프 교수는 이렇게 결론지었다. "진실성은 결코 성취할 수 없는 이상인 듯하다."[12]

청소년기는 내밀한 일기를 쓰기에 안성맞춤인 연령대다. 그 이후로 평생 일기를 쓰는 사람들은 바랐던 성숙함에 이르기는 커녕 영원히 청소년기를 벗어나지 못한다. 하지만 융 교수는 청소년기가 이상주의를 추구하는 연령대임을 우리에게 증명해주었다. 달리 말하면, 청소년기는 '그림자의 억압'을 받는 연령대, 자신을 철저하게 잘못 판단하는 연령대라는 뜻이다. 정확히 말하면, 이 영원한 청소년들은 실제의 자신을 '통합'하지 못한 사람들, 즉 자신을 총체적으로 자각하지 못한 사람들이다.

나에게 상담을 받으려고 오는 사람들 중에는 일기를 보여주는 사람이 적지 않다. 나는 그런 일기들을 읽는 데 상당한 시간을 보낸다. 정말 정성껏 읽는다. 그들이 나를 신뢰한 만큼 나도 그들을 존중하는 것이 마땅하지 않은가. 한 마디 더 덧붙이면, 그들의 일기를 읽는 시간이 결코 무의미한 시간은 아니다. 이런저런 관점에서 삶을 보는 것도 무척 흥미롭다. 또한 장황하게 쓴 이야기 뒤에 서둘러 짤막하게 덧붙인 하찮은 글에서, 일기를 쓴 사람을 괴롭히는 삶의 수수께끼를 풀어내는 새로운 빛을 발견하기도 한다. 그러나 정확히 말하면, 사사로운 일기의 가치는 일기에서 그려지는 전반적인 그림보다 종종 모순되고 충돌하는 부분들에 있다. 따라서 일기는 실제 인간을 추적할 수 있는 일관된 설명이 아니라, 서로 화합되기 어려운 다양한 심리 상태들로 꾸며진 대형 벽화라 할 수 있다.

인간은 자신에게도 영원한 불가사의다. 따라서 그 불가사의를 밝히려고 마음을 연구하지만 더 짙은 어둠에 빠져 당혹스럽기만 하다. 한 외국 여자가 자신의 삶을 자세히 이야기한 장문의 편지를 나에게 보냈다. 그녀는 여러 상황에서 자신이 행하는 설명할 수 없는 행동을 의아하게 생각하며, 이렇게 결론지었다. "어렸을 때 저는 가난한 이들의 작은 자매회의 수녀가 되고 싶었습니다. 하지만 저에게 수녀가 될 만한 자질이 있는지, 거꾸로 매춘부 기질이 있는지 아직도 모르겠습니다!"

삶의 과정에서 덧씌워진 껍데기와 가면을 완전히 떨쳐낸 실제 인간을 찾아내려는 시도는 환상을 쫓는 것과 다를 바 없다. 그 목표에 이르려면, 삶에서 기본적인 속성인 기억부터 지워내야 할 것이다. 달리 말하면, 지금까지 살아온 삶 자체를 지워내야 한다. 설령 기억을 지워내고 삶을 지워내더라도, 우리에게 주어지는 것은 살아 있는 실제 인간이 아니라, 실제 인간에서 볼품없는 뼈대만 남은 미라에 불과할 것이다. 우리가 과거에 경험하고 느꼈던 모든 것이 우리 안에 새겨지며, 현재의 우리를 만들어낸다. 우리의 감정과 행동 하나하나가 거짓이고 서로 모순되더라도 지금의 우리를 뜻하는 지워지지 않는 요소들이다.

그렇다고 자신에 대한 탐구가 무의미하다는 뜻은 아니다. 자신의 탐구를 통해 많은 것을 발견하고 깨달을 수 있다. 오히려 너무 많아서 문제일 수 있다. 정직하고 진실할 때마다 우리는 자연스럽게 취했다고 생각한 태도가, 너무 익숙해서 당연히 우리 본질과 밀접한 관계가 있다고 착각한 메커니즘에 따른 행동이란 것을 깨닫게 된다. 이런 경험을 할 때마다 우리는 깜짝 놀라고 부끄럽지만, 무의미한 경험만은 아니다. 우리 본질이 우리가 생각하던 것과 무척 다르다는 확신을 얻기 때문이다. 그러나 자아에 대한 탐구는 평생 계속되는 탐구다. 우리가 철저하게 진실하고 정직하다면, 겉껍데기를 벗겨내더라도 그 아래 또 다른 껍데기가 있다는 것을 어렵지 않게 깨달을 것이다.

다시 말하면, 거듭된 탐구의 결과로 눈부신 성과를 거두어 우리의 진정한 실제 인물이라 생각하며 찾아낸 것도 실제 인간의 한 부분에 불과하다. 정확히 말하면, 실제 인간에 가깝지만 불완전한 부분이다. 분석을 계속하면, 그 부분도 우리 내면에 더 깊이 새겨진 메커니즘에 의해 결정된 것이라 입증되기 때문이다. 이런 식으로 분석을 계속하면, 우리 내면에서 부글거리며 우리 각자의 개성과는 무관한 무의식적인 힘들을 찾아낼 수 있다. 그 무의식적인 힘은, 프로이트 이론에서는 우리가 동물들과 공유하는 본능의 충동이고, 융 이론에서는 우리가 다른 모든 인간과 공유하는 집단 무의식의 원형이다. 결국 우리는 철저하게 비인격적인 자연의 힘 앞에 있게 되는 셈이다.

따라서 껍데기를 하나씩 벗겨내는 이런 탐구의 결과로 찾아낸 실제 인간은 우리 손아귀에서 연기처럼 사라지고 없다. 우리는 인도의 신비주의자, 슈리 라마크리슈나(Shri Ramakrishna, 1836-1886)가 한 말을 이해할 수 있다. "깊이 생각해보라. 그러면 너희가 '나'라고 부를 수 있는 것은 없다는 것을 깨닫게 될 것이다. 양파 껍질을 벗기면 언제나 또 하나의 껍질이 있을 것이다. 끝까지 벗겨도 씨를 찾아낼 수 없다. 이처럼 자아ego를 분석하면 자아는 완전히 사라져버린다."[13]

그러면 우리의 실제 인간과 가장 가까운 것이 가장 피상적이고 가장 우연적이며 가장 인위적인 것이란 뜻일까? 이런 생각에는 누구나 직관적으로 반대할 것이다. 하지만 실제로 관찰되는 결과는 우리 직관과 정반대인 듯하다. 나와 숨김없는 대화를 적잖게 나눈 젊은 환자를 예로 들어보자. 그녀는 고아여서 삶의 풍파에 시달렸고, 끊임없는 질병에 발목이 잡혀 좀처럼 능력을 발휘할 기회를 얻지 못했다. 하지만 그녀 주변 사람들의 암시, 그녀의 습관, 과거의 고통스런 사건들, 무의식적인 요소들, 거짓된 반응들이 지금의 그녀라는 등장인물을 만드는 데 상당한 역할을 했다는 것을 우리는 함께 알아낼 수 있었다.

실제로 그녀는 어떤 사람일까? 우리가 찾아냈다고 생각한 실체를 그녀는 겉으로 드러내지 못했다. 겉으로 드러나지 못하는 것을 실체라 할 수 있을까? 너무 무거워서 떨쳐낼 수 없는 겉모습보다, 겉으로 드러나지 못하는 실체를 더 진실한 것으로 받아들일 수 있을까? 이런 데스마스크 뒤에서 훨씬 더 생기 있는 존재를 찾아낼 수 있다고 생각하는 우리가 신기루를 쫓는 것은 아닐까? 어느 날, 그녀는 막다른 골목에 갇힌 기분이라고 말했다. 자신에 대한 스스로의 평가를 왜곡하는 외부와 내면의 영향에서 벗어나는 게 불가능하다는 것을 마침내 깨달았던 것이다. 우리는 말로 표현할 수 없이 슬픈 기분으로 헤어졌다.

다음 날, 그녀는 전혀 예상치 못한 영적 경험을 했다. 내가 무심코 내뱉은 단어 하나가 그녀에 그 경험을 촉발했다는데, 그녀가 나중에 말해주었을 때도 나는 그 단어를 말했다는 것을 기억해낼 수 없었다. 나 역시도 어린 시절에 부모를 여읜 고아여서, 하늘나라에서 부활해 부모를 다시 만나는 때를 기대하며 이 땅에서 살아간다는 말이었다. 내가 그녀에게 그렇게 말한 것은 순전히 우연이었지, 어떤 목적을 위해 계산하고 한 말이 아니었다. 그런데 그 말을 듣고 갑자기 그녀의 내면에서 어떤 변화가 일어나 그녀의 심리 세계를 바꿔놓았다. 그녀는 당시의 변화를 이렇게 설명했다. "그때까지 나는 죽은 시체가 남긴 고아라는 생각에 사로잡혀 지냈어요. 그런데 갑자기, 나도 부활해서 다시 살아난 사람의 고아라는 것을 깨달았어요."

나는 그녀의 진정한 실제 인간을 찾아내려는 우리의 진실한 노력이 그런 영적 경험에 이르는 발판을 놓았다고 믿는다. 새로운 생명의 숨결이 그녀의 마음에 스며든 것이었다. 그러나 이런 변화는 완전히 종류가 다른 사건이었다. 그녀의 실제 인간에 속한 것을 조사한 결과가 아니라 그녀 자신의 깨달음이었고 내적인 변화였다. 그녀가 자신을 지적으로 분석한 결과가 아니라, 자신의 감정을 가감 없이 표현한 결과였다. 이런 변화로 인해 우리가 실제 인간과 등장인물을 구분할 수 있는 것은 아니지만 더 많은 것을 할 수 있는 것은 사실이다.

우리는 실제 인간과 그 등장인물의 분리되지 않는 관계를 운명이라 받아들이는 수밖에 없는 듯하다. 더 정확히 말하면 실제 인간과, 그가 맡는 다양한 등장인물들의 관계를 운명적으로 받아들여야 한다. 우리는 평생 동안 하나의 등장인물로만 사는 것이 아니기 때문이다. 우리는 다양한 등장인물의 역할을 한다. 새로운 만남을 가질 때마다 우리는 다른 모습을 보인다. 어떤 친구 앞에서는 진지한 사색가가 되고, 어떤 친구

앞에서는 익살꾸러기가 된다. 게다가 우리는 상황에 따라 행동거지가 달라진다. 심지어 동시에 여러 등장인물이 되기도 한다.

내 내면에는 걱정하고 불안감에 짓눌린 사람, 자신만이 아니라 모든 것을 의심하지만, 환자들이 털어놓는 번민과 불확실과 절망까지 알고 있는 사람이 있다. 반면에 내 내면에는 하나님의 은총을 확실하게 경험하고 하나님의 은총을 분명하게 목격한 헌신적인 신자도 있다. 내 내면에는 자신을 있는 그대로 정직하게 관찰하고 보여주고 싶은 사람이 있다. 또 내 내면에는 의학을 진정으로 믿고 동료 의사들을 돕기 위해서라면 어디든 달려가는 의사가 있지만, 아무도 없는 오두막으로 달려가 숨고 싶은 이기적이고 회의적인 사람도 있다.

등장인물의 일치

실제 인간이 무엇이든 간에 표현되지 않으면 밖으로 드러날 수 없다. 그런데 표현은 그 자체로 하나의 등장인물을 만들어 낸다. 나는 지금 이 글을 프랑스어로 쓰고 있다. 프랑스어는 내가 학교와 길거리에서 배운 언어이고, 관습과 규약 자체인 사회로부터 물려받은 언어다. 나는 뭔가를 생각할 때마다 그 생각을 단어들로 포장한다. 그런데 그 단어들은 나만의 고유한 것이 아니라 프랑스어를 말하는 모두가 공유하는 것이다. 내가 읽는 책들을 쓴 저자들은, 그 책에 쓰인 단어들에 그들만의 함축된 의미를 덧붙였다. 나는 꿈에서도 프랑스 아카데미조차 마음대로 바꿀 수 없는 문법 규칙을 준수한 문장을 말하고 듣는다.[14]

꿈이 주로 이미지로 말한다는 것은 사실이다. 그러나 정신분석학자들이 이미 밝혔듯이, 이미지의 언어도 사람마다 다른 것은 아니다. 꿈을 꾸는 사람이 어느 민족, 어떤 문명에 속하든, 또 교육을 받았든 받지 않았든 그의 꿈은 프로이트의 상징들과 융의 원형들을 똑같이 보여준다. 모든 나라의 동화와 전설과 민담에서도 똑같은 상징과 원형을 볼 수 있다.[15] 신화에 담긴 영원한 진리와 시의 보편적인 이미지가 우리 모두의 마음에 새겨져 있다. 이런 전통적인 형태들은 등장인물이지만, 정확히 말하면 등장인물형型이지 개별적인 등장인물이 아니다. 시가 잉태되기 위한 조건이 여기에 있다. 우리 안에서 잠든 이미지는 시인이 떠올려주는 이미지와 만날 때 잠에서 깨어난다. 결국 시가 우리 내면에서 불러일으키는 감정은 두 이미지의 만남이다.

예술은 개별적인 행위로 보이지만, 더 나아가 개별적인 행위로 보이려고 애쓰지만 근본에서는 공유 행위다. 달리 말하면, 사람들을 서로 이어주는 실재하는 끈이다. 합리주의자들은 항상 이성의 우월함을 주장하며, 언어가 이성의 우월함을 보여주는 가장 보편적 현상이라 생각한다. 그러나 이미지의 언어, 시와 예술의 언어도 보편적이다. 연극에도 관례가 있고, 음악과 회화에도 기법이 있다. 심지어 사진에도 사회적 규약이 있다. 그러나 내 애완견은 자기를 찍은 사진도 알아보지 못한다. 내 애완견에게 사진은 검게 더럽혀진 종잇조각으로 보일 뿐이다.

전위예술가의 경우도 다르지 않다. 그의 천재적 발상은 그 시대의 규범과 충돌한다. 따라서 오랫동안 주목받지 못한다. 그러나 그는 새로운 규범을 정착시키는 역할을 한다. 그의 천재성이 일반적인 생각만큼 독창적이지 않기 때문에 가능한 일이다. 그는 인간의 마음에 보편적인 울림을 일깨워줄 뿐이다. 만약 그가 철저하게 독창적이고 개성적이라면, 그는 누구에게도 인정받지 못해 영원히 혼자일 것이고, 예술가가 되지 못할 것이다. 예컨대 음악에서 우리 세대는 유례없는 혁명을 목격했다. 많은 젊은이가 재즈에 열광했지만, 그들의 부모는 재즈에 비난을 퍼부었고 심지어 그런 젊은이들을 성도착자로 비하하기도 했다. 나는 그런 부모 세대에 속한다. 재즈라는 새로운 음악이 그들에게 무엇을 뜻하는지를 그들의 입을 통해 솔직하게 들은 후에야, 재즈의 음계가 내 귀에는 낯설지만 그런대로 내 영혼을 울린다는 것을 깨달았다.

말이 나왔으니 한 마디 덧붙이고 싶다. 대다수 사람들이 낯선 표현 방식을 맞닥뜨릴 때마다 '충격'을 받았다고 말한다. 게다가 그 색다른 등장인물의 공격으로부터 자신의 등장인물을 지켜야만 하는 것처럼, 그 낯선 표현 방식에 공격적인 태도까지 취한다. 이런 분위기 때문인지 사람들은 새로운 것을 받아들이지 못하고 전통적인 표현 방식을 고수하는 경향을 띤다. 하지만 지금까지 알려지지 않은 것을 새롭게 찾아내서 알아가는 것을 즐기면, 그런 기회를 만날 때마다 개인적으로 성장하고 발전할 수 있다.

따라서 우리가 사회적으로 덧씌워진 껍데기를 벗어던지고자 한다면, 실제 인간이 아니라 자기만의 개성을 지닌 개인을 목표로 삼아야 할 것이다. 실제 인간이라는 개념은 인간의 공통성과 영적 상호의존성과 관계 있기 때문에, 어느 정도는 등장인물과 유사한 전통적 표현 방식과도 관계가 있다. 우리가 다른 사람을 만날 때 원하는 것은 개인적 접점이다. 그러나 개인적 접점에 이르기 위해서는 서로 상대의 표현 수단을 이해할 수 있어야 한다.

내가 이성의 언어로도 말하지 않고 시의 언어로도 말하지 않는다면, 나는 눈빛과 미소, 침묵과 몸짓, 그리고 표정으로 말한다. 조금만 생각해보면, 이런 언어 외적인 요소들이 국가와 시대에 따라 조금씩 다르다는 것을 인식할 수 있을 것이다. 사랑하는 사람도 격정에 북받치면 진부한 말을 늘어놓고 몸에 밴 몸짓을 반복한다. 상대인 여자가 명석하고 냉철한 마음을 유지한다면 그를 엉터리 배우쯤으로 생각할 것이다. 라마르틴이나 스탕달의 작품에서 읽은 어구들과 최근에 상영된 영화의 대사들이 귀에 들려, 그녀는 그가 정말로 충동에 휩싸여 무의식적으로 내뱉은 말들을 의식적으로 모방한 것이라 오해할 수도 있다.

이런 인위적 조작에서 벗어나는 유일한 감정 표현은 눈물처럼 순전히 생리적으로 표출되는 것밖에 없는 듯하다. 장례를 치르면서도 한 사람도 울지 않는 가족을 나는 적잖이 보았다. 많은 남자와 많은 여자가 나를 찾아와서 사랑하던 사람을 떠나보낸 고통을 털어놓으면서도 눈물을 흘리며 울면 안 된다는 강박관념을 하소연하기도 한다. 하지만 그들이 자기도 모르게 갑자기 흘리는 눈물이나 씁쓰레한 미소에서 습관적인 등장인물 뒤에 감추어진 실제 인간의 존재를 엿볼 수 있다. 그들은 자신의 본모습을 찾고 싶어 하면서도 그 모습을 드러내는 것을 두려워하는 것이다. 내가 들은 바에 따르면, 극동 지역에서는 죽음을 우리와 같은 관점으로 받아들이지 않기 때문에, 사람들이 장례를 치를 때 악령을 쫓아내기 위해 와자지껄 떠들고, 슬픔에 젖은 상주는 울지 않고 상주를 대신해서 울어주는 곡재인哭才人을 고용한다고 한다. 극동 지역만큼 체면을 지킨다는 원칙을 중요하게 생각하는 문명 사회는 없다.

적어도 나체주의자들─정확히 말하면, 그들 중 일부─은 한층 참된 인간 공동체를 만들어가려는 바람에서 등장인물의 형식적인 껍데기를 완전히 벗어버린 천국 같은 유토피아를 꿈꾸며 추구하는 듯하다. 자신의 모습을 있는 그대로 드러내고, 기본적인 수치심 때문에 덮어버리고 싶은 부분조차 감추지 않는다는 것은, 모든 위선을 떨쳐내겠다는 순수함의 상징일 수 있다. 때때로 환자들은 꿈에서 발가벗고 있는 모습을 보았다고 나에게 말한다. 가면을 벗고 싶은 내면의 열망이 꿈에서 표현된 것이라 할 수 있다. 나체주의에 대해서는 철저한 연구가 필요하기 때문에 나는 나체주의에 신중하게 접근하고 싶지만, 순수한 사회를 열망하는 이런 '이상주의적'인 꿈이 심리적 불안의 징후인 것은 거의 확실한 듯하다. 여하튼 나체주의가 무의식적인 억압으로 힘겨워하는 사람들에게 미치는 유인력은 이런 식으로 설명할 수 있다.

성경에는 이 문제를 설득력 있게 설명한 구절이 있다. 에덴동산에서 쫓겨난 후, 아담과 하와는 본능적으로 무화과 나뭇잎을 엮어 허리에 둘렀다(창 3:7). 그러나 하나님은 그 초보적인 솜씨에 한탄하며 그들에게 가죽옷을 지어 입히셨다(창 3:21). 따라서 그때부터 우리는 그런 조건에서 살면서, 세상이 다시 완전히 구원받을 때까지 완전히 벌거벗은 실제 인간이 될 수 없게 되었다. 하나님이 인간에게서 옷을 빼앗지 않고 오히려 더 좋은 옷을 직접 지어 입히셨기 때문이다. 그 후, 사도 바울은 우리에게 옛 사람과 그 행위를 벗어버리고, 성령에서 잉태된 새 사람을 입으라고 권고했다(골 3:9-10). 바울은 진리의 허리띠와 정의의 가슴막이와 믿음의 방패에 대해 역설했다(엡 6:14-16).

또한 성경의 계시록은 사실적인 묘사로 우리에게 유토피아적인 꿈에서 벗어나, 모든 겉치레와 보호막을 걷어낸 삶으로 돌아가야 한다고 암시한다. 우리는 실제 인간을 등장인물로부터 찾아내려 덧없이 애쓰지만, 성경의 계시록은 그런 노력 대신에 완전히 다른 생각을 제시한다. 하나님이 우리에게 주신 옷, 즉 등장인물을 받아들이라는 것이다. 하나님이 우리에게 그 등장인물을 떠안기를 바라시기 때문이다.

성경은 '장식'을 무작정 경멸하지는 않는다. 성경에 따르면, 자연계 전체는 하나님이 우리를 위해 준비해놓으신 아름다운 무대다. 게다가 성경은 여성의 아름다움을 노래하고, 솔로몬 성전의 웅장함과 시골 풍경과 활짝 핀 꽃들을 찬양한다. 호화로운 옷, 황금과 은으로 꾸며진 장신구, 음악과 춤, 경건한 의식과 관례에 대해서도 언급한다. 성경은 우리에게 무엇을 만들든 최선을 다하라고 가르친다. 다시 말하면, "지도하는 사람은 열성으로"(롬 12:8) 일해야 하듯이 외형에도 세심하게 주의를 기울여야 한다는 뜻이다. 하나님은 무질서의 하나님이 아니시기 때문이다(고전 14:33).

외형을 경멸하며 규율을 무시하는 기질을 지닌 사람도 등장인물이 없는 것은 아니다. 그는 남들보다 독창적이라 생각하며, 공들여 차려입은 사람만큼이나 자신의 모습에 자부심을 지닌 사람이다.

언젠가 나는 이 문제를 주제로 해외에서 강연한 적이 있었다. 나는 식당에 앉아 준비한 자료를 훑어보며 웨이터들이 식탁을 차리는 모습을 물끄러미 지켜보았다. 그들은 식탁보가

식탁 위에서 똑같은 정도로 흘러내리도록 조절했고, 식기들을 완벽한 대칭으로 놓았으며, 냅킨을 그야말로 예술적으로 접었다. 손님들은 눈치조차 못 채겠지만 그들의 눈을 즐겁게 해주려고 세세한 곳까지 놓치지 않은 전반적인 색의 조화, 주인이 공들여서 선택했을 커튼 등 모든 것에서 자신의 일에 대한 사랑과 직업의식이 느껴졌다.

나 자신도 이 책을 쓰는 지금, 부部와 장章을 조화롭게 배열하려고 애쓴다. 한 부분이 지나치게 길어 책 전체의 균형을 깬다면 나도 불만스럽지만 독자에 대한 예의가 아닌 듯하다. 책을 구성하는 부분들의 배열은 건축미와 관계가 있지만, 이는 나라는 실제 인간에 내재된 진실한 성향을 표출하는 것이기도 하다. 따라서 세상에 존재하면서 어떤 기능을 행하는 것들은 예외없이 자체의 필요조건을 지니고 어떤 형태를 요구한다. 이런 상황에서 그 형태를 지키는 것을 단순히 꾸미는 행위라 말할 수는 없다.

얼마 전에 나는 외과 의사인 친구들과 함께 중요한 대화를 나누었다. 한 친구가 이렇게 말했다. "자네가 지금 우리에게 제기하는 문제들은 내가 오래전부터 고민하던 걸세. 외과에서는 간단히 답할 수 있는 문제들이 아니니까. 환자와 의사 간에 인간적인 접촉이 필요하다는 건 나도 인정하네. 하지만 환자들과 많은 대화를 나눈다고 훌륭한 외과 의사는 아닐세. 내가 일하는 도시에서 누구나 최고라고 인정하는 외과 의사는 정말

과묵한 분이네. 그분은 환자를 오랫동안 진찰하지만 한 마디도 말하지 않네. 그러고는 느닷없이 '내일 아침에 수술할 겁니다'라고 결정을 내리지. 물론 그분에게도 망설이는 순간, 인간적인 연민이 왜 없겠나? 하지만 그런 모습은 과묵하고 단호한 등장인물 뒤에 감추어져 보이지 않네. 오히려 그런 모습이 환자에게 절대적인 신뢰감을 주니까, 환자가 안심하고 수술대에 누울 수 있는 게 아니겠나?" 이 말을 들을 때 나는 내과 의사 앙드레 사라동André Sarradon의 책에서 읽은 한 구절이 떠올랐다. "환자들이 우리에게 기대하는 범위 내에서 우리는 그런 등장인물의 역할을 기꺼이 떠맡아야 한다."[16]

궁중에도 고유한 프로토콜, 즉 궁중 의례가 있다. 궁중은 지나치게 화려한 의식을 피하고 싶더라도 자신들이 대표하는 국민의 체면을 대외적으로 과시하기 위해 어쩔 수 없이 화려한 의식을 치르기도 한다. 정확히 말하면, 군주의 지고한 미덕은 개인적인 성향을 포기하고, 자신에게 맡겨진 소명이 요구하는 역할을 충실히 해내는 것이다. 요컨대 그들이 떠맡아야 하는 등장인물과 하나가 되고, 그들이 왕이라는 사실을 잠시도 잊어서는 안 된다.

실제 인간과 등장인물의 불일치

얼마 전, 나는 알프스 산중에 있는 커다란 요양소에 다녀왔다. 정확히 말하면, 카타리나 성인의 날(매년 11월 25일로 알렉산드리아의 카타리나를 기념하는 날—옮긴이) 다음 날이었다. 그날, 모든 요양소 건물에서 가면무도회가 열렸다. 의사들은 환자들과 함께 지내면서 환자의 실제 인간에 대해 놓쳤던 징후들을 수집할 수 있는 절호의 기회라며, 반드시 가면무도회에 참석할 거라고 나에게 말했다. 왜 그 여자는 남자처럼 분장하고, 왜 저 여자는 미련한 시골 여자나 흉악한 심술쟁이 노파처럼 옷을 입었을까? 그런 분장에 우연이라고는 없었다!

실제로 환자들은 가면을 쓰면 평소와 다르게 행동한다. 평소에는 억눌렸던 그들 실제 인간의 면면들을 드러낸다. 따라서 역설적으로, 의상과 가면은 실제 인간을 감추기는커녕 실제 인간의 모습을 진실하게 드러낸다. 뷔퐁(Georges-Louis Leclerc Buffon, 1707-1788)이 "문체는 그 인간 자체다"라는 말에서 의도했던 것도 바로 이것이 아닐까? 나는 사람들이 내 책에 담긴 내용과 생각은 언급하지 않고 문체가 뛰어나다고 칭찬하면 약간 언짢다. "제가 오래전부터 생각했지만 어떻게 표현할 줄 몰랐던 것을 정말 멋지게 표현해내셨습니다!"

우리는 형태와 내용을 대립되는 것이라 생각하며, 작품의 내용이 형태보다 높이 평가받기를 바란다. 그러나 이런 구분은 어리석고 주제넘은 짓이다. 형태는 눈에 보이는 것이다. 그런데 우리는 눈에 보이는 것보다 보이지 않는 것이 우리 자신에게나 다른 사람들에게 더 중요한 것인 양 생각하고 싶어한다. 이런 관점에서 독일의 기독교 신비주의자 야콥 뵈메

(Jakob Böhme, 1575-1624)는 "외면은 내면의 서명에 불과하다"고 말했다.

삶 자체도 크게 다르지 않다. 우리의 외적인 모습을 이루는 등장인물은 우리가 생각하는 만큼 그렇게 인위적이지 않다. 우리가 하루 종일 경계심을 품고 사는 게 아니기 때문에 등장인물이 우리의 실제 인간을 더욱 충실하게 드러내 보여주기도 한다. 환자가 내 앞에서 자신의 실제 삶을 신중하게 말하는 동안, 기계적으로 해보이는 몸짓과 무심코 취하는 태도도 나에게 많은 것을 말해준다. 따라서 나는 그의 고백에 못지않게 그런 몸짓과 행동에서도 그에 관한 소중한 정보를 얻는다.

내가 선택한 직업, 내 상담실의 배치, 내가 휴일에 즐겨 가는 곳, 내가 삶을 사는 전반적인 환경 등 이 모든 외적인 것은 나의 등장인물을 결정하지만 나의 실제 인간도 표현하는 매개체이기에, 이 둘은 떼어놓고 생각할 수 없다. 옷을 사는 여자라면 이 둘의 불가분한 관계를 잘 알 것이다. 손님에게 "정말 잘 어울리십니다! 파리 모델이 따로 없네요. 다른 데서는 이런 옷을 못 구하실 겁니다. 이건 손님을 위해 만든 옷이에요!"라고 말하는 판매원도 마찬가지다. 이 말에는 사회적 요소들과 개인적 요소들이 미묘하게 교차하고 충돌한다. 모든 여성에게 특정한 시기에 특정한 표현 형태, 즉 특정한 형태의 옷을 강요한다는 점에서 패션만큼 관습적인 것은 없다. 이 관습을 따르지 않는 여성은 유행감각이 없다고 손가락질받는다. 반면에

이 관습을 무작정 따르며 대량으로 찍어내 어디서나 흔히 보이는 옷을 입으면 개성이 없는 여성이 된다.

등장인물이 실제 인간의 형성에 큰 영향을 미친다. 우리가 맡은 외적인 역할이 끊임없이 우리를 변화시키며, 실제 인간의 깊은 내면에까지 영향을 미치기 때문이다. 물론 이 문제의 미묘함을 잘 표현해주는, 성직복을 입었다고 성직자가 되는 것은 아니라는 격언처럼, 우리가 성인처럼 옷을 입는다고 성인이 되는 것은 아니다. 그러나 성직자에게 성직복을, 판사에게 법복을, 군인에게 군복을 강요하는 데는 이유가 없지는 않다. 1939년 8월, 독일 라디오가 며칠 동안 아침부터 저녁까지 군가를 방송했던 이유가 무엇이겠는가? 나폴레옹은 이런 관계를 꿰뚫어보았기 때문에, 졸병 계급을 달면 졸병으로 행동하고 장교가 되면 장교답게 행동한다는 뜻으로 "제복이 사람을 만든다"라고 말한 것이 아니겠는가.[17]

프로파간다는 외부에서 우리에게 영향을 미치지만, 우리 내면 깊은 곳까지 파고든다. 우리가 취하는 몸가짐, 우리가 행하는 몸짓도 우리의 내면을 형성하는 데 적잖은 역할을 미친다. 글씨체를 체계적으로 다시 배우면 성격까지 바꿀 수 있다. 우리가 어떤 등장인물을 맡는지에 따라 체형조차 달라질 수 있다. 풍자만화가들이 이런 사실을 잘 알고 있다. 나에게 진료받은 지독한 구두쇠가 있었다. 풍자만화가들은 그를 신랄하게 풍자해 그렸다. 실제로 그는 그림 속 모습처럼 코와 턱이 거의 맞붙고, 손톱은 반원형으로 굽은 모습으로 변해갔다.

따라서 육체와 정신의 삶, 심지어 영적 삶에도 우리가 맡은 등장인물의 흔적이 있기 마련이다. 어떻게 해야 신앙심을 되찾을 수 있는지 주변 사람들 모두에게 물었던 한 친구의 사례를 생각해보자. 그 친구는 "은총의 문제라고는 말하지 마라. 그렇게 대답하면 내가 할 수 있는 게 없다"고 습관처럼 말했다. 그러니 그의 질문은 일종의 도전이었다. 어느 날, 한 사람이 그에게 이렇게 대답했다. "먼저 자네가 신앙심이 있는 것처럼 살아보게. 그럼, 저절로 그 답을 알게 될 테니까." 내 친구는 그 제안을 심사숙고하고 도전적인 과제가 자신에게 되돌아왔다는 것을 깨달았다. 그리고 그의 삶에서 무엇이 달라져야 하는지도 절실히 깨달았다. 결국 그는 그 길을 택했고 신앙심을 되찾았다.

따라서 우리에게 제기된 문제도 달라진다. 완전히 발가벗고 살아가고, 등장인물을 완전히 떨쳐낸 실제 인물을 찾아내겠다는 유토피아적인 꿈을 포기해야 한다. 등장인물과 실제 인물은 분리할 수 없는 관계에 있다는 것을 인정해야 한다. 그러나 왜 우리는 그 둘을 분리하고 떼어놓으려는 생각에 사로잡히는 것일까? 우리가 다른 사람들과 함께 하나의 역할을 하는 듯한 거북한 느낌은 어디에서 오는 것일까?

언젠가 한 환자가 나에게 이렇게 말했다. "제 안에는 사사건건 반대하는 뭔가가 있어요. 예컨대 제가 멋진 영화를 보고 있으면 그 내면의 목소리가 우스꽝스런 거짓말이라 중얼거리는 게 들리는 것 같아요." 곧이어 그 환자는 "멋지게 꾸미려고 단장을 해야 한다고 생각하면 진저리가 나요"라고 덧붙였다. 앞에서 언급한 거북한 기분은 가면, 즉 등장인물 자체에서 비롯되는 게 아니라, 등장인물의 작위적이고 기만적인 특성에서 비롯된다. 우리가 실제 인간과 등장인물 간의 불일치를 인식하는 순간, 그런 거북한 기분이 밀려온다.

따라서 위의 사례는 등장인물을 떨쳐내야 하는 경우가 아니라, 등장인물을 실제 인간과 조화시켜야 하는 경우다. 자신과 하나가 돼야 한다. 그래서 고대 그리스의 서정시인 핀다로스는 "본래의 네가 되라!"고 말했던 것이다. 이쯤에서 우리는 방향을 완전히 뒤집어야 한다. 포착하기 어려운 실제 인간을 찾아내기 위해 외부 세계에 등을 돌리고 내면의 삶에 집중하는 대신에 외부로, 바깥 세계로, 타인에게로, 하나님께로 눈을 돌려야 한다. 우리가 우리 자신을 위해 담대히 등장인물을 만들어야 한다. 그러나 진실한 신념에 따라 우리 자신을 실제 인물로 표현하고 드러내는 방향으로 등장인물을 형성해야 한다.

그렇다고 냉정한 지적 분석이 필요하다는 것은 아니다. 다시 말하면, 그런 등장인물을 만들어내는 과정은 지적 분석이 아니다. 삶의 과정과 일상의 흐름에서 우리 생각과 감정과 열망에 맞추어 등장인물을 만들어내기 위한 끊임없는 수정이다. 또 의지의 행위이며, 외적인 모습과 행동 방향을 가능한 한 진실하게 선택하려는 의식적인 행위다.

자연에서 우리에게 강렬한 인상을 주는 것, 즉 감탄사를 끌어내는 것은 풍경의 진정성이다. 자연은 어떤 꾸밈도 없이 본연의 모습을 그대로 보여주기 때문에 아름답다. 그러나 우리는 항상 가면을 쓰고 덧옷을 입는다. 덧옷을 벗어던지려 하면 우리 자신의 일부까지 뜯겨 나간다. 따라서 우리는 덧옷과 하나가 되는 편이 낫다. 그래야 덧옷이 우리의 실제 인간을 잘못 드러내지 않을 테니까.

언젠가 재치 있는 의사인 한 친구가 내 아내에게 두 동료 의사에 대해 이렇게 말했다. "한 친구는 벗겨 놓으면 볼품이 없을 겁니다. 하지만 다른 친구는 옷을 입든 벗든 똑같을 겁니다."

실제 인간과 등장인물 간의 불일치는 우리에게 거북한 기분을 자아낸다. 의식적이든 그러지 않든 위선적으로 꾸민 행위도 마찬가지다. 앞에서 다루었지만, 우리 중 가장 정직한 사람도 벗어날 수 없는 내적 모순에 대해서도 우리는 거북한 기분을 느낀다. 그러나 겉으로 드러난 등장인물이 마음의 완전히 무의식적인 흐름과 정면으로 배치되면, 거북한 감정은 원인을 알 수 없는 불안증, 우울증, 강박관념, 억압 등과 같은 심리적 증후를 띠게 되며, 그런 경우 심리 분석이 필요하다.

그러나 거북한 감정은 완전히 다른 종류의 부조화에서 비롯될 수도 있다. 예컨대 자신의 직업을 언짢게 생각하는 사람의 경우다. 그가 행하는 사회적 기능이 자신의 본질적 성격과 아무런 관계도 없어서 자신의 능력을 전혀 발휘하지 못한다면, 거북한 감정은 건강과 활력의 징후이지 질병의 징후가 아니다. 실제 인간이 내면에서 부글부글 끓어오르며 등장인물의 감옥에서 뛰쳐나오려는 것이다. 어린 병아리가 자신을 감싼 알 껍질을 부리로 쪼는 것과 같다.

18세기의 정신으로 현 시대를 살아가는 사람의 경우도 마찬가지다. 물론, 정신 발달은 유아기를 벗어나지 못한 상태인데 성인인 양 처신하는 사람의 경우도 다를 바가 없다. 나에게 "저는 언제나 어린아이처럼 반응하지만, 성인처럼 행동하고 말하는 페르소나 뒤에 그런 모습을 감추어야 합니다"라고 말한 환자가 있었다. 또 다른 환자는 얼마 전에 나에게 보낸 편지에서 꿈 이야기를 했다. 그녀는 어딘가에 초대를 받아서 가장 예쁜 옷을 꺼내 입었는데, 거울 앞에 선 후에야 자신이 어느덧 성인이 되어 그 옷이 너무 작고 자신에게 전혀 어울리지 않는다는 것을 깨닫는 꿈이었다.

그 꿈은 꿈꾼 사람의 상황을 정확히 보여주는 것이었다. 그녀는 나에게 상담을 받으며 상당한 발전을 했다. 요컨대 그녀는 지적으로 발달하고 성숙해서 어른이 됐다. 게다가 외적 삶의 피폐함과 달리 내적 풍요로움도 느꼈다. 하지만 정확히 말하면, 외적 삶도 꽤나 변했다. 하나님의 은총으로 그녀는 예전보다 흥미롭고 유익한 일자리를 얻었다. 그러나 그녀의 사회적 등장인물과 내면의 실체가 일치하려면 여전히 많은 부분이 부족했다. 그녀의 열정적인 성격이 등장인물이라는 감옥의 벽에 부딪치며 자주 상처를 입은 탓이었다. 그녀는 이제 하나님이 자신에게 맞는 옷을 마련해주시기를 기다리고 싶다고 현명하게 덧붙였다.

그러나 이 세상에서 등장인물과 실제 인간의 완전한 일치를 기대하는 것은 유토피아적 이상이다. 게다가, 역설적으로 들리겠지만, 우리는 하루하루 그 둘의 불일치를 끊임없이 자각하기 때문에 그 이상을 향해 다가가려 애쓴다. 따라서 우리 자신에 대해 더 많이 알아갈수록 불안감이 가중된다고 말할 수 있다. 결국 우리 자신을 완벽하게 안다는 것은 불가능하다. 조금씩 암중모색으로 알아갈 뿐이다. 불안정하고 복잡하며 신비롭고 이해할 수 없는 실제 인간의 최종적 실체를 완벽하게 포착하기는 불가능하다. 우리 자신이 우리가 생각하던 것과 같은 존재가 아니라는 것을 깨닫는 부끄러운 순간에 불현듯 나타나는 희미한 빛이나 그림자를 통해서만 실제 인간을 조금이나마 인지할 수 있을 뿐이다.

우리는 이런 인간 조건, 즉 실제 인간과 등장인물 간의 끊임없는 긴장 관계를 받아들여야 한다. 이런 긴장 관계는 인간에게만 허락된 것이며, 이런 긴장 관계를 통해서 인간은 인간이된다. 자연계에 존재하는 모든 피조물은 단순히 그 자체여서, 우리 인간을 끊임없이 괴롭히는 실제 인간과 등장인물의 불일치로 고통받지 않는다. 그래서 우리 자신보다 자연계를 더 확실하게 연구할 수 있는 것이다. 간헐적으로 희미하게 번뜩이는 빛을 통해 우리 자신을 조금이나마 짐작할 수 있는 것으로 만족하고, 완벽하게 알아내겠다는 목표를 포기해야 한다. 우리를 정확하게 아시는 그분이 우리를 아시는 것으로 만족해야 한다. "지금은 우리가 거울로 영상을 보듯이 희미하게 보지마는, 그때에는 얼굴과 얼굴을 마주하여 볼 것입니다. 지금은 내가 부분밖에 알지 못하지마는, 그때에는 하나님께서 나를 아신 것과 같이 내가 온전히 알게 될 것입니다"(고전 13:12).

5

생물학의 교훈

어린 시절의 기억 하나를 소개한다. 정확히 몇 살이었는지는 기억나지 않지만 쥘 베른의 소설에 푹 빠졌던 때였다. 나는 태어나서 처음으로 과학박람회에 참석했다. 커다란 강당은 발디딜 곳이 없을 정도로 북적거렸다. 당시 제네바에서 가장 유명한 학자였던 라울 피에르 픽테(Raoul-Pierre Pictet, 1846-1929)가 "생명이란 무엇인가?"라는 주제로 강의하고 있었다.

픽테는 전문적인 한 분야만을 파고드는 과학자가 아니었다. 인공 냉동과 초저온 현상에 대한 연구로 명성을 얻은 후, 픽테는 쌍둥이의 유전자 연구에 뛰어들었다. 그곳에 모인 다른 사람들의 눈에도 그렇게 보였겠지만, 내 어린 눈에도 그에게서는 과학의 권위가 풍기는 것 같았다. 게다가 그는 유명한 일화도 많았다. 내가 들은 일화는, 그가 제네바에 돌아와서 사교계의 유명한 여인들에게 멋진 꽃다발을 보냈는데, 꽃집에 꽃다발 값을 미리 치러야 한다는 것을 깜빡 잊었다는 것이다. 이처럼 학자들은 가끔 얼빠진 듯한 행동을 한다. 학자들은 이런저런 생각에 정신을 팔다가, 보통 사람들을 괴롭히는 평범한 실수에서 못 벗어나는 게 아닐까?

물론 나는 픽테의 강연을 제대로 이해하지 못했다. 그러나 지금 생각해도 내가 그의 강연에서 받은 인상은 정확했던 것 같다. 여하튼 나는 그의 강연에 실망했다. 픽테가 "생명이란 무엇인가?"라는 질문에 정확히 대답할 거라고 순진하게 생각했기 때문이었다. 그는 쌍둥이에 대해 실시한 통계조사와 자신의 실험에 대해서만 언급했다. 두 종류의 쌍둥이, 즉 일란성 쌍둥이와 이란성 쌍둥이가 있다는 것을 배웠지만, 어린 나도 생명에 대한 그의 설명에는 해결해야 할 커다란 문제가 있다는 것을 느꼈다.

생명과 생명력

픽테는 자신이 관찰한 것을 충실하게 전달했다. 정확히 말하면, 나는 그 시대에 어슷비슷한 제목으로 유행하던 강연 제목에 실망한 것이었다. 당시 과학계에는 미래를 터무니없이 낙관적으로 생각하는 신비주의적인 분위기가 있었다. 새로운 현상이 연이어 발견되기도 했다. 과학의 새로운 발견으로 어떤 미스터리한 현상이 설명될까? 뉴턴의 세기가 물리적 현상들을 설명했고, 앙투안 라부아지에(Antoine Lavoisier, 1743-1794, 프랑스의 화학자)와 클로드 베르나르(Claude Bernard, 1813-1878, 프랑스의 생리학자)의 세기가 자연계의 화학적 현상을 설명하고 살아있는 생명체의 생리적 현상을 설명했다면, 20세기는 생명과 의식의 비밀을 거의 알아냈다고 주장할 수 있었을까?

라울 픽테의 시대 이후로 생물학은 커다란 진전을 이루었지만, 생물학자들도 그에 못지않게 겸손해졌다. 생물학자만이 아니라 모든 과학자가 과거에 비해 한층 겸손해졌다. 가장 엄격한 학문에 속하는 과학, 즉 천문학과 물리학은 아인슈타인의 상대성이론과 하이젠베르크의 불확정성 원리에 충격적인 영향을 받아, 과학의 확정성에는 필연적 한계가 있다는 것을 인정할 수밖에 없었다. 또한 과학의 확정성이 사물 자체보다 사물들 간의 관계, 현실 세계 자체보다는 부분적으로 규약을 따르는 현실 세계의 이미지와 관련 있다는 것을 인정하게 되었다. 따라서 과학의 확정성은 현실 세계의 '실제 인물'이 아니라 그 '등장인물'과 관계있다고 말할 수 있다.

데카르트가 제시한 제1원리를 모르는 사람은 없을 것이다. "우리가 모든 사물을 알게 되는 수준에 이르기 위해 … 내가 분명하게 알지 못하는 것이면 어떤 것도 진실로 받아들이지 않고 … 내가 의심할 필요가 없을 정도로 내 머릿속에 명확하고 분명하게 제시되는 것만을 판단한다." 그 후로 20세기 초까지, 지식의 세계에서 확실하고 명확한 과학의 습득과 형이상학적 사색은 구분되는 것으로 여겨졌다. 따라서 과학은 흔들리지 않는 기초 위에 탄탄한 돌을 차곡차곡 쌓아 세워진 튼튼한 건축물로 여겨졌다. 하지만 푸앵카레(Jules Henri Poincaré, 1854-1912)를 비롯한 과학철학자들이 증명했듯이,[1] 이런 기초는 가정과 협약에 불과한 것으로 밝혀졌다. 형이상적 개념이나 신앙의 주관적 경험이 그렇듯이, 과학의 기초도 이제는 명확하고 분명한 것이 아니다.

한편 자연법칙들도 20세기 초에는 절대적인 것으로 여겨졌지만, 이제는 사회학과 심리학의 법칙과 마찬가지로 관찰자와 관찰의 척도에 따라 달라지는 통계 법칙으로 여겨진다.[2]

생물학은 다른 과학에 비해 더 겸손하다. 생물학자들은 살아 있는 현상을 지배하는 법칙들을 연구하지만, 그 법칙들로 생명 자체를 설명할 수는 없다는 것을 인정한다. 이와 마찬가지로, 심리학은 심리 현상을 연구하지만, 그 연구로 전형적인 심리 현상, 즉 의식을 설명할 수는 없다. 의식은 현상이 아니라 주관적 직관이기 때문이다. 프랑스 의사, 아르노 창크 (Arnault Tzanck, 1886-1954)의 표현을 빌리면,[3] 의식은 '지식'이 아니라 '믿음'의 영역이다. "주변 사람들도 당신과 마찬가지로 의식을 지녔다고 인정해야 한다. 그러나 당신은 의식이 무엇인지 모른다. 의식이 있다고 믿을 뿐이다. 의식은 믿음의 행위 자체다."

리하르트 지벡Richard Siebeck 교수도 이렇게 말했다. "과학은 생명에 관련된 많은 것을 설명할 수 있지만 생명 자체를 이해할 수는 없다는 것을 깨달았다."[4] 신경학자 빅토르 폰 바이츠제커(Viktor von Weizsäcker, 1886-1957) 교수도 생명의 이해할 수 없는 불가사의를 인정했다.[5] 생명의 불가사의는 의사들만이 아니라 유능한 생물학자들도 솔직하게 인정했다. 종교의 힘을 역설하던 조제프 에르네스트 르낭(Joseph Ernest Renan, 1823-1892)만큼이나 열정적으로 과학의 힘을 옹호하던 생물학자 장 로스탕도 예외는 아니었다.[6]

과학계는 의식의 탄생과 마찬가지로 생명이 어떻게 출현했는지 설명해보려 했지만 채워지지 않는 커다란 빈틈이 있었다. 장 프리델Jean Friedel은 "한 가지 사실은 분명하다. 우리가 과학적 방법으로 연구하는 생명은 이 땅에 항상 존재했던 것은 아니지만 지금은 분명히 존재하고 있다"고 했다.[7] 장 로스탕Jang Rostand은 "생명의 기원은 아직 만족스럽게 해결되지 않았다"고 한탄했다.[8] 로스탕은 '아직'이라는 단어로 희망의 끈을 놓지 않으며, 언젠가 생명이라는 불가사의의 열쇠를 찾아낼 수 있으리라 믿었다.

반면에 르콩트 뒤 노위Lecomte du Noüy 같은 생물학자들은 물리화학적 현상의 기계적인 상호작용만으로는 생명의 기원을 결코 설명할 수 없다는 것을 설득력 있게 증명해냈다.[9] 뒤 노위는 내 스승이기도 한 물리학자 샤를 외젠 기(Charles-Eugène Guye, 1866~1942)[10]의 연구를 근거로 삼아 그렇게 주장하며 "우연의 행위와 정상적인 열운동으로 비대칭이 심한 분자 하나가 형성될 확률은 실질적으로 0에 가깝다. … 따라서 생명의 출현에 관련된 모든 현상과 그 발달 및 점진적 진화를 과학으로 설명한다는 것은 실질적으로 완전히 불가능하다고 결론지을 수밖에 없다"고 결론지었다. 다른 책에서도 뒤 노위는 이렇게 덧붙였다. "기계적인 가정으로는 생명의 복잡성을 설명할 수 없다."[11]

두 생물학자, 뒤 노위와 로스탕은 세계관이 무척 달랐지만 생명을 정의하기가 무척 어렵다는 것을 인정하는 데는 일치했다. 르콩트 뒤 노위는 말했다. "생명에 관련한 문제는 언제나 인간의 뜨거운 관심사였다. 하지만 오늘날까지 생명에 대한 만족스러운 정의는 존재하지 않는다"[12] 한편 장 로스탕은 '직관'만으로 우리가 생물 세계와 무생물 세계를 구분할 수 있다고 주장한 후에 "생명체에게만 존재하며, 뭇 생물 세계의 원시적 형태에서는 찾아낼 수 없는 생명체의 유일한 속성은 없는 듯하다"[13]고 덧붙였다. 그러나 로스탕은 생명을 정의하는 데 기준이 될 수 있는 현상들로 움직이는 능력, 유기적인 형태와 구조, 자극에 대한 반응, 자신에게 유리한 반응, 자발적인 활동, 기억, 주변 환경과의 교환, 자기생식, 성장과 동화 등을 나열했다. 로스탕은 각 현상에 대하여, 모든 생명체에서 확실하게 존재하지 않거나 생명체 이외에도 존재할 수 있다는 것을 증명해보였다.

따라서 살아 있는 유기체는 물리화학적으로 무생물과 똑같은 성분들로 이루어지며, 유사한 물리화학적 현상들의 근원이기도 하다. 클로드 베르나르는 이 문제를 더욱 명확하게 표현해주었다.[14] "나는 생명체에는 반드시 두 종류의 현상이 존재한다고 생각한다. (1) 생명체 창조 혹은 유기적 합성이라는 현상과 (2) 생명체의 소멸, 혹은 죽음이라는 현상이다. … 첫 번째 현상은 그 자체로 유일한 현상이어서 직접적으로 유사한 현상이 없다. 다시 말하면 생명체의 고유한 현상이다. 진화적 합성이 진정으로 생명과 관련된 것이다. … 반면에 생명의 파괴인 두 번째 현상은 물리화학적 현상이며, 대체로 연소燃燒의 결과, 혹은 분해나 복분해라는 화학적 현상들에 비견할 만한 행동의 결과다. 이런 화학적 현상들이 유기적 조직체에 적용될 때 죽음이라는 현상이 일어난다. … 우리는 습관적인 착각의 포로여서, 어떤 생명 현상들을 지칭할 때 실제로는 죽음의 현상을 지칭한다는 사실을 지적해둘 필요가 있다. 유기적 합성은 '내부에서 조용히 감추어진' 채로 진행되며, 사용해야 할 물질들을 소리 없이 모은다. 반면에 파괴 혹은 죽음의 현상은 즉각적으로 우리 눈에 띄는 현상이다. 따라서 이 현상으로 우리는 생명체를 확인하는 경향을 띤다." 따라서 "생명에 대해서 우리가 아는 것은 죽음이 전부다"라는 창크 박사의 결론을 이해할 수 있다.

이쯤에서 독자들도 내가 무슨 말을 하려는 것인지 눈치 챘을 것이다. '실제 인물'은 "내부에서 조용히 감추어진 채"로 존재한다는 것이며, 우리 눈에 띄는 것은 '등장인물'로 과학의 연구 대상이 되는 "겉으로 표현되는 현상"이다. 그러나 지나치게 앞서 결론짓지 말고, 클로드 베르나르로 돌아가자. 베르나르는 다른 책에서 두 종류의 현상에 대해 다음과 같이 설명했다. "달걀 두 개가 있다고 가정해보자. 하나는 수정란이고 다른 하나는 무정란이다. 두 달걀을 동일한 환경에 두면, 수정란은 물리화학적으로 분해되고, 무정란은 생명이 분해된다. 다시 말하면, 수정란을 구성하는 성분들은 유기체를 만들어내는 역할을 한다. 무정란에는 없고 유정란에만 있는 것이 바로 생명력 *force vitale*이다."[15]

생리학자 클로드 베르나르는 생명을 설명하기 위해서 생명력이라는 개념을 인정할 수밖에 없었다. 그러나 생명력은 당시 과학계에서 생소한 개념이었다. "물리화학적 현상들이 우연히 동시에 발생해서 각 생명체가 어떤 계획에 따라, 즉 미리 예정되고 결정된 설계에 따라 만들어지고, 생명 행위들이 그 계획을 따라 놀랍도록 조화로이 행해지는 것은 아니다. 생명체에는 결코 간과할 수 없는 어떤 정돈된 배열이 있고, 그 배열이 생명체의 가장 뚜렷한 특징이다."[16]

생명체의 특징

클로드 베르나르를 인용한 구절들은 얼마든지 제시할 수 있다. "각 생명체와 각 기관의 기능을 보여주는 설계도 같은 것이 있다." "생명은 일종의 개념이다. … 해부로 밝혀진 모든 요소가 질서 있게 결합되어 형성되는 공통된 결과이고, 그 요소들의 결합으로부터 형성되는 조화다. … 이 살아 있는 것의 특징은 물리화학적 속성이 아니라, 그것이 어떤 명확한 개념에 따라 창조됐다는 것이다."[17] 개념, 설계, 계획 등은 궁극적으로 생명의 잉태를 목적으로 한다는 뜻이 내포된 표현들이다. 따라서 인과관계만을 설명하고 궁극적 목적을 제시하지 못하는 과학으로는 생명을 이해할 수 없다.

생명은 살아 있는 현상으로부터 비롯되는 게 아니다. 살아 있는 현상의 방향을 결정할 뿐이다. 이런 이유로 클로드 베르나르는 "생명력은 어떤 현상을 만들어내는 게 아니라 현상들을 관리한다. 반면에 물리적 주체들은 현상들을 만들어내지만 그 현상들을 관리하지는 않는다"라고 말했다. 이런 생각은 르콩트 뒤 노위의 저서에서도 확인할 수 있다. "우리 몸은 세포로 이루어지고, 세포는 원자로 이루어진다. 그러나 세포와 원자가 인체의 전부는 아니다. 원자와 분자와 세포가 배열되는 방식도 인체를 구성하는 실체의 일부이며, 훨씬 더 흥미로운 부분이다. 원자 등이 어떻게 배열되는지에 따라 각 개체가 다르게 형성되기 때문이다."[18]

따라서 생명체의 고유한 특징은 그 구조도 아니고, 그 안에서 일어나는 물리화학적 현상들도 아니다. 오히려 그 현상들이 조직적으로 관리된다는 사실이다. 이런 점에서 생명체는 눈에 보이지 않는 지휘자의 명령에 따라 연주하는 오케스트라에 비교할 수 있다. 과학자는 이 오케스트라를 객관적으로 연구하고 각 연주자들을 분석하지만, 연주자들의 연주가 빚어내는 조화로운 하모니의 비밀까지 알아내지는 못한다. 그 하모니는 작곡가가 미리 짜놓은 것이고, 연주의 목적을 유일하게 알고 있는 보이지 않는 지휘자가 완성한 것이기 때문이다. 여기에는 두 가지 의지가 개입된 셈이다. 하나는 자신의 계획을 악보로 표현해낸 작곡가의 의지이고, 다른 하나는 작곡가의 의지를 다소 충실하게 해석하려는 오케스트라 지휘자의 의지다. 오케스트라는 어떻게든 두 의지에 어느 정도 충실하게 따르는 실체, 눈에 보이는 실체다.

이 책의 구성도 다를 바가 없다. 작곡가는 자연계를 구석구석까지 계획하고 하나의 목적을 지향하는 하나님이고, 지휘자는 보이지 않지만 그 계획을 충실하게 따르는 실제 인간이며, 오케스트라는 지휘자의 의도를 구체적으로 표현하는 등장인물이다.

다시 생물학으로 돌아가면, 어처구니없게도 생물학은 장 로스탕의 글처럼 과학자들의 '기계적인' 글, 예컨대 "모든 일이 궁극적인 결과를 만들어내기 위해 세포 내에 고도로 정밀하게 계산된 메커니즘이 있는 것처럼 일어난다"는 글에서 목적론적인 표현을 찾아내려 한다.[19] 따라서 생명의 고유한 특성은 과학으로 접근할 수 있는 구체적인 기능이 아니라, 비물질적이고 영적이며 목적론적인 기능으로 규정된다. 장 드 루즈몽Jean de Rougemont 박사는 유기체의 가장 작은 세포에도 정밀한 메커니즘이 작동한다는 것을 증명해보였다. 가장 작은 세포도 주변 환경에 동화할 수 있고 생명 유지에 유익한 것을 선택하고 그렇지 않은 것은 배척한다며, "생명체는 … 일부 물질만을 사용하고 나머지는 무시한다. 따라서 생명체는 선택을 한다. … 느낌으로, 더 정확히 말하면 감수성으로 … 이처럼 변함없는 선택에는 기억과 지능이라는 요소가 개입되는 게 확실하다."[20]

창크 박사는 실험실에서 유물론적 과학의 관점으로 훈련받은 학자답게, 선택과 기억이라는 비물질적 개념들이 생명 이해에 반드시 필요하다는 것을 인정하게 된 과정을 다음과 같이 설명했다. "세포 조직 자체가 어떤 특정한 힘을 인지하는 것처럼 모든 것이 진행된다. 이런 '특정한' 반응에서 기억과 관련된 현상에 부합하는 특징을 모두 찾아내는 건 그다지 어렵지 않다."[21] 창크 박사가 '창조적 의식conscience créative'이라 칭한 것은 이 책에서 내가 실제 인간이라 칭한 것과 다르지 않다. 지각되지도 않고 눈에 보이지도 않지만 근본적인 존재이며,

생명의 근원이라는 점에서 그렇다. 과학이 연구하는 구체적 실체에서 우리는 이 존재의 영향을 간접적으로 인지할 수 있을 뿐이다.

장 드 루즈몽 박사는 생명에 대해 "누구도 생명을 손에 움켜잡거나 눈으로 볼 수 없다. 우리가 전기를 보지도 붙잡을 수도 없는 것과 같다"고도 말했다. 모리스 베르네Maurice Vernet의 책에서도 똑같은 논조의 글을 확인할 수 있다. 베르네 박사는 생명체에서 "근본적 특징, 즉 선택과 밀접한 관계가 있는 의지에의 순종이라는 특징"을 찾아냈고, "자극에 대한 반응의 적응처럼, 기억 현상이라는 특징을 지닌 적응이 일어난다"고 덧붙였다.[22]

더 나아가 베르네는 생명 메커니즘의 분석을 시도했다. "생명의 고유한 특징인 기초적인 균형은 세포 조직과 원형질의 안정된 구조에서 신진대사의 안정성, 신체 리듬의 상호의존성, 기능의 조화로 나타난다. … 균형은 곧 조절 메커니즘을 뜻한다." 베르네 박사는 이런 조절 메커니즘을 확실하게 실행하는 살아 있는 세포의 본질적 기능을 '유기적 감수성sensibilité organique'이라 칭했다.[23]

하지만 이런 조절 메커니즘은 엄격하지 않고 탄력적이다. 변동이 없는 삶은 없다. 어떤 생명체든 살아 있는 동안에는 균형점을 중심으로 끊임없이 진동하기 마련이다. 부동不動은 죽음이다. 따라서 원형질의 구조는 평균에서만 일정할 뿐이다. 원형질의 구조도 끊임없이 변한다. 의학에서 정상과 병리적 현상의 경계를 결정하기 어려운 이유가 바로 여기에 있다. 병리적 현상은 균형에서 지나치게 일탈한 경우를 뜻하지만, 정상이라고 해서 일탈이 전혀 없다는 뜻은 아니다.

따라서 무기물과 비교할 때 생명체의 고유한 특징은 이런 지속적 불안정성이다. 하지만 조절 메커니즘에 의해 조절되는 불안정성이다. 정상 상태에서는 편차의 크기가 항상 제한적이기 때문이다. 보이지 않는 불가사의한 의지가 생명체라는 복잡한 유기체를 선택된 방향으로 끌어가는 데 개입하며, 생명체가 그 방향에서 벗어나면 곧바로 원래의 방향으로 되돌리는 듯하다.

나는 앞에서 생명체를 오케스트라에 비교하며, 오케스트라는 지휘자의 의지를 '다소' 충실하게 따르고, 지휘자는 작곡가의 의지를 '다소' 충실하게 해석하려 한다고 말했다. 콘트라베이스의 음이 너무 강하면 지휘자는 콘트라베이스 연주자들에게 부드럽게 연주하라는 신호를 보낸다. 이렇게 불협화음이 생길 때마다 오케스트라는 수정을 계속하면서 조화로운 음을 만들어간다. 따라서 우리가 생명체에서 주목했던 현상이 여기서 그대로 확인된다. 생명체를 구성하는 요소들의 끊임없는 미세한 일탈과, 미리 세워진 계획을 실현하기 위해서 일탈이 생길 때마다 수정하려는 의지가 그것이다.

이번에는 다른 이미지를 생각해보자. 무생물 세계는 이미 설정된 노선을 정확히 지키며 일정한 궤도 위를 달리는 기차에 비교된다. 반면에 생물 세계는 일탈의 자유를 제한적으로 누리며 도로 위를 달리는 자동차에 비교된다. 자동차는 지속적으로 방향을 수정하기 때문에 거의 직선으로 달린다. 예컨대 자동차가 지나치게 오른쪽으로 향하면 핸들을 가볍게 왼쪽으로 움직여 방향을 조절한다. 물론, 그 반대 경우도 마찬가지다. 이런 조절 메커니즘이 제대로 작동하지 않으면 자동차는 도랑에 처박히고 말 것이다. 그러나 철로는 변하지 않더라도 탄력적인 조절 메커니즘과 영리한 운전자가 필요하다.

클로드 베르나르는 일찌감치 이런 관계를 인식하고 다음과 같이 말했다. "유기체를 일종의 기계로 생각한다면 그 생각은 옳다. 그러나 유기체를 수학적으로 정밀히 계산된 한계 내에서 어떤 오차도 없이 일정하게 움직이는 자동 기계로 생각한다면, 그 생각은 틀렸다. 유기체는 유기적인 기계, 다시 말하면 탄력적이고 유연한 메커니즘을 지닌 기계다." 따라서 무생물 세계와 비교할 때 살아 있는 생명체에게는 행동 노선에서 약간의 일탈이 허용된다. 바로 이런 점이 생명체의 특징이다. 생명체의 생명은 이처럼 끊임없는 일탈로 유지되고, 그런 일탈은 유기적 감수성으로 조절된다. 뒤에서 다시 언급하겠지만, 인간은 동물보다 이런 일탈을 훨씬 폭넓게 향유하며, 이런 점에서 인간은 동물과 다르다.

지금 우리는 설명하기 무척 어려운 문제, 그러나 등장인물과 실제 인간의 관계를 이해하기 위해서는 무엇보다 중요한 문제를 다루고 있다. 다시 자동차 운전자로 돌아가보자. 그가 운전에 능숙하다면 후천적으로 습득한 반사 능력을 활용해 거의 자동적으로 자동차의 방향을 조절한다. 갈림길을 만나면 그는 핸들을 움직여서 오른쪽이든 왼쪽이든 방향을 선택한다. 이 선택은 그의 의지가 개입되는 의식적 결정이다.

따라서 똑같은 운전자가 똑같은 동작으로 똑같은 핸들을 조작하더라도 경우에 따라 완전히 다른 의미가 생성될 수 있다. 어떤 때에는 연이어 반복되는 기계적 행위이고, 어떤 때에는 의지가 개입된 독립된 행위일 수 있다. 따라서 인간의 삶을 과학적으로 관찰할 때 강한 인상을 주고 눈길을 끄는 것은 기계적인 모습, 즉 등장인물이다. 과학은 독립된 현상을 무시하고, 잇달아 반복되는 현상에서만 법칙을 추론해내기 때문이다. 물론 내가 여기에서 말하는 과학은 자연과학을 가리킨다. 역사는 완전히 다른 과학, 즉 학문이지만, 역사학자들이 잇달아 반복되는 사실들을 비교할 때만은 역사도 과학이 된다. 그러지 않으면 역사는 독립적이고 의미를 알 수 없는 사실들의 모음에 불과할 것이기 때문이다.

이쯤이면 실제 인간이 항상 객관적인 조사에서 벗어나고, 등장인물만이 우리 눈에 띄는 이유가 이해될 것이다. 과학은 살아 있는 생명체의 기계적인 면만을 이해하고, 과학의 입장에서 생명체는 기계적 행위의 집합체에 불과하다.

따라서 생명체는 두 요소로 나뉘는 듯하다. 이는 클로드 베르나르가 언급한 두 종류의 현상과 다르지 않다. 하나는 창조적이고 독자적이며 즉각적이고 목적지향적이며 형이상학적이어서 과학의 관찰에서 벗어나는 요소로 생명체의 고유한 특성이다. 예컨대 갈림길에서 핸들을 돌려 방향을 결정하고 그 방향으로 자동차를 움직이는 행위다. 다른 하나는 기계적이고 반복되며 지속적이고 인과관계에 따르며 물리적이어서 과학적으로 관찰되는 요소다. 일반적으로 받아들여지는 방향을 유지하려는 조절 메커니즘이 대표적인 예다.

창크 박사는 생명이라는 개념을 진화적 관점에서 무척 인상적으로 설명했다. 누구나 알고 있듯이, 생물변이설transformisme은 처음에는 엄청난 호응을 받았지만 결국 폐기되고 말았다. 생물변이설은 종들 간에 자연적인 혈족관계가 있다는 직관적인 생각에서 잉태됐다. 이 생각에 내포된 뜻을 해석하면, "생명체들은 새로운 형질을 획득할 수 있고, 그 형질을 후손에게 전달할 수 있다. 하지만 자연변이의 유사성을 반박할 수 없는 증거는 어디에서도 찾을 수 없고, 실험실에서 유기체에 손상을 주더라도 그 훼손은 유전적으로 전이되지 않는다"[24]는 것이다.

달리 말하면, 창조적인 새로운 현상은 항상 과학의 관찰에서 벗어난다는 뜻이다. 과학은 "진화의 개념에 대항하는 종種의 불변성"을 지향하는 기계적인 현상만을 관찰하기 때문이다. 따라서 창크 박사는 이렇게 결론짓는다. "선택의 가능성,

즉 의식의 개입이 적응의 원인인 듯하다. 의식의 획득은 생명체에서 기억이라는 형태로 기계적으로 반복되는 듯하다. 우리는 적응과 반복이라는 두 종류의 현상 중 반복되는 현상만을 알 수 있다."

생물학자 창크 박사의 결론으로 우리는 자동차 운전자에 비교한 사례를 정확히 설명할 수 있다. 운전자는 갈림길에서 길을 선택할 때 순간적으로 우리 시야에서 벗어났다. 그러나 그가 왼쪽(혹은 오른쪽) 길에서 자동차를 운전하고 있기 때문에 그 길을 선택한 것은 분명하다. 이제 그가 그 길을 운전하면서 그 길에서 벗어나지 않으려고 몸의 기억을 따르는 듯 기계적으로 반응하기 때문에 우리는 그의 기계적인 반응을 다시 관찰할 수 있다.

생명체의 본질적이고 창조적이며 독자적인 행위는 우리의 관찰 범위에서 벗어난다. 따라서 생명체의 고유한 특징은 전혀 찾아볼 수 없는 기계적 행위만이 우리 눈에 띈다. 이 기계적 행위가 개인만이 아니라 종의 불변성을 보장하고, 개인의 등장인물을 형성한다. 반면에 자유선택은 실제 인간에 속한다. 다시 말하면, 고정되지 않고 미리 결정되지 않아 기계적이지 않은 모든 것은 실제 인간에 속한다. 그러나 선택 이후에는 기계적 행위가 뒤따르고, 그런 기계적 행위로 인해서만 선택은 드러난다. 이쯤에서 우리가 등장인물과 실제 인간을 떼어놓을 수 없었던 이유, 우리가 실제 인간에 곧장 접근할 수 없었던 이유를 이해할 수 있다. 우리는 역할에서 다소 고착되고, 자유와 생명을 상당히 상실한 등장인물을 통해서만 실제 인간의 흔적을 추적할 수 있었다.

따라서 기계적 행위는 생명의 증거인 동시에 생명의 부정이다. 기계적 행위는 생명의 한결같은 열매인 동시에, 생명에 반드시 필요한 하인이고, 생명의 무덤이다.

기계적 행위와 생명의 본질

먼저 기계적 행위가 생명의 한결같은 열매인 이유에 대해 알아보자. 4장에서 이미 증명했듯이, 실제 인간과 등장인물을 분리할 수 없고, 매순간 독자적이고 자율적인 삶을 살 수 없기 때문이다. 우리 삶은 처음부터 끝까지 우리 존재의 연속성을 보장해주는 생리적이고 심리적이며 도덕적인 기계적 행위로 이루어진다. 물론 때로는 영적인 기계적 행위도 더해진다. 창크 박사의 의견에 따르면, 자기성찰도 "의식에서 비롯된 기계적 행위와 의식 자체를 구분하기가 어렵다."

나는 철저히 자기만의 독자성을 집요하게 추구하는 사람들을 종종 만난다. 그들은 몸을 결정하는 모든 요인, 예컨대 유전적 특성, 콤플렉스와 기계적인 반응 및 교육의 영향에서 해방되어 진정한 자아를 되찾고 싶어 한다. 그들은 자기만의 개성을 상실할까 두려워하며 모든 외적인 영향에 저항하고 반발한다. 그들은 누구에게도 영향받지 않고, 새로운 관점으로 생각하며, 전에는 누구도 경험하지 못한 감정을 느끼고 싶어 한다.

하지만 그들의 실제 삶은 초라하고, 그들의 개성은 빈약하기 짝이 없다. 타인과의 교제를 통해 삶을 더욱 풍요롭게 할 기회를 스스로 박탈하기 때문이다. 우리가 외부에서 얻는 것과 내부에서 습관화된 것을 빠짐없이 버린다면 우리에게 무엇이 남겠는가? 커다란 빈 공간만이 남을 것이다. 나는 그런 사람들과 이야기를 나눌 때마다 이런 생각이 떠오른다. "허공에는 누구도 자수를 놓을 수 없다. 바탕천이 있어야 한다." 그 바탕천에는 기계적 행위들이 수놓아지겠지만, 바탕천이 없으면 존재도 없고 생명도 없다. 물론 독자적인 창조 행위인 자수를 놓을 가능성도 없을 것이다.

둘째로, 기계적 행위들이 생명에 반드시 필요한 하인이라 말한 이유는 무엇일까? 나의 '창조적 의식'이 매순간 내 세포들과 기관들 하나하나의 기능에 관여하고, 내 분비샘들 하나하나의 분비를 처리한다면, 이 글을 쓰는 데 관심을 가질 만한 여유가 없을 것이다. 기계적 행위들은 의식의 시간을 절약해 준다. 앞에서 언급한 자동차 운전자는 후천적으로 획득한 반사 능력을 활용해 운전을 하면서도 옆 사람과 이야기를 나눌 수 있다. 갈림길에서 이정표와 다른 자동차들을 살필 때만 대화를 잠시 중단할 뿐이다.

폴 코사(Paul Cossa, 1901-1973) 박사는 1948년에 발표한 기념비적인 책에서,[25] '반사 작용부터 정신 작용까지' 신경계의 단계를 설명했다. 코사는 이 책에서, 감수성과 운동성처럼 열등하고 구체적인 기능들을 떠맡는 신경중추의 위치는 해부로 정확히 파악할 수 있지만, 상대적으로 우월하며 추상적인 지적 기능을 행하는 신경중추의 위치는 전혀 그렇지 않다는 것을 보여주었다. 또한 열등한 기능들의 기계적 특성 덕분에 "신경 활동이 육체 활동의 조절에서 점차 벗어나 여유로운 시간을 만끽할 수 있다"는 것도 증명해 보였다.

우리가 기관들의 기계적 활동을 전적으로 신뢰하며 어떤 의문도 품지 않을 때 기관들은 훨씬 효율적으로 기능한다. 건강 염려증 환자들의 경우에서 분명히 확인되는 현상이다. 그들이 온갖 기능 장애로 고통받는 이유는 간단하다. 항상 몸의 기능에 신경을 곤두세우고 있기 때문이다. 그로 인해 기능 장애가 생기면 이번에는 그런 기능 장애 때문에 그들은 몸에 신경을 빼앗긴다. 따라서 악순환이 반복되는 셈이다. 마침내 건강에 대한 염려가 강력한 기계적 행위로 발전해서, 그들은 질병 이외에 다른 어떤 것도 생각하지 못하는 지경에 이른다.

끝으로 기계적 행위들이 생명의 무덤이라 말한 이유에 대해 살펴보자. 우리가 누군가를 무척 활기 있고 개성이 넘친다고 말한다면, 그가 창조적인 상상력과 기상천외한 생각과 기발한 발상으로 가득한 사람이란 뜻으로 말한 것이다. 기계적 행위와는 전혀 다른 특성들이다. 이 책을 시작할 때부터 계속 언급했던 틀에 박힌 삶은 생리적 죽음을 맞지는 않았지만, 또 몸과 정신의 메커니즘이 멈추지는 않았지만, 실제로 이미 죽은 것으로 여겨진다.

어린아이가 활달하고 기발하게 생각하는 이유는 간단하다. 어른처럼, 기계적 행위의 무지막지한 틀을 아직 거치지 않았기 때문이다. 어린아이의 자발성은 전염된다. 어린아이와 함께 지내면, 우리를 옥죄던 옷이 헐거워진 것처럼 우리도 한층 자유로워진 기분이 든다. 어떤 사람의 생각과 습관이 엄격한 틀에 맞추어 굳어지면 우리는 그가 나이에 비해 늙었고, 생명의 기운이 그에게서 꺼져간다고 생각한다. 그는 똑같은 행동과 말을 지겹도록 되풀이한다. 따라서 어떤 상황에서나 그의 반응을 예측할 수 있다. 그는 잘 길든 짐승에 불과하다.

우리 안에서 기계적인 부분들은 인간다운 부분들이 아니라 동물적인 부분들이다. 우리가 본능에 따라 행동하는 경우도 마찬가지다. 교육과 습관에 의해 주입된 조건반사의 경우도 다를 바가 없다. 융학파가 제시한 이른바 정신적 원형, 즉 우리가 인식하지 못하는 사이에 우리를 지배하는 조상의 원형들은 우리를 짐승과 어느 정도 구분해주지만, 그 원형들에도 기계적인 면이 있어 짐승과 완벽하게 구분되지는 않는다.

동물의 경우에는 모든 행위가 기계적이다. 내 애완견에게서 그런 사실을 분명히 확인할 수 있다. 내가 체스 게임을 끝내면 그 녀석은 벌떡 일어나 나에게 다가온다. 자신이 산책할 시간이 된 것을 알기 때문이다. 우리가 심리학에서 동물을 대상으로 삼아 연구하는 이유는 우리와 동물 사이에는 공통점이 있기 때문이다. 정확히 말하면, 의지적 행동에서는 다르지만 자극에 대한 반응과 무조건반사와 조건반사(획득반사)에서는 우리와 동물이 크게 다르지 않다.

우리 안에 동물적 본성이 있다는 것을 부인할 수는 없다. 또 모든 자극에 놀라울 정도로 적절하게 반응하는 정교한 기계장치가 우리 안에 있다는 것도 부인할 수 없다. 그 정교한 기계가 우리 존재를 떠받쳐주는 주춧돌이다. 그러나 그 기계가 우리 안에 있는 모든 것이라면 우리는 인간일 수 없다. 예컨대 과학적으로 연구되는 사랑은 생리작용에 불과하다. 성 본능, 모성 본능, 혹은 단순한 감정 상태, 사랑하고 사랑받고 싶은 욕구 등 동물도 우리와 똑같은 정도로 느끼는 사랑의 감정은 외부의 자극에 대한 기계적 반응에 불과하다.

그러나 거의 기대하지 않은 상황에서 사랑이 샘솟는다면, 예컨대 적대적인 사람에게 갑자기 사랑의 감정이 샘솟아서 공격적인 반격을 거두어들이고 용서하는 마음이 생긴다면, 이기심 없는 사랑의 감정이 퍼진다면, 그 자체가 창조적 행위다. 다시 말하면, 미리 결정되지 않은 진정한 자유선택이다. 또한 기계적 반응의 사슬을 끊고 새로운 방향으로 향하려는 확신에 찬 선택인 생명력의 폭발이다.

엄격하게 말해서 이 행위는 진정으로 독자적이고 창조적이며, 예외적이고 특이하며 예측할 수 없는 행위여서 과학적으로 연구할 수 없다. 등장인물을 밀어제치고 실제 인간이 발현되는 행위다. 그러나 이 행위는 다시 많은 상황에서 반응하는 새로운 방법의 근원, 즉 새로운 기계적 행위가 된다. 하지만 이 새로운 기계적 행위는 심리학에서 객관적 연구 대상이 되고, 내면에서 분출하는 힘의 증거가 된다. 멀리 지평선을 지나가는 객차들이 보일 때, 기관차가 우리 시야에 보이지 않아도 객차들을 끌고 가는 기관차가 있을 거라고 확신하는 것과 같다.

생명에서 떼어놓을 수 없는 두 가지를 위의 비유에서 끌어낼 수 있다. 하나는 우리에게 보이지 않는 힘이고, 다른 하나는 그 힘 뒤에 감추어져 있지만 우리 눈에 보이는 일련의 기계적 행위들이다. 그러나 줄지어 늘어선 객차들은 생명의 본질, 즉 실제 인간이 아니다. 객차들은 수동적인 것이고 죽은 것에 불과하다. 새로운 종류의 반응, 즉 독창적인 영적 시도에 의해 야기된 새로운 기계 행위들은 반복될수록 본래의 심원한 의미를 상실하며 습관이 되어 등장인물의 일부가 될 것이다. 생명의 폭발로 잉태된 새로운 기계적 행위들은 다시 새로운 창조적 시도에 의해 새로워지지 않으면 지루한 죽음의 길로 시들어갈 것이다.

유기적 생명체의 경우도 마찬가지인 듯하다. 창크 박사는 클로드 베르나르의 두 경구—"생명은 창조다"와 "생명은 죽음이다"—를 인용한 후, 두 경구는 모순되지 않는다며 이렇게 덧붙였다. "생명은 창조인 동시에 죽음이다. 내밀하고 감춰진 존

재라는 점에서 창조이고, 겉으로 표현된다는 점에서 죽음이
다."[26]

물론 여기에서는 독자의 이해를 돕기 위해 생명의 두 면을
도식적으로 구분했지만, 실제로 두 부분은 긴밀하게 하나로
결합돼 있다. 매순간, 우리 생명은 세포 하나하나의 죽음으로
이루어진다. 클로드 베르나르의 표현대로 이런 '죽음의 현상',
즉 세포의 분해는 순전한 물리화학적 현상이며, 과학으로만
관찰 가능한 현상이지만, 우리가 살아 있는 동안에만 일어난
다. 달리 말하면, 세포의 죽음이 없으면 우리는 살아 있을 수
없다. 우리의 정신적인 삶도 마찬가지다. 생각의 자연스러운
연상과 콤플렉스는 심리학자들의 연구 대상이지만 모든 점에
서 세포와 원형질에서 일어나는 화학적 현상과 비교된다. 따
라서 우리 개개인의 삶은 세포조직의 삶과 떼어놓고 생각할
수 없다. 세포조직에 문제가 발생하면 우리는 창조적인 결정
을 내릴 수 없게 된다.

그러나 생명은 그 이상의 것이다. 겉으로 드러나는 메커니
즘들의 지독한 단조로움에도 불구하고, 간헐적 폭발이 일어나
기계적 행위의 족쇄가 끊어지는 것처럼 생명은 우리 존재의
깊은 내면에서 끊임없이 재탄생한다. 이런 식으로 실제 인간
은 석고처럼 굳어버린 등장인물을 갑자기 변모시키며 새로운
얼굴을 새겨 넣는다.

창크 박사는 "의식은 반복하지 않는다. 의식은 끝없이 상상

한다"라며 "혼자 생각하는 것이 진정으로 생각하는 것이다"라고 말했다.[27] 따라서 창조적 사건, 생명의 재탄생이 있을 때마다 천편일률적인 기계적 행위로 짜인 기존 질서가 흐트러지지만, 곧바로 새로운 질서가 확립되며 과거의 질서를 대신한다. 생명에서 유일하게 관찰 가능한 진부한 형태와, 그런 형태에 갇혀 있는 생명을 구해주는 실체를 알 수 없는 빛 사이에 일종의 리듬이 있는 듯하다. 간헐적으로 번쩍이는 이 빛을 통해서 실제 인간이 드러나지만, 우리 안에서 줄곧 존재하는 것은 등장인물이다.

프랑스 화가 장 바티스트 카미유 코로(Jean-Baptiste-Camille Corot, 1796-1875)는 회화의 길로 들어서면서부터 자기만의 표현 방식을 꾸준히 추구했다. 그러나 그 표현 방식을 찾아낸 후에는 그 표현 방식의 포로가 되고 말았다. "사람들이 그에게 그것을 요구했기 때문에 그는 코로식의 그림을 그렸다"[28] 그때부터 코로는 더는 진화하지 못했다. 그는 자신의 등장인물에 갇히고 말았다. 생명은 끊임없는 변동이고, 고정된 노선과의 단절이며, 불안정한 것이다. 이는 신경장애로 들쑥날쑥한 기분을 불평하며 고생하는 사람들에게 커다란 위안이 될 것이다. 빈틈없이 안정된 것은 꼭두각시에 불과하다. 죽은 것이고 생명 없는 사물에 불과하다. 내가 위에서 생명의 특징이라 언급했던 변동의 폭이라는 개념을 다시 떠올리지 않을 수 없다.

철학자들이 오래전부터 구분했던 '나투라 나투란스(Natura

naturans, 능산적 자연)'와 '나투라 나투라타(Natura naturata, 소산적 자연)'도 이와 유사하다. 생명은 자연의 창조적 기원인 동시에 자연의 창조된 상태다. 물론 우리가 연구하는 대상은 자연의 창조된 상태다. 능산적 자연은 우리의 관찰 범위를 벗어난다. '발생기 상태'에 있는 물질이 화학자들의 관찰 범위를 벗어나는 것과 같다. 그 물질들은 화학반응이 나타나는 순간 이미 결합되어 다른 물질이 되기 때문이다.

이와 마찬가지로, 내연기관만을 분석해서는 내연기관이 회전하는 이유를 설명할 수 없다. 내연기관이 행정行程을 시작해서 그 운동을 꾸준히 계속하기 위해서는 외부에서 오는 충격이 필수조건이기 때문이다.

이쯤에서 베르그송(Henri Bergson, 1859-1941)의 유명한 명제, "지성의 특징을 한마디로 요약하면 삶을 이해하지 못하는 무능력이다"[29]라는 말을 이해할 수 있다. 베르그송은 다른 책에서 "지성은 … 불연속적이고 무기력한 존재만을 이해할 수 있으며, 연속적이고 진화하는 존재까지는 이해할 수 없다"고도 말했다. 또 베르그송은 "우리는 삶이 무엇인지 모른다"는 동양의 성인, 공자의 말을 인용하기도 했다. "요컨대 우리는 자아를 추적하지만, 자아가 지나간 자리에 남긴 찌꺼기만을 마주칠 뿐이다"[30]라는 귀스도르프 교수의 말도 이제는 그런대로 이해할 수 있다. 생명, 자아, 실제 인간은 손으로 만질 수 있는 구체적인 실체, 과학으로 분석할 수 있는 실체가 아니다. 그것들은 의지와 선택과 의식이고, 다른 형이상학적 영역에서 주어지며 물리화학적 영역에서 간접효과만이 확인되는 충격이다. 이런 이유로 프랑스의 의사이며 종교학자인 피에르 퐁수아(Pierre-Édouard Ponsoye, 1915-1975)는 "생명의 본질은 인간의 영역을 넘어서 불가해한 초자연적 영역에 있기 때문에 우리 손이 닿지 않는 곳에 있다"고 결론지었다.[31]

생명과 성령, 실제 인간은 우리 손에 쥐고 목록에 작성하고, 분석해서 설명할 수 있는 물질적인 실체가 아니다. 순간적으로 용솟음쳤다가 곧 사라지는 빛이다. 하늘을 가로지르는 번개와 비슷하다.

<u>6</u>

심리학과 에스프리

형이상학적인 면을 의학에서 배제하기로 독단적으로 결정한 동료 의사들은 당연히 이런 결론을 받아들이지 않을 것이다. 그들은 자신들이 나보다 객관적이라고 생각한다. 그들이 나에게 선입견—우주의 기원, 생명과 의식의 근원은 이 감각적인 세계의 밖, 즉 흔히 하나님이라 일컬어지는 초자연적 존재의 자유의지와 창조적 의지에 있다는 선입견, 혹은 인간을 동물과 구분하는 근거인 실제 인간은 "하나님의 형상대로"(창 1:27) 존재하는 보이지 않는 실체라고 확신하는 선입견—에 사로잡혀 있다고 비판하는 것은 당연한지도 모른다. 그러나 나도 그들을 지배하는 선입견을 찾아낼 수 있다. 과학적 연구로 접근할 수 있는 실체 이외에 어떤 실체도 인정하지 않는 실증주의라는 선입견이다.

그렇다고 합리적인 논쟁으로 우리 사이의 문제를 해결할 수 있다고 주장하고 싶지는 않다. 적어도 현재의 상황에서 실증주의 과학은 생명을 설명할 수 없다는 것을 보여주는 데 만족하려 한다. 내가 생명과 실제 인간이 영적 차원에 속한다고 결론짓더라도 나는 그 결론을 가정하고 믿을 수 있을 뿐, 증명할수는 없다는 것을 솔직히 인정한다.

하지만 생명의 문제와 실제 인간의 문제는 놀라울 정도로 유사하다. 생명과 실제 인간이 설명하거나 이해할 수 없는 존재이고, 우리가 간접효과로만 둘의 존재를 인식할 수 있다는 것은 우연이 아닌 듯하다. 이런 이유로, 실제 인간의 문제를 연구하는 데 생물학의 교훈은 무척 중요하다. 나는 심리학자지만 의사다. 다시 말하면, 신체와 정신 모두를 다루는 의사다. 나는 앞으로도 그런 의사로 남고 싶다. 내 생각에, 의사가아닌 심리학자들에게는 인간에 대한 판단을 내릴 때 중요한지식이 부족한 듯하다. 해부학과 심리학은 인간을 아는 데 반드시 필요한 기본적인 지식이다. 생명을 유지하는 동안 우리는 몸에 의존할 수밖에 없고, 몸이 우리에게 허락하는 범위 내에서만 발달할 수 있기 때문이다.

신체와 정신의 상관관계

우리가 생명을 설명하기 위해 클로드 베르나르의 개념인 설계, 생명력, 앙리 베르그송의 '생명의 비약élan vital', 혹은 창크 박사의 창조적 의식 등 무엇을 언급하더라도 결국 영적인 힘을 거론하는 것이다. 영적인 힘은 구체적인 세계의 밖에 존재하지만, 우리가 감각으로 인지할 수 있는 움직임을 생명에 부여하는 힘이다. 그렇다고 내가 이 감추어진 실체를 입증할 수 있다고 주장하는 것은 아니다. 생명이라는 감추어진 실체는 객관적으로 연구할 수 없기 때문이다. 그러나 우리가 생물학에서 관찰한 현상들이 생명에 대한 유일하게 만족스러운 설명이라고 주장할 수는 있다. 따라서 우리는 눈에 보이는 생명체들에게 생명력을 불어넣는 보이지 않는 영적인 힘을 가정할 수 있다.

이런 접근 방법은 성경에서도 찾을 수 있다. 창조적인 힘은 하나님이다. 하나님은 말씀으로 먼저 무생물의 세계를 만드셨고, 그 후에 생명이 있는 생물의 세계를 만드셨다. "주 하나님이 땅의 흙으로 사람을 지으시고 그의 코에 생명의 기운을 불어넣으시니 사람이 생명체가 되었다"(창 2:7). 또 사도 바울은 아테네의 아레오파고스에서 "우주와 그 안에 있는 모든 것을 창조하신 하나님께서는 … 우리 각 사람에게서 멀리 떨어져 계시지 않습니다. … 우리는 하나님 안에서 살고, 움직이고, 존재하고 있습니다"(행 17:24, 27-28)라고 선포했다.

나는 의학에서 이런 접근법을 사용하지 않으면 해결하기 힘든 문제들을 이런 접근법으로 어떻게 해결할 수 있는지 보여주고 싶다. 다시 오케스트라와 비교해보자. 오케스트라는 크게 두 종류의 악기로 구성된다. 현악기와 관악기다. 이 둘은 생명체를 구성하는 두 요소, 즉 신체와 정신 âme에 비교할 수 있다. 노파심에 덧붙이면, 여기서 내가 정신이라 칭한 것은 신학자들이 연구하는 초월적이고 영적인 실체가 아니라, 심리학자들이 연구하는 ψυχή(프쉬케. 영어의 mind, spirit)다.

오케스트라의 보이지 않는 지휘자는 두 종류의 악기를 동시에 지휘해서 아름다운 소리를 조율해낸다. 지휘자는 작곡가가 결정한 계획에 따라 주선율을 표현하기 위해 현악기나 관악기 연주자들에게 신호를 보낸다. 이와 마찬가지로 우리는 병자의 신체적 징후나 정신적 징후에 관심을 기울이지만, 두 종류의 징후는 언제나 함께 존재한다.

보이지 않는 지휘자가 없다면, 신체적 징후와 정신적 징후 간에 존재하는 놀라운 상관관계는 이해할 수 없는 불가사의로 여겨질 것이다. 예컨대 나는 슬프면(정신적 징후) 눈물을 흘린다(신체적 징후). 두 징후 간에 상관관계가 존재하는 이유가 무엇일까? 몇몇 의사들은 내가 슬프기 때문에 눈물을 흘리는 것이라고 생각한다(심인성 해석). 그러나 '왜 슬픔은 엄지발가락을 수축시키지 않고 눈물샘의 분비를 자극할까?'라는 메커니즘이 설명된 것은 아니다. 한편 눈물샘이 눈물을 분비하기 때문에(그와 동시에 내 자율신경계에서 온갖 종류의 메커니즘이 작동하기 때문에) 내가 슬픈 감정을 느끼는 것이라 생각하는 의사들도 있다(유기체적 해석). 그러나 이 해석도 신경계의 이런 현상이 기쁜 경우에는 일어나지 않고 슬픈 경우에만 일어나는 이유를 설명해주지 못한다.

여하튼 심인성 해석과 유기체적 해석 간의 논쟁은 아직까지 어떤 결론에도 이르지 못했다. 현 단계에서 확실하게 말할 수 있는 것은, 두 징후가 함께 나타난다는 것이다. 한쪽이 다른 쪽을 지배한다고, 혹은 둘 모두 보이지 않는 오케스트라 지휘자, 즉 실제 인간에게 지배받는다고 객관적으로 입증할 수 없다(내 생각에는 후자인 듯하다). 특히 정신의학은 심인성 해석을 지지하는 진영과 유기체적 해석을 지지하는 진영으로 나뉘어 서로 적대시하는 지경이다. 간혹 나는 심인성 해석을 지지하는 진영에 속하는 사람으로 분류되지만, 나는 그런 분류를 단호히 부인한다. 나는 신체가 정신을 지배하는 것도 아니고 정신이 신체를 지배하는 것도 아니라고 생각한다. 신체와 정신, 둘 모두 보이지 않는 영적 실체, 다시 말하면 실제 인간의 발현이라고 생각한다.

눈물은 내 감정을 명확하게 전달할 수 있는 아주 단순한 행위다. 그러나 문제는 의학 분야 전체에 있다. 몸과 정신의 상관관계는 히포크라테스 이후로 의사들의 관심사였지만, 과학적인 관점에서는 아직도 만족스런 설명을 해내지 못하고 있다.

하지만 독일의 정신과 의사 에른스트 크레치머(Ernst Kretschmer, 1888-1964)는 특정한 체형이 특정한 정신질환의 발병 가능성과 밀접한 관계가 있다는 것을 증명한 바 있고, 또 관상학을 특별히 공부하지 않아도 우리는 옆 사람의 얼굴을 슬쩍 보는 것만으로도 그 사람이 걱정에 싸여 있는지 기분이 좋은지 판단할 수 있다.

정신이 신체에 영향을 주는 것일까, 아니면 신체가 정신에 영향을 미칠까? 누구도 이 질문에 확실하게 대답할 수 없다. 얼마 전에 F. 게오르기 교수는 혈액을 화학적으로 분석한 결과를 근거로 이 문제를 다시 제기했다. 그는 "신체와 정신의 상관관계는 여전히 불가사의"라며 "우리 신체와 정신은 성령에 의해 결정된 듯한 고유한 리듬을 따른다"라고 덧붙였다.[1]

대다수 의사들은 이런 근본적인 문제, 그러나 골치 아픈 문제로 고심하지 않는다. 그들은 실리적인 사람들이어서, 상황에 따라 유기체적으로 해석하거나 심인적으로 해석한다. 요컨대 그들이 당면하는 상황에 따라 명시적으로 혹은 마음속으로 "기관이 문제인가 마음이 문제인가?" 하고 자문한다. 신체 기관에 관련된 약이 효과를 거두지 못하면 그들은 '신경성이구먼!' 하고 생각한다. 반대로 심리요법이 실패하면 '기관이 문제인 게 확실해!'라고 생각한다.

따라서 내가 배운 의학에서는 질병을 근본적으로 두 가지로 분류한다. 하나는 기질성 질환organic disease이고 다른 하나는 기능성 질환functional disease이다. 나는 이런 구분이 마음에 들지 않았다. 기질성 질환에 항상 기능성 장애가 수반되는 것은 아니지 않는가? 게다가 아브라미 박사가 지적했듯이, 기능성 장애가 기질적 장애보다 얼굴 표정에 더 큰 영향을 준다.[2] 그러면, 모든 기능성 질환에 신체적 징후가 수반되지 않는 이유는 무엇일까?

더구나 미국 심신의학파는, 고전의학에서 모든 질병의 제1원인이라 생각했던 위궤양 같은 심각한 기질적 장애가, 실제로는 정신적 원인에 따른 순전한 기능성 장애를 오랫동안 겪은 후에 나타나는 최종 단계임을 입증해보였다. 한편 르네 르리슈René Leriche 교수는 지금까지 발표한 많은 논문에서 우리 생각을 통합적인 방향으로 돌리려고 애썼다. 르리슈는 수술이 필요한 기질적 장애, 예컨대 고관절 장애가 특별히 눈에 띄지 않는 미세한 조직 손상이 오랫동안 소리 없이 진행된 결과라는 것을 증명해 보이며, "질병은 무대에 조명이 켜지기 전에 첫 연기가 시작된 연극 공연과 같다"고 말했다.[3]

따라서 의사들은 학교에서 배웠던 것처럼 기질성 질환과 기능성 질환을 구분하는 것을 포기하고, 이 구분을 다른 개념으로 대체하는 게 나을 듯하다. 구체적으로 말하면, 모든 질환은 신체와 정신의 장애로 나타나지만, 두 장애는 원래 상태로 되돌아갈 수 있다. 내가 앞에서 말했듯이, 생리적 상태의 끊임없는 변화는 기능적이면서도 기질적인 변화다. 그런 변화는 때로는 실험실의 분석 결과와 엑스레이 사진으로도 확인되지만, 때로는 현미경에서나 확인될 정도로 미세하기도 하다. 하지만 신체 기관의 감수성을 조절하는 메커니즘이 기능하는 한 원래 상태로 되돌아갈 수 있다.

변화의 폭이 크거나 그런 변화가 되풀이되면 원래 상태로 되돌아갈 가능성이 줄어든다. 이런 상황을 우리는 '장애lésion'라 일컫는다. 일부에서는 '상처cicatrice'라 일컫기도 한다. 오케스트라에서 현악기가 관악기보다 더 융통성 있듯이, 몸에 비해 정신이 더 탄력적이다. 장애가 원래 상태로 되돌아가는 회복력 혹은 재생 능력을 상실하면 장애가 고착되고, 기계적인 조절 메커니즘도 사라진다. 앞에서 예로 제시한 자동차 운전자에 빗대어 말하면, 그는 핸들을 제대로 작동하지 못해 도랑으로 굴러 떨어질 것이다.

치료와 영적 영역

순전히 유기적인 관점이나 순전히 심인적 관점에서 접근하거나, 혹은 유기적 관점과 심인적 관점에서 번갈아가며 접근하는 것보다, 위에서 언급한 방식으로 인간에 접근하는 것이 '에스프리esprit'를 설명하는 데는 더 낫다. 인간이 정상적인 경우에나 병든 경우에나 육체적 현상과 정신적 현상을 지배하는 것은 인간의 영적 운명, 즉 에스프리의 충동이다. 육체와 정신은 에스프리를 표출하는 수단에 불과하다. 에스프리가 두 현상을 감독하며 조절하기 때문이다. 우리가 연구하는 몸과 정신은 순전한 메커니즘으로 여겨진다. 다시 말하면, 실제 인간이라는 영적 실체를 표출하는 수단인 등장인물로 여겨진다.

얼마 전에 나는 스칸디나비아의 의사들에게 하인리 휘브슈만Heinrich Hübschmann 박사가 발표한 책에 대한 소식을 전해 들었다. 노르웨이의 저명한 결핵 전문가가 그 책을 신랄하게 비판했다는 소식이었다. 휘브슈만 박사는 상당수 결핵 환자를 상대로 심리 분석을 시도해서, 신체적으로 나타나는 결핵의 발전 단계가 심각한 내적 갈등, 특히 정신적 갈등으로 인해 마음이 황폐해지는 단계와 일치하는 것을 밝혀냈다.[4] 노르웨이의 결핵 전문가는 기질성 질병을 심리학적으로 해석하려는 경향에 반발한 듯했다.

내가 보기에는 노르웨이 전문가가 혼동한 듯하다. 나는 휘브슈만 박사의 책에서 '심리학적 해석'을 전혀 읽어내지 못했다. 오히려 심리학적 해석과는 상당히 다른 영적 해석이 눈에 띄었다. 의식의 갈등은 심리적인 현상만이 아니다. 실제 인간의 운명이 개입하는 영적 사건이기도 하다. 이런 내밀한 영적 사건은, 휘브슈만이 분석적으로 연구한 심리적 현상으로도 표출되지만, 그가 청진법과 엑스레이로 확인한 신체의 징후로도 표출된다.

결핵을 앓는 한 환자가 작년에 나에게 상담을 받으려고 왔다. 그녀는 4년 전부터 저명한 결핵 전문의에게 치료받고 있었다. 2년 전에도 그녀는 결핵 전문의에게 나를 찾아가 상담 받고 싶다는 뜻을 밝혔지만, 그는 "투르니에 박사는 신경성 환자를 전문으로 치료하는 의사입니다. 당신은 신경성 환자가 아니라 결핵 환자입니다!"라고 말하며 그녀를 만류했다. 그러나 작년에 결핵 전문의가 그녀에게 다시 산에서 겨울을 보내라고 처방하자, 그녀는 자신의 계획대로 나를 찾아온 것이다. 역설적으로 들리겠지만 나는 처음에는 그녀를 치료하는 것을 거부했다. 정신을 치료한다는 명목으로 몸의 치료를 소홀히 생각하는 의사로 보일까 두려웠기 때문이다.

그러나 그 환자는 완강했다. 결국 나는 결핵 전문의의 동의하에 그녀를 치료하기로 합의를 보았다. 그녀에게는 결핵 전문의가 청진법이나 엑스레이 사진으로는 찾아낼 수 없는 많은 심리적 문제가 있었다. 무엇보다 어린 시절에서 비롯된 유기遺棄 콤플렉스와 열등의식이 있었고, 가톨릭 신자인데도 이혼한 개신교 신자와 재혼한 일 때문에 성당과의 갈등에서 비롯되는 윤리적인 문제도 있었다. 또한 첫 남편의 자녀들로 인한 갈등도 있었다.

그러나 그녀는 의외로 신속하게 나에게 마음의 문을 열었다. 따라서 우리는 심리적 세계에서 영적 영역으로 서서히 넘어갔다. 가톨릭 기숙학교에서 보낸 청소년기에 그녀는 외국에서 온 여학생과 가깝게 지냈다. 니체를 탐독하는 여학생이었다. 그런데 그녀 자신은 정신적으로 미성숙한 터여서 뛰어난 지성을 지닌 친구와 토론하면서 자신의 철학을 견지할 수 없었다. 따라서 그녀는 그 친구의 설득에 넘어가, 그때까지 배운 종교가 착각에 불과하다고 확신하기에 이르렀다. 그 후로 그녀는 기도조차 할 수 없었고, 첫 남편이 죽었을 때도 기도를 할 수 없었다. 그녀는 자신에게 뭔가가 부족하다는 것을 느꼈지만, 마음을 열고 허심탄회하게 말할 사람이 없었다.

우리가 서로 마음을 열고 대화를 나눈 후, 그녀는 가톨릭 신자로서 믿음을 되찾았다. 게다가 나에게 다시 상담을 받으려고 왔을 때는 기도를 다시 시작했다. 남편이 무척 바쁜 사업가여서 저녁마다 늦게 퇴근하기 일쑤인데, 전에는 짜증을 내며 초조하게 기다렸지만, 이제는 기도하고 묵상하기에 좋은 기회로 활용한다며 환히 웃었다. 그때부터 결핵 증상이 급속도로 호전됐다! 4개월 후, 결핵 전문의는 그녀의 결핵이 완치됐다고 확인해주었다.

이 사례는 성령과 정신과 몸의 관계를 분명하게 보여준다. 분명히 말하지만, 그녀가 '심인성 결핵'을 앓았던 것은 결코 아니다. 결핵 전문의가 신체적 징후를 찾아냈고, 내가 정신적 징후를 찾아냈듯이, 그녀의 신체적 건강과 정신적 건강을 위협한 영적 문제가 있었던 것이 확실하다.

심리학이 청진법과 엑스레이 촬영과는 다른 식으로 개인적 접촉을 시도하기 때문에 우리가 심리학적 방법론으로 영적 영역에 파고들어간 것은 사실이다. 그러나 분명히 말하지만, 이 경우에 나는 지극히 정교한 심리학적 방법론을 사용하지 않았다. 내 기억이 맞는다면, 그녀의 꿈을 분석하지도 않았다. 일반 의사가 청진기로 가슴의 소리를 듣는 것처럼 그녀의 말을 조용히 들어준 것이 전부였다.

조금만 깊이 생각해보면, 모든 심리요법 의사가 엄밀한 의미에서의 심리학 영역을 조만간 벗어날 것이라고 짐작할 수 있다. 프로이트 심리학자들도 마찬가지일 것이다. 엄격한 형식주의의 족쇄에서 벗어나 자신의 생각을 혼잣말처럼 술술 풀어내는 삶의 이야기는, 심리적 차원을 넘어 영적 차원에 속하는 문제로 이어진다. 구체적으로 말하면, 삶의 의미와 세계관, 질병과 죽음의 의미, 죄와 믿음, 가치관 등과 같은 문제를 제기하는 것이다. 내 생각에는 오스트리아의 정신분석학자 이고르 카루소(Igor Caruso, 1914-1981)가 심리요법 의사들이 전문화되고 분석적인 영역에서 통합적이고 '실존적인existentiel' 영역으로 넘어갈 수밖에 없는 이유를 가장 명확하게 지적한 듯하다.[5]

이제부터 심리학 영역과 영적 삶의 영역을 구분하자는 내 제안이 얼마나 중요한지 차근차근 살펴보자. 심리학은 심리 메커니즘을 밝히는 과학이고 방법론이며 기법이다. 그러나 치료 과정에서 자신이나 타인에 대한, 삶과 하나님에 대한 환자의 태도에 문제가 있으면, 우리는 곧바로 기술적 심리학의 영역을 버리고 도덕과 형이상학의 영역에 들어선다. 그 순간부터 의사의 행위는 심리 치료가 아니라 영혼 치유의 영역에 속한다.

나는 두 영역의 경계를 무시하고 위험할 정도로 뒤섞는다는 이유로 때때로 비난받는다. 하지만 뒤섞는다는 것 자체를 의식하지 못한 채 뒤섞고, 나처럼 공개적이고 의식적으로 뒤섞지 않는 행위가 오히려 정말 위험하지 않을까? 실제로는 모든 심리요법 의사가 두 영역을 뒤섞고 있기 때문이다. 두 영역의 경계를 무시하는 사람은 정확히 말하면, 진심으로 자신을 심리요법 의사라 생각하며 심리학이라는 과학적 영역에 충실하다고 주장하지만 실제로는 영혼을 치유하는 영역에 들어선 사람이다.

예컨대 순전히 치료를 위한 목적으로 환자에게 혼외정사를 해보라고 권하는 심리요법 의사는, 심리치료를 행한 것이 아니라 영혼 치유를 위한 행위를 한 것이다. 정확히 말하면, 본능을 신격화하는 자기만의 신학에 영감받은 영혼 치유인 셈이다. 따라서 의학에 속하지 않는 영적 영역에 의사가 개입하는 것이 합당한 일인지 의사와 신학자들이 나에게 묻는다면, 나는 다음과 같은 질문으로 대답을 대신할 것이다. 의사가 어떤 영혼 치유를 행하고 있는가? 그 영혼 치유가 어떤 신학, 어떤 세계관과 인간관을 근거로 삼는가?

그러나 두 영역의 경계는 모호하다. 대다수가 자신도 모르는 사이에 경계를 넘나든다. 나는 최근에 발표한 논문에서 심리치료 의사의 네 가지 기능을 중심으로 경계의 모호함을 살펴보았다.[6] 첫째, '카타르시스cartharsis'에 빠질 때다. 환자는 자신을 괴롭히는 문제를 솔직하게 털어놓은 후에는 예외 없이 자신에게 잘못이 있다고 생각하는 문제에 대해 언급하기 시작한다. 죄의 문제가 제기되면, 유일한 해결책인 은총의 문제가 제기된다. 이때부터는 심리학의 영역을 벗어난다.

둘째, '감정전이transfert'가 일어날 때다. 알퐁스 메데 박사가 이미 입증했듯이,[49] 감정전이가 있을 때는 감정만 전이되는 게 아니라 개인적 접점, 즉 영적 경험과 교감까지 형성된다. 셋째, 환자가 자신에 대해 더 깊이 알게 될 때다. 환자는 자신에 대해 많이 알아갈수록 자신이 모순덩어리라는 것을 깨닫게 된다. 또한 인간은 자신의 진정한 열망을 실현할 수 없다는 것도 깨닫게 된다. 이쯤 되면 그에게는 치료만 필요한 것이 아니다. 구원, 즉 세상과 자신으로부터 구원받을 수 있다는 확신이 필요하다.

끝으로는 심리요법 의사가 필연적으로 철학적 기능을 행할 수밖에 없을 때다. 정신세계를 깊은 곳까지 파고들면 심리학으로는 대답할 수 없는 문제들을 제기할 수밖에 없는 지경에 이르게 된다. 영적 중립성을 지켜야 한다는 엄격한 원칙 때문에 그 문제들에 대답하지 않더라도 심리요법 의사는 자신의 이런저런 몸가짐을 통해 환자에게 영향을 미치기 마련이다. 이 영향은 엄밀한 의미에서 심리 치료가 아니라 영적 영역에 속한다. 또한 그가 사용하는 기법에서 비롯되는 영향이 아니라, 그의 고유한 실제 인간, 그의 세계관과 신앙심에 따라 달라지는 영향이다. 일반 의사, 심지어 외과 의사도 이처럼 경계를 넘나드는 경우가 많다. 모두가 환자에게 정신적 영향을 미치기 때문이다.

정신분석학자들도 이런 점들을 조금씩 인정해가는 분위기다. 메데 박사가 최근에 발표한 저작들은 이 문제를 설득력 있게 다루었다. 프로이트에 뿌리를 둔 다양한 학파들 중에서 랑크학파가 심리학과 영적 삶 간의 이런 밀접한 관계를 가장 잘 이해하고 있는 듯하다. 미국 랑크연구소가 발간하는 새로운 학술지 〈종교적 과정으로서의 심리 치료 *Journal of psychotherapy as a religious process*〉는 읽어볼 만하다.

그러나 나는 W. 퀴테마이어 박사의 말을 인용하고 싶다. "성령은 몸에는 물론이고 정신에도 가깝지 않다." 영적 삶에는 심리학자들의 연구 대상인 심리 현상만이 아니라 실제 인간 전부가 관련된다. 따라서 메데 박사는 "신앙은 실제 인간의 본질적 관심사다"라고 말했고,[8] 아놀드 스토커 Arnold Stocker는 "영적인 것이 실제 인간을 만든다"고 말했다.[9] 심리학과 영적 삶의 경계를 규정하기 어렵더라도 그 경계를 넘는 순간 우리는 완전히 다른 영역, 즉 가치 판단과 신앙 및 자기결정의 영역에 들어서게 된다. 한마디로 실제 인간의 영역이지, 기계적 심리 메커니즘이 적용되는 영역이 아니다. 이런 영적 삶의 운명은 몸과 정신 모두에서 차별 없이 표출된다.

이 세계에서 성령의 행위는 그 행위에 의해 결정되는 육체적 현상이나 정신적 현상에서만 관찰된다. 구체적으로 말하면, 활력의 상실이나 회복에서, 기분 상태에서, 감정과 생각에서 찾아낼 수 있다. 하지만 몸과 정신의 상태는 끊임없이 변하며 영적 삶에 거짓된 색을 덧씌우기 때문에 영혼의 행위를 찾아내기가 쉽지는 않다. 따라서 우울증을 앓는 사람들은 엉뚱한 죄의식에 사로잡히고, 심리 장애의 영향에 불과한 것을 양심의 문제로 오인한다. 붉은 유리를 통해 세상을 보면, 세상이 온통 붉은색이라는 인상을 받는 것과 같다.

또한 우리는 항상 등장인물을 통해서 실제 인간에 다가간다. 다시 말하면, 기질적 의학이 다루는 신체적 등장인물을 통해서, 혹은 과학적 심리학이 연구하는 심리적 등장인물을 통해서 실제 인간에 접근한다. 따라서 체형, 얼굴 생김새와 손 모양 등은 실제 인간에 대한 정보를 얻을 수 있는 근거가 된다. 물론 콤플렉스와 심리 검사도 마찬가지다. 내가 지금까지 심리 검사를 언급하지 않아 의아하게 생각할 사람들도 많겠지만, 심리 검사의 가치를 무시하는 것은 아니다.

나는 최초의 심리 검사, 즉 단어에서 유발되는 자유연상에 바탕을 둔 융의 심리 검사를 주로 사용한다. 가장 널리 알려진 검사, 즉 아무 뜻도 없는 좌우 대칭 잉크 얼룩을 보고 떠올리는 자유연상에 바탕을 둔 로흐샤흐 검사도 사용한다. 헝가리의 정신의학자 손디(Léopold Szondi, 1893-1986)가 개발한 검사법들이 결과가 탁월하다고 알려져 있지만, 나는 아직 그것들을 활용하는 법을 정확히 모른다. 그러나 누구도 현존하는 모든 검사를 다 활용할 수는 없다. 누구라도 자신이 원하는 검사법을 만들어내서 합당한 방법론을 끌어낼 수 있기 때문이다.

그러나 모든 과학적 기법이 그렇듯이, 심리 검사도 실제 인간에 간접적으로 다가갈 수 있다. 심리 검사는 등장인물에만 직접적으로 도달할 수 있다. 따라서 심리 검사는 당연히 기계적 행위들만을 밝혀낸다. 따라서 심리 검사의 가치는 이성과 의식과 의지의 통제로부터 가능한 만큼 해방된 주체의 반응을 드러내준다는 데 있다. 결국 심리 검사는 개성을 연구하는 수단에 불과하다. 개성은 선천적 자질과, 교육과 삶이 그 자질에 덧붙인 특성들로 이루어지기 때문에 실제 인간과 등장인물 사이에 위치한다. 그러나 개성은 기계적 행위들의 집합체에 불과하다는 점에서, 내가 이 책에서 정의한 등장인물의 범주에 속한다.

심층심리학에서 연구하는 모든 메커니즘, 즉 콤플렉스와 억제, 투사와 원형 등도 엄밀하게 말하면 기계적 행위에 불과하다. 파블로프학파가 제시한 조건반사도 다를 바가 없다. 이 모든 것은 고대 로마인들이 인간에 대해 역설하던 "행동하지 않으면 행동의 피해자가 된다"는 말을 떠올리게 해준다. 이 모든 방법론이 인간에 관련된 유효하고 타당한 자료를 우리에게 제시해주지만, 그 자료는 인간의 한 면, 정확히 말하면 가장 인간답지 않은 기계적인 면에 대한 자료일 뿐이다. 독일의 정신 분석가 알렉산더 미체를리히(Alexander Mitscherlich, 1908-1982)는 한 강연에서, 현대 심리학은 인간의 운명을 일종의 메커니즘 으로 환원하고, 그로 인해 실제 인간의 심리적 현상을 고려하 지 않는 위험에 빠져 있다고 경고했다.[10]

실제로 우리는 심층심리학이 개인적 접점, 즉 영적 경험을 찾아가는 훌륭한 방향인 것을 이미 확인했다. 심층심리학은 의사를 냉정한 지적 객관성으로부터 끌어내기 때문이다. 빅토 르 폰 바이츠제커 교수는 "정신분석학은 정신병리학에 주관성 을 이미 도입했다"고 했다.[11] 그러나 심층심리학이 인간을 완 벽하게 설명할 수 있다고 지나치게 앞서나가면, 인간을 뷔리 당의 당나귀(같은 공간에 같은 양과 질의 건초를 양쪽에 놓아 두면 당나귀는 어느 쪽을 먼저 먹을까 망설이다가 굶어 죽는다는 궤변적 논리—옮긴이)처럼 자유의지가 없는 자동기계로 취급할 위험이 있다.

하지만 샤를 오디에Charles Odier 같은 프로이트 심리학자조차 프로이트의 그늘에서 벗어나 '기능'과 '가치'를 구분한다.[12] '기 능'은 심리학에서 연구한 기계적 행위인 반면에, '가치'는 실제 인간과 영적 차원에 속하는 것으로 심리학의 연구 대상에서 벗어난다.

영적 삶의 이중성

끝으로 우리의 영적 삶도 이중적인 면을 띤다는 것을 지적

해두고 싶다. 요컨대 영적 삶도 간헐적으로 번뜩이는 창조적인 빛과 항구적인 기계적 행위로 이루어진다는 뜻이다. 예술에서 이런 혼합이 흔히 엿보인다. 예술 작품은 창조적 영감을 받아 잉태되지만, 하나의 기법, 즉 후천적으로 습득한 기계적 행위에 의해서만 표현된다.

이 점에서는 종교적 삶도 다르지 않다. 우리가 위에서 삶에 관련해 지적한 특징들—끊임없는 변동, 조절 메커니즘과 감수성, 살아 있고 창조적인 것의 포착하기 어렵지만 간헐적으로 번뜩이는 특성, 삶의 과정과 함께하며 삶을 증언하고 지탱해주지만 삶의 무덤이기도 한 기계적 행위—을 종교적 삶에서 하나씩 찾아낼 수 있다.

먼저 끊임없는 변동부터 살펴보자. 나는 안정된 영적 삶을 열망하는 많은 사람을 만났다. 그들은 폭발하는 종교적 열정을 경험한 후에 미지근한 삶으로 되돌아가고, 순종의 승리를 경험한 후에 원죄의 삶으로 되돌아간 것을 자책한다. 이런 자책에서 그들이 잘못된 것은 없다. 나도 시시때때로 그런 자괴감에 빠진다. 그러나 그처럼 변덕스런 삶이 우리 인간의 정상적인 조건이라는 것을 이해해야 한다. 안정된 영적 삶은 존재하지 않는다. 절대자에게 자아를 완전히 몰입하는 안정된 영적 삶은 그리스도인에게는 물론이고 힌두교도에게도 이상이다.

하나님은 우리의 '소유물'이 아니다. 우리가 원한다고 아무때나 하나님과 접촉할 수 있는 것도 아니다. 우리는 주기적으로 하나님을 만나고, 그런 만남은 종교적으로 더할 나위 없이 강렬한 경험이다. 탕자의 귀향이 대표적인 예다. 아버지에게 "너는 늘 나와 함께 있다"(눅 15:31)는 말을 들은 장남은 그런 종교적 환희를 경험하지 못한다.

하나님은 우리 인간에게 동물보다 큰 자유를 허락하셨다. 우리가 앞에서 말했던 대로 약간의 변동으로 몸의 삶을 유지하는 일탈의 폭도 있지만, 도덕적 불순종의 폭은 영적 삶을 유지하게 해준다. 이런 관점에 볼 때, 도덕적 양심은 모리스 베르네의 '유기적 감수성'과 비교된다. 하나님이 자신의 계획에 맞추어 결정하신 방향에서 우리가 멀어질 때, 도덕적 양심이 개입하여 우리를 원래 방향으로 되돌려 놓는다. 이런 회개로 우리는 하나님과 화해하고, 영적 삶을 다시 시작한다. 더 정확히 말하면, 회개는 예수 그리스도의 은총에서 오는 것이기 때문에 우리를 하나님과 화해시키는 것은 회개가 아니다. 그러나 예수 그리스도가 사역을 시작할 때 "회개하여라. 하늘나라가 가까이 왔다"(마 4:17)고 말씀하셨듯이 회개는 영적 삶을 향하는 데 반드시 필요한 길이다.

몸의 삶에 대한 하나님의 계획이 그렇듯이, 우리의 영적 삶을 위한 하나님의 계획도 일탈과 교정의 연속으로 실현된다. 내가 실제 인물과 등장인물 간의 불일치에 대해 말했던 내용을 기억해보라. 그런 불일치에서 불안감이 밀려오고, 지금의 우리가 과거에 생각하고 꿈꾸던 존재가 아니라는 것을 깨달을 때

수치심을 느낀다. 그 순간들에 영적 삶이 결정된다. 때마다 우리는 무릎을 꿇고 기도하며, 하나님의 은총과 용서를 통해 하나님과 우리 자신과의 조화를 되찾는다. 앞에서도 보았듯이, 완벽한 성실은 도달하기 어려운 이상이다. 그러나 우리는 때때로 성실하고 정직해질 수 있다. 정확히 말하면, 지금의 우리가 과거부터 추구해온 모습이 아니라는 것을 정직하게 고백하는 순간들이며, 그 순간마다 우리는 또 다시 하나님과 만난다.

우리가 하나님을 외면하고 하나님께 다가가지 않았다는 깨달음이 반복되고 꾸준히 이어질 때 영적 삶도 한층 성숙해진다. 이런 이유로 아시시의 프란체스코 같은 위대한 성인도 자신을 죄인 중 죄인이라고 고백한 것이다. 물론 우리는 이런 동요하는 조건을 달갑게 여기지 않는다. 그래서 등장인물과 실제 인간 간의 불일치를 재발견하려 하지 않는다. 하지만 그리스도는 "그러므로 하늘에 계신 너희 아버지께서 완전하신 것 같이 너희도 완전하여라"(마 5:48) 하고 호소하신다. 완전을 향한 이런 직관적 열망은 그리스도인에게만 있는 게 아니라 비그리스도인에게도 있다. 이 열망은 무엇보다 등장인물과 실제 인간 사이의 완벽한 일치를 뜻한다. 하지만 그리스도의 호소를 따르기가 불가능하다는 것을 직관적으로 알기 때문에 하나님과 하나님의 은총, 예수 그리스도와 예수의 속죄가 우리에게 필요하다는 것을 인정하는 것이다. 우리에게 하나님이 필요하지 않다고 생각하면서 영적 삶을 염원할 수 있겠는가?

영적 삶은 원래 급작스레 폭발적으로 나타나며 창조적 형태를 띠기 때문에 무척 주관적이고 말로 표현하기 어렵다. 간헐적으로 반복되는 영적 삶은 그 열매로만 겉으로 나타나기 때문에 객관적으로 관찰할 수 있는 현상이 아니다. "너희는 그 열매를 보고 그들을 알아야 한다. 가시나무에서 어떻게 포도를 따며, 엉겅퀴에서 어떻게 무화과를 딸 수 있겠느냐?"(마 7:16) 그런데 그 열매들은 과거의 기계적 행위를 대신하는 새로운 기계적 행위에 불과하다. 사도 바울은 그 열매들을 다음과 같이 열거했다. "성령의 열매는 사랑과 기쁨과 화평과 인내와 친절과 선함과 신실과 온유와 절제입니다. 이런 것들을 막을 법이 없습니다"(갈 5:22-23).

물론 열매는 살아 있는 생명체다. 성령의 숨결이 더해지는 순간, 사도 바울이 열거한 자질들은 맑은 샘처럼 용솟음친다. 그러나 이 자질들은 조금씩 새로운 기계적 행위들로 굳어지며 새로운 등장인물을 만들어낸다. 신앙심도 이런 등장인물을 만들어내는 습관들, 예컨대 규칙적인 기도, 죄 고백, 성경 읽기, 예배를 위한 교회 참석 등으로 나타난다. 자율성을 이유로 신앙의 규범을 지키지 않는다면 영적 삶을 지탱하는 불길이 꺼지기 마련이다. 우리가 신체와 정신의 기계적 행위를 통해서만 생명의 존재를 의식할 수 있듯이, 구체적이고 규칙적인 열매를 떠나서는 영적 삶을 상상할 수도 없다.

이런 기계적 행위들은 영적 삶에 반드시 필요한 하인들이다.

요컨대 영적 삶은 이런 기계적 행위들을 통해 유지된다. 우리가 어린 시절부터 수없이 반복하며 배운 기도는 정신의 습관이며, 영적 삶을 표출하는 데 반드시 필요한 도구다. 등장인물과 실제 인간을 떼어놓을 수 없듯이, 기도라는 기계적 행위와 영적 삶도 떼어놓을 수 없다. 우리는 기계적 행위들을 반복함으로써 교회의 의식들을 머릿속에 새기고, 그 과정에서 우리의 종교적 삶이 성숙해진다. 따라서 기계적 행위에 변화를 주면 종교적 삶 자체가 위험해질 수 있다.

어느 이혼한 가톨릭 신자를 예로 들어보자. 그녀는 개신교인 남자와 재혼하면서 성당의 교우들에게 배척받았다. 그녀는 남편의 교회에 기꺼이 참석했고 다행히 따돌림을 받지 않았다. 그녀에게 신학적 해석의 차이는 중요하지 않았다. 오히려 그녀는 개신교 신앙을 충실하게 받아들였다. 그러나 우리 사이의 개인적 접점이 확고하게 구축된 후, 어느 날 그녀가 나에게 느닷없이 물었다. "간혹 기도할 수가 없는데 그 이유를 설명해줄 수 있으세요?" 그러고는 곧바로 "저는 조용한 분위기에서 성자상과 촛불을 앞에 두고 무릎 꿇고 기도하는 게 습관이었는데, 개신교인들은 너무 꾸밈이 없어서 어떨떨한 기분이 듭니다"라고 덧붙였다.

나는 이렇게 대답했다. "당신의 방에 조그만 기도실을 마련하고 성자상과 촛불 앞에서 기도해도 상관없습니다." 개신교인들은 이렇게 조언한 나를 비난하겠지만, 내가 굳이 이런 사실을 밝히는 이유는 하나님과 다시 만나려는 영혼을 돕고 싶기 때문이다. 나에게는 그런 소명이 신학적 논쟁이나 교회의 관습보다 더 중요하기 때문이기도 하다. 여하튼 다음 날, 또 다른 환자가 정반대의 곤경을 나에게 털어놓았다. 우연히 다른 교회에 들렀다가 주기도문을 상당히 다른 어투로 암송하는 것을 듣고, 그녀가 오랫동안 잊고 지냈던 주기도문의 의미와 깊이를 새삼스레 깨달았다는 고백이었다. 이 두 이야기를 합하면, 삶을 유지해주는 하인인 동시에 삶의 장애물이라는 기계적 행위의 양면성이 분명히 드러난다.

게다가 이 문제를 더 깊이 생각해보면, 습관의 힘이 교리 논쟁보다 그리스도 교회를 재결합하는 데 훨씬 더 큰 장애가 된다는 것을 확인할 수 있다. 개신교와 가톨릭은 저마다 전통적 형식을 소중하게 생각한다. 따라서 성령에 의한 새로운 창조적 폭발이 일어나 이처럼 경직된 기계적 행위를 무너뜨리지 않는 한 현재의 관습에서 큰 변화를 기대하기는 어렵다.

이런 사실은 교회의 역사에서도 확인할 수 있다.

하나님은 주기적으로 성인이나 예언자, 예컨대 아시시의 프란체스코, 성 베르나르, 웨슬리 같은 선각자들을 불러일으키신다. 그들의 개인적 경험에서 새로운 삶, 새로운 형태의 신앙과 순종이 폭발적으로 용솟음치고, 복음의 영원한 진리를 이해하지 못하는 사람들에게 복음을 가르치기 위한 새로운 언어가 생겨난다. 그 새로운 형태와 새로운 언어도 서서히 자기만의 전통을 구축하며, 다른 예언적 메시지가 나타날 때까지 신성불가침 영역이 된다.

따라서 영적 삶에서도 기계적 행위는 삶에 필요한 하인인 동시에 삶의 무덤이 된다. 이처럼 신앙을 떠받치는 습관들은 원래의 창조적 본질을 상실해서, 결국에는 독실한 등장인물의 껍데기로 전락한다. 어떤 교회에나 인습에 젖은 편협한 신자들이 득실거린다. 믿음이 깊은 가정은 삶을 구속하는 경직된 원칙들과 독실한 신앙을 혼동하기 일쑤다.

형식을 존중하는 환경에서 어린 시절을 보낸 사람이 사춘기를 맞으면 부모에게 반항하고, 모든 종교적이고 도덕적인 전통을 무의미한 코미디와 구속복으로 생각하는 것은 어쩌면 당연할 수 있다. 그의 이런 비난에서 우리는 그리스도가 그 시대의 종교적 등장인물들인 바리새인들을 매섭게 나무라던 말투를 짐작할 수 있다. 바리새인들도 살아 있는 하나님의 계시에 기원을 둔 경직된 원칙들에 갇힌 사람들이었다. 예수 그리스도는 그런 바리새인들에게 반발하며 "나는 생명이다"(요 11:25)라고 소리치셨다.

이런 가정환경에서 성장한 사람이 반대로 경직된 원칙의 짙은 흔적을 묵묵히 받아들일 수도 있다. 그는 자신의 의견을 제대로 전하지 못하고 불안에 떨며 기계적으로 반응하는 사람이 되기 십상이다. 십중팔구 그의 부모나 조부모는 성령의 은혜를 경험했겠지만, 그는 개인적으로 성령의 은혜를 경험하지 못했을 것이다. 또한 도덕적 규율이 그의 부모나 조부모에게 는 자연스레 느껴졌겠지만, 그에게는 외적 제약, 엄격한 규율, 기계적 행위의 집합체에 불과할 것이다.

심리요법 의사라면 누구나 도덕주의의 이런 폐해로 고생하는 환자를 만났을 것이다. 신학자들이 심리요법 의사들과 힘을 합해, 성경의 올바른 해석과 현대 심리학에 비추어 금욕의 문제를 재정립하려고 노력했다.[13] 하나님의 사랑을 통해 삶의 법칙들을 자유롭게 받아들이는 마음의 충동은 영적 가치가 있는 것이다. 심리학적으로 말하면, 중요한 것은 그런 규칙을 받아들이는 내면의 '동기'다. 반면에 마조히즘적 충동에서 추구하는 금욕은 해롭다.

생명, 성령, 실제 인간은 우리가 손에 쥐거나, 분류하고 분석해서 설명할 수 있는 물질적 실체가 아니다. 오히려 순간적으로 용솟음쳤다가 곧 사라지는 빛이다. 하늘을 가로지르는 번개와 비슷하다. 번갯불이 순간적으로 번뜩이고 잠시 후에 요란한 굉음이 길게 이어지지만, 그때 번갯불은 이미 사라지고 없지 않은가. 자기성찰로도, 객관적이고 과학적인 연구로도 우리는 실제 인간에 다가갈 수 없다. 그러므로 이제부터는 다른 방향에서 접근하는 길을 찾아보자.

3부

실제 인간

내가 더 개인적인 말투를 취할 때 상담실에서는 물론
이고, 길거리와 군대에서, 심지어 의사들의 모임에서
도 상대가 속내를 털어놓을 수 있도록 도울 수 있다
는 것을 깨달았다. 또한 사람들이 그런 진정한 접점
을 무척이나 갈구한다는 것도 깨달았다. 그런 접점을
통해서 생명의 숨결이 우리에게 들어와서 내면의 깊
은 곳까지 스며들 수 있기 때문이다.

7

대화

6장을 쓴 후, 나는 해외에서 열리는 의학 학회 두 곳에 참석하려고 출국했다. 두 번째 학회가 열린 네덜란드는 내 절친한 친구로 너무 일찍 세상을 떠난 야콕 텐 카터Jacok Ten Kate가 주재한 학회를 비롯해 비슷한 학회들에 참석하려고 이미 여러 번 방문한 적이 있었다. 외과 의사로 헤이그에서 활동하던 야콕은 독일 점령기에 내 첫 책을 읽고는 네덜란드가 해방되자마자 나를 만나려고 찾아왔다. 그때부터 나와 내 친구들에게 그는 완전히 기술적으로 변해버린 현대 의학에 인간적인 냄새를 되돌려주기 위해 함께 노력한 전우였다.

　야콥은 네덜란드에서 이런 목표를 공유하는 동료 의사들을 상당수 모았다. 그 때문인지 그해 학회의 주제는 "인간이란 무엇인가?"였다. 나는 그 학회에서 특히 위트레흐트의 반 덴 베르흐 교수의 강연을 관심 있게 들었다. 그는 인간을 두 가지 방법으로 연구할 수 있다고 정확하게 지적했다. 우리가 조금 전에 살펴봤던 방법들로, 하나는 명확한 정의와 도식을 전제한 후에 객관적으로 분석하는 방법이고, 다른 하나는 철저한 관찰과 자기성찰이라는 방법으로 인간 행동의 불안정한 다양성과 무한함을 암시하는 방법이다.

대화와 개인적 접점

　이처럼 대조적인 방법에서 우리는 파스칼이 말했던 두 종류의 정신, 즉 기하학적 정신과 직관적 정신을 떠올리게 된다. 기하학적 정신은 지성에 근거를 두고, 직관적 정신은 직관에 근거를 둔다. 또 기하학적 정신은 체계적이고 직관적 정신은 실용적이며, 기하학적 정신은 논리적으로 증명하려 하지만 직관적 정신은 지칭할 뿐이다. 따라서 기하학적 정신에서 과학이 유래하고, 직관적 정신에서 예술이 잉태된다. 어느 쪽이 진실에 더 가까울까? 둘 모두에 자체의 결함이 있지 않을까?

　데카르트가 몸과 정신을 처음으로 엄격하게 구분한 이후로 사람들이 정의와 도식을 바탕으로 분석하는 길에서 부딪히는 극복할 수 없는 어려움들도 반 덴 베르흐 교수는 어렵지 않게 입증해주었다. 실재하는 삶과 실재하는 인간은 어떤 식으로 정의해도 완전하지 않다. 지나친 단순화가 전제되지 않으면 어떤 철학체계, 어떤 과학적 지식체계도 존재할 수 없다. 또한 생략을 이용한 추상이라는 지적 기법을 동원하지 않으면 정신과 몸, 그것들을 구성하는 요소들을 명확하게 정의할 수 없다. 정신이 없는 몸이 없고, 몸이 없는 정신이 없기 때문에 수세기 전부터 많은 학자들이 둘의 관계를 해결해보려 했지만, 몸과 정신의 관계는 여전히 오리무중이다.

반면에 인간을 있는 그대로, 즉 인간의 다채로움을 그대로 표현하려는 사람은, 인간이 보여주는 무궁무진한 모습과 변화무쌍한 미묘한 차이에서 갈피를 잡지 못한다. 게다가 그 자신의 실제 인간조차 가늠하지 못한다. 반 덴 베르흐는 등반가를 예로 들어 설명했다. 등반가는 등반을 계획하며 몸짓 하나하나를 머릿속으로 그려본다. 그 과정에서 산의 지형이 그의 몸만큼이나 그에게 익숙해진다. 산이 그에게 동화되고 그와 하나가된다. 우리가 앞에서 설명한 등장인물과 다를 바가 없다. 우리를 둘러싸고 있지만 우리 자아에 융합해버린 것들에 우리 자신을 투사한 결과가 등장인물이라 하지 않았는가.

반 덴 베르흐는 "인간은 하나의 세계다!"라고 결론지었다. 그렇다고 옛 연금술사들이 말하던 소우주, 즉 대우주에 상응하는 질서와 조화가 있는 소우주라기보다는 무수한 요소들이 복잡하게 뒤얽힌 처녀림을 뜻하는 세계였다.

반 덴 베르흐가 제시한 두 방법 중 첫째 방법은 인간을 지나치게 축소하는 경향을 띤다. 달리 말하면, 인간을 추상화하고 도식화해서 뼈대만 남긴다. 그 결과, 연구하기에는 적합할지 모르지만 인간적인 냄새마저 지워져버린다. 반면에 둘째 방법은 인간을 확대해서 경계마저 사라질 정도로 희석할 염려가 있다. 첫째 방법에서는 실제 인간이 정교하게 꾸며진 하나의 등장인물 뒤로 가려지고, 둘째 방법에서는 실제 인간이 수많은 등장인물들, 즉 우리가 사람들에게 연속적으로 혹은 심지어 동시에 제시하는 무수한 이미지들에 가려지기 십상이다.

첫째 방법에는 인간에게 고유한 속성을 되돌려줄 수 있는 새로운 차원이 필요하고, 둘째 방법에는 우리가 처녀림에서 방향을 잃지 않도록 도와주는 길잡이가 필요하다. 우리가 상대와 개인적 접점을 가질 때 이런 새로운 차원과 길잡이가 동시에 주어진다.

나에게 '다른 나'가 있다는 것을 깨달을 때, 나는 나의 자아를 자각하게 된다. 다시 말하면, 먼저 나와 구분되는 외부 세계가 있고, 나 자신도 그 외부 세계의 일부여서, 외부 세계를 밖에서부터 관찰하며 그 세계와 관계를 맺고 있다는 것을 깨달을 때 나의 자아에 대해 의식하게 된다. 심리학자들은 어린아이에게서 자의식이 형성되는 과정을 이렇게 설명한다. 따라서 자아와 바깥 세계 사이에는 구분과 관계라는 이중 과정이

차례로 이루어진다.

다른 사람, 즉 '타자toi'와 관계를 설정할 때도 나의 자아를 의식하게 된다. 이 경우에도 이중 과정을 거친다. 그것은 자신이 다른 사람과 다르다는 것을 의식하는 과정과, 그와 관계를 맺을 가능성을 모색하는 과정이다. 내밀한 비밀을 털어놓는 이야기들에서 자아, 즉 실제 인간이 형성될 때 어떤 일이 일어나는지를 조금이나마 짐작할 수 있다. 영국 시인 에드먼드 고스(Edmund Gosse, 1849-1928)는 어린 시절에 어떤 사건을 통해, 아버지도 모르는 뭔가를 자신은 안다는 것을 깨달았고, 그 순간 자기만의 '개체성individualité'을 자각하게 됐다고 말한다. "아버지는 모르는 게 없고 잘못을 범하지 않는 존재라는 믿음이 물거품처럼 사라지고 땅에 영원히 묻혀버렸다. … 이 세상에는 한 가지 비밀이 있었고, 그 비밀은 내 마음속에 간직됐다."[1]

비밀은 어린아이의 마음에서 대단한 자리를 차지한다. 고스의 이야기가 그 이유를 설명해주는 듯하다. 아무도 모르는 것을 알게 됐다는 것은 다른 사람들과 다른 사람이 됐다는 뜻이다. 따라서 어린아이들은 비밀 언어를 만들어 자신과 부모 사이에 일종의 벽을 세우고, 그 비밀 언어로 말한다. 따라서 다른 사람들은 어린아이가 무슨 말을 하는지 이해하지 못한다. 게다가 어린아이들은 비밀스런 은신처를 만들어두고, 부모들이 알아서는 안 될 자기만의 보물을 감춰두기도 한다.

어린아이의 비밀을 존중해야 한다. 그 비밀은 자아 형성만큼 중요한 것이기 때문이다. 흔히 부모들은 자녀의 비밀을 중요하다고 생각하지 않는다. 부모들은 자녀에 대해 모든 것을 알아야 할 권리가 있다고 생각한다. 자녀가 청소년기에 이르고 성인이 된 후에도 부모들은 이런 생각을 떨치지 못한다. 자녀도 독립된 인간이라는 지위를 부정하며, 계속 자녀를 부모에 의존하는 유아로 생각하는 것과 다를 바가 없다. 실제로 내 상담 경험에 따르면, 자녀들이 방에 무엇을 감춰두었는지 살펴보고 자녀들이 받은 편지나 일기를 몰래 읽기 위해 아들이나 딸의 방 열쇠를 따로 만들어두었다는 어머니가 적지 않았다.

어렸을 때 부모를 여읜 한 환자를 예로 들어보자. 그녀에게는 삼촌이 있었다. 그녀의 눈에 삼촌은 학자나 철학자의 권위로 똘똘 뭉친 사람이었다. 그녀를 상대로 시시때때로 최면을 실험하던 삼촌이 하루는 "나는 네 생각을 전부 알고 있다"고 말했다. 이런 말이 그녀에게 어떤 영향을 미쳤을까? 누구나 쉽게 짐작할 수 있듯이, 그녀의 자아가 발달하는 것을 완전히 마비시키고 말았다. 어린아이에게 비밀을 가질 권리를 인정하지 않는 것은, 남들과 다른 고유한 인간으로 성장할 권리를 부정하는 것이다.

외동딸이나, 형제자매가 모두 결혼해서 집을 떠난 후에도 부모의 집에 혼자 남아 있는 여자는 서른 살, 심지어 마흔 살이나 쉰 살이 돼도 어머니에게 모든 것을 이야기해야 한다고 생각하는 경우가 적지 않았다. 그들은 어머니에게 뭔가를 말하지 않고 감추면 죄를 지은 것처럼 양심의 가책을 느낀다고 나에게 말했다. 어머니들은 딸의 그런 고백을 당연하게 받아들이고 "내가 내 딸의 가장 친한 친구랍니다"라며 자랑스레 말한다. 게다가 어머니의 이런 반응은 딸의 마음속에 잘못된 죄책감을 심어주기 십상이다. 예컨대 어머니가 "네 친구 알리스를 만났는데 며칠 전에 너를 만났다고 하더구나"라며, 질책하는 어조로 "알리스를 만났다는 것을 왜 나한테 말하지 않았니?"라고 덧붙였다고 생각해보라.

이렇게 사는 딸은 자기만의 고유한 삶을 살기 힘들다. 성인이 아니라 유아로서 어머니와 관계를 유지하는 것이다. 따라서 타자와 개인적 접점을 만들어가기 위해서는 자아, 즉 실제 인간이 되어야 한다.

어린아이들은 비밀을 좋아하지만 비밀을 남들에게 이야기하는 것도 좋아해서, 곧잘 "비밀이 있지만 얘기하지는 않을 거야!"라고 말한다. 그리고 잠시 후에는 "내 비밀 이야기를 듣고 싶지 않아?"라고 묻고, 다시 얼마 후에는 "내 비밀을 얘기해줄게"라고 말한다. 비밀을 간직하는 것을 좋아하고 비밀을 이야기하는 것도 좋아하는 모습은, 얼핏 생각하면 모순으로 보이지만 실제로는 그렇지 않다. 우선, 비밀을 이야기함으로써 비밀을 알고 있다는 것을 증명할 수 있기 때문이다. 이 점에서는 많은 사람이 평생 어린아이라 할 수 있다. 그들이 비밀을 누설하고 싶은 욕구를 억누르지 못하는 이유, 필요하면 비밀을 조작해 만들어내기도 하는 이유는 권위 때문이다. 정확히 말하면, 비밀을 폭로함으로써 얻는 권위, 즉 남들은 모르는 것을 알고 있다는 권위 때문이다.

그러나 어린아이가 비밀을 이야기하며 얻는 즐거움에는 더 깊은 이유가 있고, 그 이유는 자아의 자유로운 결정 능력이라는 인간의 본질적 특성을 우리에게 드러내준다. 나는 어린아이의 비밀을 존중하지만, 어린아이의 자아도 존중한다. 다시 말하면, 누구의 명령도 거부할 수 있는 자주성, 좋아하는 것을 나에게 말할 권리, 싫어하는 것을 감출 수 있는 권리, 또 자유롭게 자기 의사를 결정할 수 있는 권리도 존중한다. 그러나 어린아이가 나에게 자신의 비밀을 누설한다는 것은, 자유의지로 나를 믿을 만한 사람으로 선택했다는 뜻이고, 그런 자유선택으로 자신의 자아 및 자기결정권을 표명한 것이다.

여기에서도 앞에서 언급한 분리와 관계라는 이중 과정이 확인된다. 비밀을 통해서 자아가 형성되고, 비밀을 누설함으로써 자아라는 존재가 명확히 표명된다는 것이다. 앞의 예에서 보았듯이 딸이 어머니에게 모든 비밀을 의무적으로 말해야 한다고 믿을 때 딸과 어머니의 관계는 유아적 관계이지만, 믿을 만한 사람을 자유의지로 선택하면 개인적 관계가 된다. 다시 말하면, 인간에 의한 인간의 선택으로 두 사람 간의 관계, 즉 대화dialogue가 성립된다.

비밀 언어를 만들어내는 아이는 한 친구에게 그 언어를 해석하는 열쇠를 가르쳐준다. 따라서 부모가 알아듣지 못하는 말로 그 친구와 이야기를 주고받을 수 있다. 아이는 이런 식으로 자아의 자주성을 표출한다. 그런데 아이는 비밀 언어를 공유할 상대로 부모를 선택하지 않고 친구를 선택했다. 이런 선택도 자주적인 자아를 드러내 보인 것이다. 아이는 '타자'와의 이런 관계를 통해, 즉 대화를 통해 자주적인 자아가 된다.

심리요법 의사의 상담실로 돌아가서 이런 상황을 말해보자. 환자가 마음속 깊이 간직하고 누구에게도 말한 적이 없는 기억을 이야기한다. 다시 말하면, 마음속에 감춰두었던 비밀을 털어놓는다. 환자는 내면에 감춰두었던 것, 따라서 그의 겉모습—그가 일상적 삶에서 맡았던 등장인물—에서는 내가 짐작할 수 없었던 것을 나에게 털어놓는다. 앞에서도 말했듯이, 그런 등장인물은 그의 실제 인간을 감추는 역할을 한다.

이런 자기고백의 효과는 대단하다. 프로이트가 처음 발견한 효과이기도 하다. 처음에 프로이트는 환자가 자기고백으로 과거의 충격적인 감정을 되살리는 것이라 생각했고, 이런 현상을 '카타르시스'라 칭했다. 하지만 프로이트는 자기고백이 훨씬 중요한 사실, 즉 환자와 의사 사이에 형성돼가며 부모와 자식 간의 애정을 재현하는 정서적 관계에서 기인한다는 것을 깨달았다. 그래서 프로이트는 이 현상을 '정서적 전이transfert affectit'라 칭했다.

그 후, 메데 박사가 상당히 다른 요인이 필요하다는 것을 증명해냈다.[2] 구체적으로 말하면, 정서적 관계—심리적 현상—만이 아니라 '개인적 접점contact personnel'—진정한 영적 경험—이 있어야 자기고백이 가능하다는 것이다. 심리요법 의사는 자유롭게 선택된다는 점에서 아버지와 다르다. 따라서 환자가 의사에게 표시하는 신뢰는 유아적 정서 수준을 뛰어넘는 성인의 행위이고, 자아의 결정이며, 대화에 자주적으로 참여한다는 증거다.

따라서 6장에서 보았듯이 심리적 현상과 영적 사건이 다시 구분된다. 개인적 접점이 몸이나 정신을 통해서, 즉 촉진이나 감정을 통해서 형성되면 인간의 경우에는 영적 차원으로 승화된다.

실제 인간의 만남

어렸을 때 나는 고아 콤플렉스에 빠져 동급생들과 원만하게 지내지 못했다. 내 애완견이 누구보다 친한 동무여서 그 녀석과 함께 지내는 게 더 좋았다. 어린 소녀가 인형에게 비밀 이야기를 하듯이, 나는 애완견에게 온갖 비밀을 이야기해주었다. 당신 비밀을 동물에게 속삭여보라. 그 동물이 당신 비밀을 폭로할 염려도 없고 당신의 잘잘못을 판단하지도 않으니 어떤 위험도 없다. 여하튼 나는 애완견을 선택했지만 거기에는 대화가 없었다. 여기서 인간의 두 번째 본질적 속성, 즉 책임을 생각하게 된다. 진정한 개인적 관계는 선택과 위험 감수로 이루어진다. 진정한 개인적 관계가 성립하기 위해서 상대는 내 말에 대꾸하고, 나는 다시 상대의 말에 대꾸해야 한다. 한마디로 대화가 있어야 한다.

따라서 알로이스 폰 오렐리(Aloys von Orelli, 1827-1892)가 "인간은 대화다"라고 말한 이유를 이해할 수 있다.[3] 인간과 동물은 몸과 정신, 접촉과 감정을 지닌다는 점에서 똑같다. 하지만 인간만이 책임감 있게 대화에 참여해서, 비판받고 왜곡당할 위험을 무릅쓰고 자신의 신념을 주장한다. 이런 이유로 자이페르트 교수가 "인간은 말을 할 수 있기 때문에, 또 누군가에게 말하고 그와 함께 대화를 나눌 수 있기 때문에 인간이다"라고 말한 것이 아니겠는가.[4]

철학자 마르틴 부버(Martin Buber, 1878-1965)는 1920년경 《나와 너 Ich und Du》를 발표해서 엄청난 반향을 일으켰다.[5] 수세기를 득세하던 개인주의 이후, 인간 특유의 것, 즉 타자와의 영적 교감이 재발견된 것과 같았다. 개인과 실제 인간은 완전히 다른 것이다. 개인은 공통의 목적을 위해 협력하는 반면에, 실제 인간은 정신적 연대감을 갖는다. 등장인물과 실제 인간의 차이도 마찬가지다. 등장인물은 외부에서 타자의 등장인물과 관계를 맺는 외적 껍데기인 반면에, 실제 인간은 타자의 실제 인간과 내면으로 교감한다.

새로운 차원은 인간에 대한 객관적이고 과학적인 연구로는 포착되지 않는다. 과학은 인간을 연구하기 위해서 인간을 그 자체로, 즉 개인으로 받아들이지 실제 인간으로 받아들이지는 않는다. 요컨대 인간을 주변 환경으로부터 떼어놓는다. 또한 과학은 인간이 주변 환경과 맺는 물리적이고 심리적인 관계는 분석할 수 있어도, 타자들과 맺는 영적 관계, 즉 개인적 교감까지 분석하지는 못한다.

그러나 이런 개인적 관계도 우리가 조금 전까지 추적하던 길잡이다. 삶이라는 울창하고 끝없는 숲에서, 일일이 나열할 수 없는 무수한 경험과 감정, 태도와 겉모습이 뒤죽박죽 뒤얽힌 세상에서 모든 것이 똑같은 가치를 지니지는 않는다.

누구나 세상을 살다보면 자신의 실제 인간을 아는 데 무엇보다 중요한 결정적인 시간이 닥치기 마련이다. 내가 시간이라 말했는가? 오히려 분, 초라는 표현이 더 적절하다. 그것은 이후의 삶의 방향 전부를 결정하는 순간이다. 5장에 예로 든 자동차 운전자를 기억해보라. 갈림길에서 선택한 방향으로 들어가기 위해 핸들을 움직이는 행위와, 그렇게 결정한 방향을 계속 유지하기 위해 그 후에 그가 핸들을 거의 무의식적으로 움직인 기계적 행위들을 어떻게 비교했는지도 기억해보라.

그런데 갈림길은 진정한 대화의 순간이기도 하다. 다시 말하면, 우리가 타자에 대한 입장을 결정하고 거기에 열중해야 하는 진정한 만남의 순간이다. 그 순간을 회피하는 것조차 결정의 행위다. 대화를 피하기 위해 곁길을 선택하는 것이기 때문이다. 우리 삶과 행위, 몸짓과 말의 끊임없는 변동은 동물의 경우와 마찬가지로 외부 자극에 대한 반응, 즉 등장인물의 표출에 불과하다. 진정한 대화, 내적 교감이 이루어지는 순간, 우리는 어떤 입장을 취하며 실제 인간이 드러나는 진정하고 책임 있는 몸짓을 할 수밖에 없다. 이런 이유로 사르트르는 "나는 타자를 통해서만 나를 알 수 있다"고 말한 것이다.[6] 이런 관점에서 우리가 녹음기에서 흘러나오는 우리 목소리를 알아듣지 못한다는 사실은 무척 시사적이다.

물론 여기서 나는 항상 병행되는 두 대화의 중요성을 평가할 목적으로 두 대화를 구분하고 있다. 앞에서 보았듯이 순수한 상태의 실제 인간은 존재하지 않는다. 진정한 내적 만남, 즉 진정한 대화는 외적 대화에 의해 감추어진다. 침묵이 어떤 말보다 설득력 있게 느껴진다고 말하듯이, 그런 침묵에서 진정한 만남이 느껴질 때도 그 침묵은 전에 나누었던 말들에 영향을 받는다.[7]

언젠가 나는 깊은 침묵으로 마무리된 긴 상담을 끝내고 침묵에 대해 생각했다. 흥미롭게도 내 환자도 나와 거의 동시에 침묵도 일종의 대화였다는 것을 알아차렸다. 요컨대 우리 사이에 이중 대화가 진행됐다는 것을 환자도 느꼈던 것이다. 하나는 단어와 비밀 이야기, 표정과 몸짓 등 등장인물들의 만남으로 이루어진 눈에 보이는 대화였고, 다른 하나는 눈에 보이지 않는 본질적 대화로 우리에게 내재한 실제 인간들의 만남이었다. 전자의 대화가 없었다면 후자의 대화도 존재할 수 없었지만,

전자는 후자를 표현하는 수단으로서만 가치를 지닌다.

따라서 한 친구가 나에게 보낸 편지에서 말했듯이, 단어와 몸짓과 표정으로 이루어진 하나의 언어만이 존재하더라도 우리 존재의 이중성 때문에 그 언어는 두 가지 의미를 지닌다. 하나는 등장인물이 받아들이고 만족하는 의미이고, 다른 하나는 실제 인간에 의해 표현되고 지각되는 내재적이고 한층 '본질적인' 의미다. 그 친구는 덧붙여서, 등장인물의 명백한 증거에도 불구하고, 언제든 대화를 가능하게 해주는 핵심적 요소인 안전이라는 요소 때문에 우리가 실제 인간을 신뢰하는 것이라고 말했다.

하지만 우리는 사회적 삶의 무수한 만남에서 얼마나 자주 내면의 실제 인간을 표면적인 대화에 드러낼까? 수많은 말을 주고받고, 밀도 있는 지적 토론을 전개하며, 다양한 저자들의 온갖 책을 섭렵하고, 지구 전역을 여행하며 받은 모든 인상을 마음에 새기고, 변덕스런 감정들에 냉정하게 대처하더라도 진정한 타자를 만나지 못하고, 자기만의 고유한 입장을 취함으로써 진정한 자아를 발견하지 못할 수 있다. 조급하게 전개되는 표피적인 현대인의 삶을 생각해보라. 가벼운 말들을 끝없이 늘어놓는 라디오 프로그램들, 걸핏하면 재상영되는 영화들, 모든 것을 피상적으로 다루는 '다이제스트', 풍경과 사람들과의 진정한 만남을 전혀 허락하지 않으며 주마간산식으로 진행되는 패키지 관광을 생각해보라.

나는 최근에 그리스 키클라데스 제도에 있는 미코노스 섬의 아름다운 풍경을 즐기며 여행의 진정한 의미를 생각해보았다. 앞에서 언급한 네덜란드 학회에 참석하기 전에 나는 "인간 의학을 위하여"라는 주제로 그리스에서 열린 학회에 먼저 참석했다. 푸른 바다와 푸른 하늘 사이에서 하얀 점처럼 반짝이는 그 도시를 물끄러미 바라보며 학회에 참석할 준비를 하고 있었다. 저 멀리에는 제우스가 아폴로의 탄생지로 삼으려고 바다에서 끌어올렸다는 전설이 전해지는 델로스 섬이 보였다.

　난롯가에서 나누는 대화의 의미처럼, 여행의 진정한 의미는 타자와의 접촉을 통한 자아 발견이며, 자아 발견을 위해서는 그런 대화에 적극적으로 참여해야 한다. 그리스 신들은 시와 전설에 불과한 것이 아니다. 고대 그리스인들은 우리 마음속에서 꿈틀대며 우리의 실제 인간을 만들어내는 지성과 아름다움, 사랑과 욕망을 신들에게 부여하여 살아 있는 실체로 인격화했다. 게다가 고대 그리스인들이 우리에게 말하는 이미지와 신화의 언어는 현대 세계의 지적인 변증법적 언어와 과학적 언어보다 더 직접적으로 우리에게 감동을 준다.

　오늘날의 합리주의자들은 성경의 언어와 그리스도의 비유를 쉽게 이해하지 못한다. 하나님의 말씀도 우리에게 합리적인 판단보다 개인적인 입장을 요구하기 때문에 논리적으로는 이해하기 힘들다. 인간 마음의 언어도 우리가 학교에서 교육받으며 덧씌워진 주지주의라는 껍데기를 벗겨낼 때 본연의 풋

풋함을 되찾을 것이다. 우리 꿈의 언어도 마찬가지다. 예컨대 내가 환자들을 상담할 때, 특히 개인적 접점이 강렬하게 이루어질 때마다 우리도 의식하지 못하는 사이에 말투 자체가 변한다. 그것만으로도 나에게는 강한 충격이다. 게다가 이미지가 자연스레 머릿속에 떠올라 우리는 비유적으로 말하기 시작하는데, 지적이고 교훈적인 말투로 하는 것보다 훨씬 더 깊이 서로를 이해하게 된다. 상담은 일화들로 이어진다. 성경이 일화들로 채워지고 《일리아스》와 《오디세이아》가 일화들로 채워진 것이나 다를 바가 없다. 그러나 일화는 단순한 이야기가 아니다. 개인적으로 겪은 경험이고 진실이다.

우리 의사들에게 그리스는 히포크라테스와 에피다우로스가 거의 전부였다. 그리스는 의학이 시작된 곳이다. 오늘날의 우리보다 인간의 의미를 훨씬 더 깊이 이해했던 사람들의 땅이었다. 히포크테스에게 의학은 인간을 총체적으로 이해하는 학문, 인간을 주변 환경과의 관계로 이해하는 학문이었다. 에피다우로스에서 그리스 의학은 몸의 치료를 진정한 심리요법과 영적 영향에 긴밀하게 결합하는 데 성공했다.[8]

고대 그리스는 진정한 인간의 문명이었다.[9] 당시 학교가 무엇이었는지 생각해보라. 스승과 제자들이 진정으로 맺었던 개인적 접점, 그들의 공동체적 삶을 생각해보라. 신화와 시, 음악과 운동장 등 모든 것이 요즘의 학교보다 훨씬 통찰력 있고 조화로운 인간을 형성하는 데 집중했다. 요즘의 학교는 그저 지적인 지식을 쌓는 무미건조한 곳에 불과하지 않은가.

끝으로 플라톤의 《대화》를 생각해보라. 특히 상대를 궁지에 몰아넣어 그들 자신을 명철하게 깨닫게 하고, 자신의 실제 인간을 완벽하게 드러냄으로써 순교라는 시련까지 겪어야 했던 소크라테스를 생각해보라. 소크라테스는 산파였던 자신의 어머니와 비교되며, 실제 인간의 산파로 여겨진다. 소크라테스는 등장인물의 궤변들, 즉 정확한 근거도 없이 허울만 번드르르한 이론들을 가차 없이 폭로한다.

그 후에 코린토스(성경에서는 고린도—옮긴이)는 성경의 무대가 됐다. 사도 바울이 아가야 총독 갈리오 앞에 끌려가서 그와 진정한 대화를 나누었던 곳이 코린토스였다. 이에 관한 이야기가 사도행전 18장에 쓰여 있다. 복음이 유럽에 기반을 내린 후에 유럽의 역사를 만들어간 출발점이 그리스였다. 선교의 도구는 사도 바울이었다. 바울은 교리와 경험을 내면에 하나로 융합시킨 무척 남다른 사람이었다. 그는 군중을 상대로 설교할 때마다 한 사람 한 사람에게 감동을 주며, 그 자신이 예수 그리스도에게 구속되어 온전히 헌신하기로 결정했던 것처럼 그들도 입장을 정하지 않을 수 없게 만들었다.

그리스 학회에 참석한 사람들은 그리스에서 과거의 기억들만 만난 것이 아니었다. 그리스에서 영성이 부활하기를 꿈꾸는 기독교 지식인 연맹의 적극적인 그리스도인들, ZΩH 공동체와 헬레니콘 포스Hellenikon Phos 공동체의 활달한 그리스도인들 같은 생동감 넘치는 사람들도 만났다. 《기독교 문명을 향하여*Towards a Christian Civilization*》에는 인간의 문명이 걸어온 길이 개략적으로 설명돼 있다.[10] 또한 우리는 교회의 대분열에 의해 거의 중단됐던 동양 기독교와 서양 기독교 간의 대화를 다시 시작하며 보람찬 성과를 거두었다.

여러 교파로 갈라진 그리스도인들이 등장인물이라는 장애물을 걷어내고 실제 인간으로서 얼마나 자주 진정한 만남을 가질 수 있을까? 우리 자신의 실제 인간을 찾아내고, 서로 상대의 실제 인간을 알아가기 위해서는 많은 만남이 필요하다. 우리 모두가 편견으로 왜곡된 이미지가 아니라 본래의 모습을 찾기 위해서는 많은 만남이 필요하다. 진정한 만남이 되풀이될 때 우리는 겉모습의 차이를 넘어 실제 인간으로서 긴밀한 교감을 다시 시작할 수 있을 것이다.

진정한 대화와 투과

어떻게 해야 실제 인간에 다가가는 길로 여겨지는 진정한 대화를 할 수 있을까? 자연스러운 공감의 문제일까? 그렇다면 진정한 대화는 단순한 감정적 기능, 결국 기계적 행위의 존재 여부에 따라 결정되기 때문에 크게 제약될 수 있다. 더구나 정반대일 수도 있다. 부부가 각자 자기만의 비밀을 간직하며 감정을 밖으로 드러내지 않으면 사랑의 열정이 있어도 진정한 대화가 이루어지지 않는 것이 사실이다.

반면에 두 사람이 불시에 만날 때, 그때까지 그들을 갈라놓던 반감이나 무관심이 사라지기도 한다. 한 친구는 자신의 경험이라며 이렇게 말했다. "예전에 나는 환자들을 두 부류로 분류했네. 공감 능력이 있는 사람과 그렇지 않은 사람. 하지만 환자들의 실제 인간에 관심을 가져야 한다는 사실을 깨달은 후로는 모든 환자가 공감 능력이 있는 사람으로 보이더군."

그러면 기질의 문제일까? 물론 상대적으로 말을 많이 하는 사람들이 있고, 자신에 대해 자발적으로 말하는 사람들도 있다. 그러나 말을 많이 하고 자신에 대해 지나칠 정도로 많은 말을 해도, 개인적 접점의 토대가 되는 진정한 개인적인 부분은 전혀 말하지 않을 수 있다. 반대로, 프로이트가 제안한 침묵의 법칙을 충실하게 적용해서 환자들과 개인적 접점에 이르는 정신분석 전문가들이 적지 않다.

한편, 프로이트의 독백 대신에 대화를 실제로 사용하는 정신분석 전문가들이 많다. 메데 박사는 이런 방법론의 교체에서 얻은 효과를 역설하기도 했다.[11] 그러나 메데 박사가 심리요법을 행하는 것을 그는 '대화하는 상황'이라 규정했지만, 내 생각에는 대화의 외적 형태가 아니라 환자와 의사의 감정을 부추기는 마음 상태, 즉 각자의 마음속 깊은 곳에서 일어나는 상대에 대한 태도를 뜻했던 것으로 보인다.

개인적으로 나는 상당히 조용한 사람이다. 나에게 말이 너무 없다고 나무라는 환자까지 있을 정도다. 그러나 나와 개인적 접점을 이룬 환자들은 이런 불평을 하지 않는다. 상담에의 적극성을 판단하는 기준이 말수가 아니라는 증거다.

게다가 환자가 털어놓는 비밀 이야기가 나에게 느닷없이 개인적인 기억을 되살려내는 경우도 있다. 환자가 제기하는 문제가 과거부터 나를 괴롭히던 문제이고, 지금도 나를 괴롭히는 문제인 경우가 많다. 예컨대 환자가 나에게 털어놓는 유혹의 문제는 나에게도 문젯거리고, 환자가 고백하는 실수는 나도 거듭해서 저지르는 실수다. 부인과의 말다툼을 하소연하는 환자가 있지만, 나도 부부 싸움에서 자유롭지 않다. 그래서 간혹 "왜 그렇게 웃으십니까?"라고 묻는 환자도 있다. 그러면 나는 이렇게 대답한다. "당신이 생각하는 만큼 내가 당신과 크게 다르지 않은 사람이라는 걸 깨달았거든요."

나는 그에게 나의 개인적인 경험들에 대해 말하기 시작한다. 그가 나에게 정직했던 만큼 나도 그를 정직하게 대하려고 애쓴다. 그가 나에 대해 마음속에 그렸던 이미지, 즉 과학과 신앙과 완벽한 도덕성이라는 후광을 뒤집어쓴 등장인물이 사라지고 나의 진정한 실제 인간이 어렴풋이 나타난다. 그와 나, 둘 모두 껍데기를 뚫고 나와 진실한 마음으로 만난다. 현대 심리요법의 개척자, 베른의 뒤부아Dubois de Berne 박사가 20세기 초에 이미 말했던 방식과 다를 바가 없다. "그 불쌍한 환자에게 당신의 손을 내밀라. 두려워하지 말고 그에게 우리의 연약함, 우리의 선천적 결함을 솔직하게 고백하라. 그리고 그에게

다가가라."[12]

　말투의 변화가 진정한 대화가 시작됐음을 알리는 표지다. 등장인물이 사라지고 실제 인간이 나타났기 때문이다. 때때로 말투의 변화는 아주 짧더라도 진정으로 개인적인 단어에서 시작된다. 때로는 전혀 예측하지 않았던 것에서도 시작된다. 말투의 변화는 환자의 심리요법에만 국한된 현상이 아니다. 일상생활에서 언제라도 감지할 수 있는 현상이다. 내가 거의 서른 살까지 시달렸던 고아 콤플렉스를 벗어나는 데 가장 큰 도움을 주었던 사람들은 의사도 아니었고 심리요법 전문가도 아니었다. 고아였던 까닭에 개인적 접점을 찾으려는 노력을 애써 피하며 감정을 겉으로 드러내는 것을 억제할 수밖에 없었던 고아 콤플렉스에서 벗어나는 데 가장 큰 도움을 준 사람들은 내 아내와 친구들이었다. 그들이 먼저 자신의 등장인물이라는 가면을 벗어던지고 나에게 솔직하게 마음의 문을 열어준 덕분이었다.

　결국 내가 보다 개인적인 말투를 취할 때, 상담실에서는 물론이고 길거리와 군대에서도, 심지어 의사들의 모임에서도 상대가 속내를 털어놓을 수 있게 한다는 것을 깨달았다. 또한 사람들이 그런 진정한 접점을 무척이나 갈구한다는 것도 깨달았다. 그런 접점을 통해서 생명의 숨결이 우리에게 들어와 내면 깊은 곳까지 스며들 수 있기 때문이다.

　개인적 접점이 형성될 때 상대는 오래전부터 마음을 짓누르던 문제를 자신도 모르는 사이에 나에게 털어놓게 된다. 그러고는 깜짝 놀란 듯 갑자기 말을 멈추고 이렇게 말한다. "잠깐만요. 왜 내가 이런 얘기를 하는지 모르겠습니다. 누구에게도 말한 적이 없었는데. 이런 얘기를 다른 사람에게 할 수 있을 거라고는 꿈에도 생각하지 못했습니다." 그리고 내 눈을 똑바로 쳐다보며 "그래도 모든 것을 얘기할 수 있어서 정말 속이 후련합니다!"라고 덧붙인다.

이런 식의 대화를 흔히 '투과transparence'라고 일컫는다. 이런 대화는 아름다운 이미지를 띠지만, 나는 이 책을 쓰는 이 순간에도 정직해야 한다. 등장인물을 완전히 벗겨낸 실제 인물을 포착하려는 희망이 유토피아적 이상이라고 앞에서 인정했듯이, 완전한 투과도 유토피아적 이상이다.

한 친구가 나에게 보낸 편지에서 말했듯이, 실제 인간은 그 자체로 거대한 영역, 비교해서 말하면 하나의 국가다. 그 영역에 들어가 여기저기서 새로운 가능성을 찾아낼 수 있지만, 통합된 하나로서 그 전체를 완전히 알아낼 수는 없다. 실제 인간은 광대하고 복잡하기 이를 데 없으며, 끊임없이 다양하게 변하는 살아 있는 생물이다.

정직과 투과가 번개처럼 순간적으로 우리 마음을 뒤흔들며, 타자와 우리의 관계의 분위기를 바꿔놓는다. 완벽한 투과는 존재하지 않는다. 무수한 관계가 있지만 단 하나의 특별한 관계에서만 우리는 투과에 최대한 다가갈 수 있다. 바로 결혼이다. 따라서 부부의 대화가 진정한 대화일 때 투과는 부부의 대화에 비할 바 없는 풍요로움, 즉 실제 인간을 형성하고 자아를 발견하는 최고의 기회를 제공한다.

약혼하기 이전부터, 서로 사랑하는 두 사람에게는 두 가지 길이 열려 있다. 하나는 투과로 향하는 길이고, 다른 하나는 계산으로 향하는 길이다. 다시 말하면, 하나는 실제 인간의 길이고 다른 하나는 등장인물을 만들어가는 길이다. 초기에는 사랑의 황홀감에 취해서 투과가 쉽게 이루어지는 듯하다. "약혼자에게 뭐든 말할 수 있어요. 나를 완전히 이해하고 있는 것 같으니까요."

그러나 진정한 대화는 아직 시작되지도 않은 상태다. 초기의 그런 교감도 경이롭지만, 진정한 대화는 초기의 그것처럼 손쉬운 교감이 아니다. 똑같은 감정을 공유하고 똑같은 말을 하며 똑같이 생각한다는 초기의 느낌도 진정한 대화는 아니다. 진정한 대화는 과거와 교육, 인생관과 선입견, 강박관념과 약점 등에서 다른 두 사람, 여하튼 심리 상태가 다른 두 사람, 남자와 여자가 정면으로 대면하는 것이다. 따라서 사랑에 빠지고 얼마 지나지 않아 두 사람은 생각만큼 자신들이 비슷하지 않다는 것을 깨닫게 된다.

그 결과로 남편이 부인을 일방적으로 지배한다. 그러면, 부인의 실제 인간이 억눌리고 자유로운 성향마저 마비되기 때문에 둘 사이의 대화가 단절된다. 혹은 대화를 할 때마다 위험한 순간이 닥치고, 급기야 남편이 부인에게 이렇게 말하는 지경까지 이른다. "당신이 그렇게 행동하는 이유를 도무지 이해하지 못하겠소." 우리가 지금까지 말했던 것처럼 상대를 평가하거나, 부정不貞을 저지르거나, 속내를 상대에게 털어놓는 관계를 접어두고 이혼을 꿈꾸는 유혹에 빠진다.

많은 가정이 화목한 부부 관계를 유지하고 사랑을 지키려고 하지만, 안타깝게도 조금씩 투과에서 멀어진다. "남편과는 그 문제에 대해 말하고 싶지 않아요. 남편이 화부터 내니까요. 제가 말을 꺼내기 무섭게 남편은 화를 내고, 결국 우리는 말다툼을 하게 돼요. 그럼 둘 다 결국 후회하게 될 말을 하게 된다고요. 대화를 한다고 무슨 소용이겠어요? 그때마다 둘 사이가 더 멀어지는데."

분명히 말하지만, 나는 이런 태도를 비난하는 게 아니다! 때로는 이런 태도가 최악의 상황을 피하는 방법이다. 많은 가정에서 부부가 겉으로 보기에는 화목한 관계를 유지하며 즐거움과 근심을 함께 나누지만, 점점 서로에게 관심을 잃어간다. 이런 상황에서 진정한 대화가 점점 어려워지는 것은 당연하다.

무엇을 말하고, 무엇을 말하지 않아야 하는지 계산한다는 것은 사랑의 부인이고, 어느 정도는 결혼생활의 부인이기도 하다. 사랑을 유지하려는 좋은 의도로 계산하는 경우도 마찬가지다. 그런 계산은 "이제 둘이 아니요 한 몸이다"(마 19:6)라고 하나님이 정하신 결혼 법칙을 위반하는 짓이기 때문이다.

자식과 부모의 관계가 그렇듯이, 부부간에도 상대에게 감추는 비밀이 없어야 한다. 배우자는 비밀도 털어놓을 수 있는 가장 믿을 만한 친구로, 자유의지로 선택한 사람이기 때문이다. 성경에서도 분명히 그렇게 말하고 있다. "남자는 아버지와 어머니를 떠나 아내와 결합하여 한 몸을 이루는 것이다"(창 2:24; 마 19:5).

그러나 가장 행복한 결혼생활에서도 개인적 접촉은 최종적으로 획득된 항구적 상태가 아니다. 집안에 햇빛이 잘 통과하게 하려면 유리창을 주기적으로 닦아야 한다. 유리창은 도시에서 더 빨리 더러워진다. 하지만 한적한 시골이나 공기가 맑은 곳에서는 투과성을 서서히 상실한다. 부부 사이에도 종종 비밀을 고백함으로써 진정한 대화를 주기적으로 되살려야 한다. 부부의 이상理想이 고결하고 진지할수록 뭔가를 감추었다는 것을 고백하기가 더 어렵다.

성관계에서도 우리가 비밀에 대해 말했던 이중 과정이 여실히 드러난다. 바로 위축과 포기다. 정확히 말하면, 성에 대한 부끄러움은 자신이 선택해서 영속적 관계를 맺고 평생을 함께 살아갈 사람에게 언젠가 전해질지도 모를 비밀을 지키려는 마음이다. 어린 소녀는 성본능과 거리가 멀다는 것을 모른 채 부모 앞에서도 옷 벗는 것을 주저하기 시작한다. 부모는 자신들의 관점에서 딸의 그런 수줍음을 어리석은 것이라 생각한다. 따라서 부모는 비밀을 폭로하는 것과 다름없는 실수를 저지르며 딸의 감정에 상처를 준다.

이런 부끄러움의 출현은 실제 인간이 잉태됐다는 증거로 보인다. 그 후, 실제 인간의 확실한 확인과 삶에의 적극적인 참여, 자유로운 자기결정 등은 비밀을 나누고, 자아를 주고, 부끄러움을 이기는 것 등으로 나타난다.

그러나 많은 기혼자는 잘못된 암시와 심리적 불안의 피해자여서 이런 변화를 충분히 경험하지 못한다. 오히려 영적 교감이나 도덕적 순수함을 염원하는 이들은 신체 접촉을 거북하게 느끼며, 그런 감정이 부부간의 진정한 대화를 방해한다는 것을 깨닫지 못한다.

반대로 성관계가 주는 강렬한 느낌에 도덕적 대화를 회피하려는 사람들도 있다. 그들은 육체의 사랑이라는 쉬운 길을 택함으로써, 개성을 지닌 두 인격체의 까다로운 충돌을 피한다. 이런 현상은 약혼할 때부터 나타날 수 있다. 정식으로 결혼하기 전에 서로에게 몸을 맡기며 성관계하는 사람들은 어느 정도까지 자신을 속이기 마련이다. 그들은 혼전 성관계를 진심으로 약혼한 것이라는 증거로 생각하지만, 실제로는 약혼의 의미를 약화하는 것이다. 완전한 책임은 은밀한 행위에서 시작되는 게 아니라, 교회에서 행하는 결혼식에서 '예'라고 대답하거나 정부의 관련 서류에 서명을 한 때부터 시작되기 때문이다.

더구나 혼외 성관계와, 결혼을 약속한 사람이 아닌 사람과의 성관계는 실제 인간을 포기하는 행위다. 책임감 없이 행하는 행위이기 때문이다.

따라서 결혼은 그에 따른 약속을 통해서, 결혼생활에 요구되는 까다로운 대화를 통해서 실제 인간을 성장시키는 학교가 된다. 독신자들의 삶이 힘든 이유는 본능적인 욕구를 해소하려는 유혹과도 관련이 있지만, 이성異性과 진실하고 풍요로운 대화를 나눌 때 그 대화에 육체적 사랑의 은밀한 욕구가 뒤섞이는 위험이 있기 때문이기도 하다. 독신자들을 이런 위험에서 지켜주는 보호 장치는 결혼의 약속만큼이나 까다롭고 엄격한 자기만의 약속이다. 정확히 말하면, 그들에게 엄격한 도덕적 각성을 요구하시는 하나님을 향한 약속이다. 독신자가 실제 인간의 성장을 위하여 이성과 진실하고 풍요로운 대화를 유지하기 위해서는 이런 대가를 치러야 한다.

정직을 지향하는 길, 즉 실제 인간을 되찾으려는 길에서는 다른 기억들이 필연적으로 떠오르기 마련이다. 구체적으로 말하면, 책임감과 죄책감을 느끼게 하는 기억들이다. 구제책은 먼저 장애물을 극복하도록 도와주고 결국에는 죄를 씻어주는 은총이다.

8

장애물과 방해꾼

새로운 장을 시작하기 전에 잠깐 돌이켜보면, 나는 7장 끝부분을 쓸 때 거칠 것이 없이 내 생각을 어렵지 않게 풀어냈다. 그런데 새로운 장을 쓰려고 백지를 눈앞에 두고 책상에 앉아 있는 지금은 머릿속에서 일정한 형태가 없는 소용돌이가 빙빙 돌아가는 것 같다. 시간만 덧없이 흐르고, 내 생각들을 짤막하게 기록한 쪽지들의 순서를 이리저리 바꿔본다. 어디서 시작해야 할지 모르겠다. 급기야 피로감마저 밀려온다.

나는 머릿속에 어떤 일이 벌어지고 있는지 잘 알고 있다.

환자를 상담할 때도 똑같은 현상이 곧잘 일어난다. 개인적 접점은 결코 오래가지 않으며 확신할 수도 없다. 지극히 불안정해서, 상담할 때마다 다시 찾아내야 한다. 개인적 접점이 형성되면 말이 수월하게 나오고, 모든 말이 진실하고 알차고 생명력 있게 느껴진다. 그러나 그 전까지는 내 입에서 나오는 말들이 하나같이 공허하고 상투적이며 그저 그렇게 보인다. 상대에게 접근하는 것이 당혹스럽고 거북하게 느껴진다. 개인적 접점이 없어 접근하기가 거북하고, 그런 거북한 기분이 개인적 접점 형성을 방해한다. 환자와 나, 우리 둘 모두가 개인적 접점을 찾으려 애쓴다. 그런 접점을 찾아내려고 때로는 상투적인 말과 행동으로, 때로는 본론에서 벗어나는 농담과 여담으로 거북함을 감춘다. 우리는 서로 상대가 똑같은 이유로 그렇게 말하고 행동한다고 생각하기 때문에 거북함은 더욱 심해진다.

대화를 방해하는 요인들

글을 쓰는 것도 독자와 대화하는 것이다. 다시 말하면, 독자의 응답을 상상하며 글을 써야 한다. 원래 나는 이 장의 첫머리를 머릿속으로 이렇게 정리했었다. "모두가 진정한 대화를 갈구한다면, 왜 그런 진정한 대화가 지극히 드물고, 그런 대화를 이루어내기가 어려운 것일까?" 하지만 이 구절에 독자들의 비판이 쇄도하는 듯한 기분이었다. 무엇보다, 내가 사소한 것에 지나치게 신경 쓰고 모든 것을 복잡하게 만들기 때문일 것이다. 내 감수성이 병적으로 민감한 것은 사실이다. 개인적 접점이 건강한 사람에게도 그렇게 드문 것은 아니잖은가! 미세한 부분까지 분석하는 데 몰두할 것 없이 편안하게 마음의 문을 열면 충분하다. 반면에 위의 구절이 진부하기 짝이 없다고 생각한 사람도 있을 것이다. 누구나 직접 경험해서 이미 알고 있는 것을 굳이 책으로 써야 하는가? 이미 열린 문을 열겠다고 문짝을 뜯어내는 것과 다를 바 없다는 비판이다.

또 내가 '진정한 대화'라는 표현을 남발한다고 생각하며, 내 글솜씨를 나무라는 독자도 있을 것이다. 물론 내가 최선을 다해 글을 쓰고, 참신한 제안으로 인간에 대한 연구에 기여하려고 노력한다는 것을 의심하는 독자는 없을 것이다. 따라서 내가 더 설득력 있게 글을 쓰지 못한다면 전적으로 내 능력의 문제가 된다. 여하튼 이 글을 인쇄해 책으로 출간할 것이기 때문에 나는 더욱 엄격한 잣대로 평가받아야 마땅하다. 이런 점에서 "행복하게 살고 싶으면 감추며 살라!"는 우화 작가의 말을 귀담아들을 만하다.

따라서 사람들은 자기 생각을 감추기에 급급하다. 더 정확히 말하면, 자기 생각을 드러내는 경우와 감추는 경우가 반반이다. 그런데 어떤 사람이 내 글을 칭찬했다고 해보자. 나는 그렇게 평가해줘서 한없이 기쁘다고 말하지 않고 겸손을 가장해 그에게 공허한 말로 가볍게 항의한다. 물론 그는 내 가장된 겸손을 오해하지 않는다. 이런 현상은 한 환자가 나에게 했던 말을 떠오르게 한다. "삶은 우리 모두가 숨는 척하는 숨바꼭질 같습니다." 하지만 나는 개인적 접점을 바란다. 그것은 내가 무엇보다 원하는 것이다. 내가 삶에서 가장 소중히 생각하는 것이 개인적 접점이다.

이번에도 나는 독자들을 직접 상대하며 꾸미지 않고 솔직하게 말하고 싶다. 또 오래전부터 내 머릿속에 맴돌던 생각들, 어쩌면 독자들도 골몰하던 생각들에 독자들을 관여시켜서 내 의견을 밝히고 싶다. 나를 옭아매던 것, 즉 비판에 대한 어리석은 두려움 등을 앞에서 독자에게 솔직하게 털어놓았기 때문에 나는 이제 훨씬 편한 마음으로 그렇게 할 수 있다. 내가 나 자신에 대해 너무 많이 말한다는 독자들의 비판도 이제는 별로 두렵지 않다. 내 의견만이 아니라 나라는 실제 인간을 한 권의 책에 담아내고 싶을 뿐이다.

따라서 개인적 접점 형성을 방해하는 장애물은 현대 세계의 외적 환경에만 있는 게 아니라, 우리가 실제로 누구인가에 대해 설왕설래하는 불확신에도 있다. 후자의 요인이 훨씬 더 큰 장애물이다. 대화를 피하려는 충동, 탈출 본능은 분명히 존재하는 힘이다. 내 친구 장 드 루즈몽의 표현을 빌리면, "인간은 인간을 원하면서도 인간에게서 달아나려 한다."[1]

대개 대화가 어떻게 이루어지는지 생각해보자. "날씨가 정말 좋죠!"라며 피상적인 인상을 주고받는 말, "어떻게 지내십니까?"라며 관례에 따라 마음에도 없이 던지는 인사말, 자신을 합리화하거나 교묘하게 자신을 과시하려는 의도가 담긴 말, 아첨에 가까운 칭찬, 노골적인 비판과 은근한 비판 등으로 대화가 채워진다. 여기에서도 나는 유토피아를 경계하라고 말해두고 싶다. 대화에서 불필요한 군더더기를 빠짐없이 없애겠다는 바람은 결코 이루어질 수 없다. 설령 그런 바람이 이루어지더라도 그런 대화는 인간다운 정감이 없고 현학적인 대화가 될 것이고, 인정과 정취가 없는 대화가 될 것이다.

일상의 삶에서 주고받는 한담이 개인적 접점으로 향하는 유용한 길일 수 있다. 다시 말하면, 누군가를 알게 되는 방법, 마음에서 우러나는 대화의 서곡, 관계를 맺는 단순하면서도 자연스러운 방법일 수도 있다. 그러나 그런 한담으로도 개인적 접점을 이루기가 쉽지 않다는 것을 인정해야 한다. 일상의 한담은 본격적인 시작조차 할 수 없을 정도로 한없이 길어지는 프롤로그와 비슷하다. 일상의 한담을 통해 진정한 대화에 다가가는 주제까지 건드리지는 못하더라도, 그래도 타자와 정겹고 흥미로운 관계를 맺을 수 있다.

모두가 방패 뒤에 몸을 감추려고 발버둥 친다. 가장 흔히 동원하는 방패는 침묵이다. 침묵하며 위축된 모습으로 자신을 전혀 드러내지 않는 방법이다. 또 다른 방패는 정반대로 끝없는 수다다. 수다도 자신의 정체를 파악할 수 없게 만들기 위해 흔히 동원하는 방법이다. 그 밖에도 유명한 학자의 말을 인용하고 추상적인 말을 하며, 학술적인 이론과 전문용어를 들먹이는 방법이나, 반대로 어디서나 흔히 들을 수 있는 상투적이고 따분한 반응을 보이는 방법도 사용된다.

예컨대 어떤 사람은 수줍어하는 모습 뒤로 자신을 감춘다. 이런 사람에게는 어떻게 말을 걸어야 하는지 난감한 경우가 많다. 반면에 어떤 사람은 약하게 보이지 않으려고 지나치게 자신 있는 모습 뒤에 자신을 감춘다. 어느 순간 우리는 지능적으로 적절한 단어를 찾아내고, 잠시 후에는 어리석은 척하며 상대의 말을 제대로 이해하지 못한 것처럼 대답한다. 존경심을 요구하는 대학 직함이나 정치적 위치, 혹은 평판과 많은 나이를 방패로 삼을 수도 있다. 여자는 눈부시게 아름다운 미모나 남편의 명성을 바람막이로 삼고, 남자는 부인을 앞세워 자신을 감출 수 있다. 요컨대 등장인물은 자발적으로 실제 인간을 지키는 경비견이다.

농담이나 익살을 효과적으로 이용하면 거북한 대화의 분위기를 단숨에 바꿀 수 있다. 나는 우리 삶을 더욱 즐겁게 해주는 재치를 비판할 생각은 조금도 없다. 신문에서 나는 가장 먼저 풍자 만화가들의 해학 넘치는 만화부터 본다. 내 생각이지만 그들이 이 땅에서 맡은 소명은 무척 유익한 듯하다. 그들은 윤리학자들보다 더 솔직하고 더 솜씨 있게 유익한 진실을 전달하며 우리의 마음을 흔들어 놓는다. 하지만 우리는 그들의 만화에서 우리 자신을 돌아보지 않고, 타자를 조롱할 근거를 찾으려 할 뿐이다. 그런데 나도 풍자 만화가들과 똑같이 독자를 잘못된 길로 인도하기도 한다. 언젠가 나에게 의기양양하게 "선생님이 쓴 어떤 글을 남편에게 읽게 했어요. 그 글에서 선생님이 남편의 문제를 정확하게 꼬집으셨거든요"라고 말한 부인이 있었다. 내 글로 인해 그들 부부 사이가 더 화목해지지는 않았다는 것은 새삼스레 말할 필요도 없다.

대화가 거북하게 진행될 때, 요즘 논란거리인 시사 문제나 정치 문제, 혹은 사람들의 입에 자주 오르내리는 화제를 잠깐 거론하면 거북한 분위기를 바꿀 수 있다. 상대와 의견이 대립하지 않을 분야, 아주 일반적인 분야로 대화의 방향을 약간 바꾸는 것이다. 상대가 박학한 지식이나 색다른 의견을 자랑할 수 있는 분야라면 더욱 효과적이다.

일도 자신을 감추는 방패로 이용될 수 있다. 매일 저녁 일거리를 집에 가져오는 사람들이 있다. 남자는 일거리를 핑계로 부인이나 자녀와의 진지한 대화를 피한다. 반면에 귀가하는 즉시 신문을 펼쳐 들고 신문 뒤로 숨는 사람들도 있다. 부인이 걱정거리를 털어놓기 시작하면 그들은 신문에 푹 빠진 척한다. 한편 중요하고 화급한 문제를 결정내리기 위해서 차분히 논의해야 할 때면 들어야 할 연주회나 중계방송이 있다며 라디오를 켜는 사람들이 있다. 예를 들어 설명해보자. 언젠가 한 부인이 아들을 나에게 데려왔다. 그녀는 아들에게 중대한 성격적 결함이 있고, 얼마 전에는 중학교에서 퇴학까지 당했다며 걱정을 늘어놓았다. 그래서 내가 물었다. "남편은 이 문제를 어떻게 생각하십니까?" "오, 남편이요? 내가 심각한 얘기만 하려고 하면 모자를 집어 들고 나가버려요!"

여성들은 자신도 의식하지 못하는 사이에 집안일을 핑계로 대화를 회피하는 경우가 비일비재하다. 당장 다리미질해야 하는 세탁물이 언제든지 있고, 아이가 숙제하는 것을 도와줘야 한다. 또한 많은 부부가 암묵적 합의로 얼굴을 맞대고 앉을 기회를 피한다. 초대한 손님이 있거나 영화를 보러 나간다. 휴가를 갈 때도 친구들과 무리를 지어 떠난다.

얼굴을 맞대야만 대화가 가능하다는 건 자명한 이치다. 제3자가 옆에 있을 때, 그 사람이 아무리 가까운 친구여도 부부가 사적인 대화를 나누기는 힘들다. 내 경험에도 환자가 배우자나 친척과 함께 상담실을 찾아오면 환자와 솔직하게 대화를 나누기가 불가능하다. 예컨대 남자 환자가 부인과 함께 오는 경우, 그가 나에게 할 이야기를 부인이 속속들이 알고 있더라도 그는 나만을 상대로 말하는 것이 아니라 부분적으로는 부인을 상대로 말하게 된다. 한마디로 구경꾼이 있으면 상담이 어느 정도는 구경꾼을 위한 코미디가 될 수밖에 없다.

"잠시 짬을 내어 부랴부랴 선생님을 찾아왔습니다"라는 말은 "선생님과 함께 생각해야 할 문제, 솔직한 설명이 필요한 문제를 선생님께 털어놓기가 내키지 않습니다"라는 뜻일 수 있다. 한 마디도 하지 않더라도 조급함을 뜻하는 몸짓만으로도 상대에게 까다롭거나 중요한 대화를 시작할 생각은 눈곱만치도 하지 말라는 의도를 전달할 수 있다. 항상 바쁜 사람들은 이런 식으로 행동하며 대화에서 빠져나간다. 그들은 끊임없이 일거리를 찾아다니며 헌신적이고 열정적으로 일한다. 따라서 기술적인 문제에는 뛰어난 재능과 능력을 발휘하지만, 개인적 관계를 맺는 데 필요한 내면의 말을 함께 나눌 시간이 없다.

그들은 그런 현실을 안타깝게 생각하지만, 일거리를 줄이기는커녕 늘리기만 한다. 또 그들이 피곤에 지치면, 피로가 대화를 방해한다. 사업가는 밤늦게 기진맥진해서 퇴근하며, 부인은 남편이 집안일로 신경 쓰고 싶어 하지 않는 것을 이해한다. 남편이 바깥에서 이런저런 일로 시달렸을 거라 생각하며, 심지어 아이들이 아버지와 접촉하려고 할 때마다 "아빠가 무척 피곤하시단다. 아빠를 괴롭히지 마라"하며 아이들을 만류하기도 한다.

질병과 장애도 삶을 방해하는 요인이다. 모든 질병에는 육체적 고통에 정신적 고통이 더해지는 게 사실이다. 그러나 환자들은 대체로 의식하지 못하지만 질병이 혼란스런 삶으로부터 환자들을 지켜주는 역할도 한다. 따라서 완치라는 무의식적인 두려움이 정신에 스며들 수 있다. 병에서 회복하면, 병을 이유로 벗어나 있던 문제들에 다시 직면해야 하기 때문이다. 따라서 이런 두려움이 완치를 방해하는 내적 요인이 될 수 있다.

곤란한 상황에 빠질 때마다 고통스러운 편두통, 참기 힘든 급성 간질환, 짜증스런 설사가 느닷없이 닥치는 경우도 있다. 청력이 좋지 않은 환자들은 성가신 대화를 피할 수 있어서 청각 장애가 때로는 고마웠다고 나에게 고백하기도 했다. 신경과민, 성마른 기질도 상대에게 "나를 건드리지 마"라는 경고를 하기 때문에 대화를 방해하는 요인이다. 물론 어떤 경우에도 흔들리지 않는 낙천적인 기질도 진정한 대화를 방해할 수 있다.

현대 심리학이 '유아기적 퇴행régression infantile'이라 칭하는 현상도 마찬가지다. 지적이고 전문적인 분야에서 활동할 정도로 일부 영역에서는 충분히 발달한 성인이 어떤 상황에서는 어린아이처럼 행동하는 경우가 있다. 예컨대 아내에게 어머니처럼 보호자 역할을 해주기를 기대하고, 아버지에게는 말대꾸하는 것조차 두려워하며, 친구를 전능한 영웅으로 생각하는 경우다. 성인이 된다는 것은, 정확히 말하면 유아적 반응을 떨쳐내고 동등한 위치에서 대화를 꾸려갈 수 있는 사람이 된다는 뜻이다.

오늘 나는 한 사업가와 함께 이야기를 나누는 과정에서 삶을 방해하는 요인에 대해 다시 생각해보았다. 그의 부인이 먼저 나에게 상담을 받으려고 왔다. 그녀는 상담을 끝내고 집에 돌아가서는 자신에 대해 알게 된 것을 남편에게 꼬박꼬박 말해주었다. 그래서 다행히 그들이 함께 성장했고, 사랑을 재발견하는 기분에 젖었다. 결혼의 진정한 의미는 부부가 삶에서 도피하지 않는 책임 있고 자율적인 존재가 되도록 서로 돕는 데 있지 않은가.

오늘 남편이 나에게 상담을 받으려고 와서 그런 새로운 경험에 대해 말하고는 솔직한 심정이라며 이렇게 털어놓았다. "덕분에 삶이 재밌어지기는 했습니다. 그러나 삶을 회피하지 않겠다고 결정했지만, 그런 삶이 쉽지는 않습니다." 나는 대꾸했다. "당연합니다. 우리는 항상 피난처를 찾습니다. 가혹한 삶으로부터 우리를 지키기 위해 조그만 대피소를 마련하려고 하지 않습니까."

우리를 두렵게 하는 것들

돈과 명성과 직업이 피난처로 사용되는 듯하다. 돈이 있으면 당당해지고, 돈으로 은혜를 베풀면 남들에게 고맙다는 말을 듣는다. 부모들이 아이들에게 돈을 쥐어주며 입을 다물게 만드는 모습도 흔히 눈에 띈다. 자녀들이 성장해서 결혼한 후에도 부모는 아량을 가장하여 자녀를 금전적 의존 상태에 몰아넣음으로써 자신과 동등한 위치에 올라서는 것을 방해한다. 한마디로, 자신과의 유아적 관계를 그대로 유지시키려 한다. 또 반드시 설명이 필요한 어떤 상황이 닥치면 부인에게 선물을 주어 말문을 막아버리는 남편들도 많다.

언젠가 나는 의사들에게 넉넉하게 제공되는 샘플 약 하나를 환자에게 주었다. 그 순간, 나는 그 행동을 환자와의 깊은 대화를 회피하는 수단으로 삼았다는 것을 깨달았다. 까다롭고 긴 설명이 필요한 경우였지만, 당시 내가 무척 바빴기 때문에 그렇게 행동한 것이었다. 나는 당시 상황을 정확히 기억하고 있다. 그 환자가 상담을 끝내고는 느닷없이 이렇게 말했다. "남편에게 어떻게 해줘야 할지 모르겠어요. 항상 감기로 골골해요. 많은 의사에게 진찰을 받았지만 치료가 되지 않았어요." 순간적으로 내 경험이 기억에 떠올랐다. 나도 예전에 수개월 동안 감기가 떨어지지 않아 고생한 적이 있었다. 신체 저항력을 키우기 위해 내 생활방식을 완전히 뜯어고쳐야 했다. 하지만 몇 분 동안 그 모든 과정을 설명할 수는 없었다. 사람들이 질병에 대해 습관적으로 받아들이는 단순하고 기계적인 생각과는 완전히 다른 방식이었다. 그래서 나는 약상자에서 살균 연고 하나를 꺼내 그 환자에게 건네주며 "이 약을 써보라고 하십시오"라고 말하고 말았다.

전혀 비용을 들이지 않고 누군가에게 도움을 줄 때, 우리는 그를 필요 이상으로 도와줄 이유가 없다고 생각한다. 직업과 관련된 경우도 다를 바가 없다. 자신의 의무를 다하고, 자신에게 주어진 직업적 역할을 충실하게 완수하며, 고객이 기대하는 것에 부응하고, 상관이나 부하 직원이 기대하는 것을 해결하면 충분하다. 요컨대 그들이 인간의 자격으로 기대하는 것까지 반드시 해내야 할 의무는 없다.

직업적 기능은 원래 비인격적이다. 의사는 정확히 진단하기 위해서 냉정할 정도로 정확하게 질문한다. 꼭 필요한 만큼만 움직이고 반드시 필요한 도구를 다루며, 머릿속으로는 증상의 중요도를 과학적으로 분석한다. 이 때문에 개인적인 대화를 꺼내기 어려울 정도로 냉랭한 분위기가 조성된다. 그러나 의사는 개인적인 대화가 필요하며, 개인적인 대화가 기술적인 행위보다 어렵다는 것을 알고 있다. 의사가 의료인으로서 행하는 임무 자체도 무척 막중하다. 따라서 의사가 의료인의 임무에만 충실할 뿐이라고 비난하기는 어렵다.

의사만이 아니라 모든 직업이 마찬가지다. 프랑스 작가 쥘 로맹(Jules Romains, 1885-1972)이 '관료 조직système officiel'이라 칭한 것,[2] 즉 조직원 각자가 자신에게 주어진 의무를 정확하게 해내는 완벽한 조직은, 개인적 접촉을 방해하는 장애물일 뿐 아니라 우리의 연약한 실제 인간이 뒤로 숨는 강력한 철망이기도 하다.

그렇다, 우리는 보호 철망 뒤로 실제 인간을 감춘다. 철망을 통해서만 실제 인간을 드러낸다. 실제 인간의 일부만을 보여주고, 나머지 부분은 조심스레 감춘다. 일반적으로 생각하듯이 우리가 약점만을 감추는 것은 아니다. 때로는 우리가 가장 소중하게 생각하는 것을 감춘다. 얼마나 많은 사람이 남몰래 시를 쓰고 그 시를 책상 속에 감추어두었던가! 얼마나 많은 사람이 누구도 얼씬대지 않는 다락방 한구석을 화실畵室로 꾸몄던가!

평생 두세 번쯤 환상을 보았다는 신비주의자가 있었다. 나는 그의 이야기에 매료되어 귀를 바짝 기울였다. 겉으로는 무척 합리적으로 보이는 사람이었지만 영적인 문제에 대해서는 진정한 계시라 하기에 부족하지 않은 뛰어난 직관력이 있었다. 그는 딱 한 번 자신의 동생에게 그 능력에 대해 간접적으로 말한 적이 있다고 나에게 말했다. 하지만 동생이 그의 정신 건강을 의심한다는 느낌에 그 후로는 동생에게도 더는 말하지 않았다. 지금 생각해보면, 그가 나에게 환상vision과 환각hallucination의 차이에 대해 물었던 이유를 이해할 수 있을 것 같다.

우리에게 많은 희생을 요구하는 경험일수록 우리 삶에 많은 흔적을 남기고, 우리 마음에서도 많은 부분을 차지한다. 따라서 그 경험을 섣부른 판단이나 의혹으로 잘못 이해하고 과소평가할 수 있다는 걱정도 상대적으로 크다. 우리 마음이 예민하고 섬세할수록 상처도 쉽게 받는다. 위에서 언급한 신비주의자의 경우처럼, 혼자 경험하는 현상에 대해 우리는 내면에서 밀려오는 직관과 느낌의 진정성을 쉽게 받아들이지 못하며 의혹에 사로잡힌다. 자신이 다른 사람에게 보여주는 삶과 환상으로 본 내밀한 삶의 차이로 인해 힘겨워하는 사람들이 적지 않다.

우리도 등장인물과 실제 인간의 불일치로 인해 고통받지만, 우리의 실제 인간에서 가장 소중한 것을 드러내면 그 실제 인간에 상처를 내게 될까 두려워하며 이런 불일치를 조심스레 유지한다. 예술과 철학과 종교에 대한 확신의 경우도 다를 바가 없다. 우리는 이런 확신들이 굳건하지 못해 타자의 비판과 거친 반박을 견디지 못할 거라고 생각한다. 그러나 확신은 겉으로 표현되고 꾸준히 유지될 때만 명확해지고 더욱 단단해진다.

결국 우리는 우리의 보물, 보물 중 보물, 즉 우리의 실제 인간을 지켜야 한다. 어제 한 환자가 나에게 "지금까지 제가 세상사람 모두로부터 나를 지키며 살아왔다는 것을 깨달았습니다"라고 말했다. 실로 많은 사람들이 성급하게 판단을 내린다. 사람들은 갓 시작한 사람들의 사소하기 이를 데 없는 실수를 요란하게 지적함으로써 그들의 사기를 꺾어놓고, 실질적인 재주를 지닌 사람들을 폄하함으로써 자신감을 유지한다. 질투심이 없는 사람은 없다. 질투심이 성급한 비판을 낳는다. 차라리 우리는 한없이 두렵다는 것, 그런 두려움을 감추며 살아가고 있다는 것을 인정하자. 오스카 포렐Oscar Forel 박사는 "삶을 살아가는 기술은 원초적인 두려움을 감추는 기술인 동시에, 타자의 두려움을 이용하는 기술이다"라고 말했다.[3]

그러나 우리가 가장 두려워하는 것은 우리 약점과 결함이 드러나는 것이다. 내가 지금까지 설명한 모습이 바로 인간이라는 주장에 많은 사람이 의문을 제기하며, "당신 책을 읽어보면 모든 가정에 비극이 있고, 모든 삶에 비밀스런 죄가 있다는 생각을 떨치기 어렵다"고 말한다. 게다가 내 주장이 칼뱅의 염세주의에서 비롯된 것이라고 생각하는 사람들도 있다.[4] 하지만 내 생각에는 그들의 낙관주의가 순진하기 이를 데 없는 듯하다. 그들은 겉모습에 속고 있는 것이다.

나는 환자만을 만나는 게 아니다. 건강한 사람들도 자주 만난다. 그들이 내 상담실에서 평소보다 마음을 열기로 결심한 덕분에 삶의 겉모습 뒤에서 어떤 일이 일어나는지 짐작할 수 있는 것이다. 많은 사람들이 존경하며 본보기로 삼지만, 식사할 때마다 심한 폭언과 주먹이 오가는 가문들이 있다. 대단하지 않은 초대 손님 앞에서도 깍듯이 예절을 차리며 품위 있게 행동하는 세련되고 지적인 사람들이 그렇게 행동할 거라고는 누구도 짐작하지 못할 것이다.

지극히 고결한 이상을 품고, 높은 교육을 받아 교양 있고 세련된 사람들이 특정한 상황에서 하는 비밀스런 행동을 부끄럽게 생각하며, 그 비밀을 감추기 위해 온갖 짓을 다 한다. 자제하지 못하는 이유를 이해하지 못하기 때문에 그들은 자신들을 엄격하게 심판하며, 남들에게 똑같이 판단받을까 두려워한다. 반면에 교육을 받지 않아 거칠고 교양 없는 사람들은 자신의 진정한 색을 거리낌 없이 드러낸다.

가족 중 누군가 정신분석 의사에게 상담을 받으려고 할 때 가족이 반대하는 경우가 많다. 그가 가족의 비밀을 폭로할까 두렵기 때문이다. 따라서 그가 개인적 삶에 대해 어떤 이야기를 했는지 알아내려고 그를 괴롭히고, 폭력적으로 비난하거나 위협하기도 한다. 반대로 가족의 삶은 아름답고 화목하기 그

지없지만, 직장에서 일어나는 일을 그런 화목한 삶에 은밀하게 감추는 사람들도 의외로 많다. 모든 사람의 삶에 비극적 사건이 있는 것은 아니지만, 모든 가정에는 남에게 드러내기 난처한 일들이 많다. 이런 이유로 베르그송은 보편적으로 감추어지는 비밀에 대해 언급하며, 자기 집안이 남들에게 존중받기 원한다면 먼저 남의 집안을 존중하라고 말했다.

내가 커다란 비극만을 강조하는 것은 아니다. 삶의 사소한 부분들에서도 우리는 우리 자신의 모습이라고 믿게 하려는 이미지에 부합하지 않는 모습을 남들에게 드러내지 않으려고 무진 애쓴다. 우리가 어떤 태도를 취하는 진정한 동기는 그저 자존심, 질투심이나 이기심, 탐욕이나 욕망에 불과하다는 것을 우리는 완벽하게 알고 있다. 우리는 그럴듯한 설명으로 그런 동기를 화급하게 덮어버린다. 예컨대 난해한 증상을 지닌 환자를 맞닥뜨리면, 과학적인 전문용어까지 동원해서 지루한 장광설을 늘어놓으며 우리의 무지를 감추려 한다. 만약 내가 환자의 이름을 잊은 경우에는 어떻게 할까? 내 기억 창고에서 환자의 이름을 찾아내는 동안 환자에게 과도한 친절을 베푼다. 혹은 내가 그를 기억하고 있다는 것을 과시하려고 과거의 상담에서 나왔을 만한 사소한 문제들을 넌지시 언급한다. 만약 내가 답장하기로 약속한 편지를 쓰는 것을 잊었을 때는 어떻게 할까? 내가 눈코 뜰 새 없이 바쁜 사람이라는 것을 은근히 과시한다.

언젠가 나는 한 동료와 함께 오랫동안 산책하며 심리학적이고 영적인 문제에 대해 토론했다. 산책이 끝나갈 즈음, 나는 동료에게 카드로 점치는 것을 무척 좋아한다고 말했다. 그 동료가 그런 카드놀이는 쓸데없는 짓이라고 빈정댈 거라 생각한 까닭에 무척 망설이기는 했다. 며칠 후, 그는 자기 부인과 함께 카드 점을 치기 시작했는데 무척 재미있다는 편지를 나에게 보냈다.

누구에게나 유별난 취미와 나쁜 습관이 있다. 속담에서 말하듯이, 누구도 자신의 몸종에게는 영웅이 아니다. 누구에게나 작은 기벽, 즉 부끄럽지만 버리기 힘든 습관이 있다. 때로는 값비싼 대가를 치러야 하는 습관도 있다. 예컨대 하찮은 오락거리에 얼마나 많은 돈을 쓰는지 부인에게는 물론 자신에게도 감추기 위해 자신이 얼마나 버는지 말하지 않으려고 조심하면서도, 부인에게는 살림을 하는 데 돈을 절약하라고 잔소리를 해대는 남편이 얼마나 많은가? 또 여자들은 유혹을 이기지 못하고 비싼 돈을 주고 장신구를 사고는 가계부 식료품 항목에 적는 경우가 얼마나 많은가.

따라서 누구나 현실을 두려워한다. 우리는 말로는 자신을 알고 싶다고 하지만, 실제로는 자신을 아는 것을 두려워한다. 그래서 정신과 의사조차 필적 전문가, 정신공학자, 혹은 다른 정신과 의사를 상담하는 것을 꺼린다. 다른 사람들이 우리에 대해 갖고 있는 이미지만이 아니라, 우리가 다른 사람들에 대해 갖고 있는 이미지도 바뀌는 것을 꺼린다. 다른 존재와 자신을 찾아나서는 패기발랄하고 대담한 마음가짐을 버리고, 우리 자신과 주변 사람들을 잘 아는 척한다. 부인을 잘 안다고 생각하지만, 그 때문에 약혼 시절에 충만하던 사랑의 호기심을 상실한 남편이 얼마나 많은가!

환자를 병원에, 정신질환자를 정신병원에, 노약자를 양로원에, 신경증 환자를 전문병원에, 문제아동을 재교육 학교에 보내는 이유는 그곳에서 그들을 더 효과적으로 보살펴줄 것이라 생각하기 때문이다. 그러나 우리가 인정하든 그러지 않든, 인간의 취약함을 드러낸 사람들을 눈에 띄지 않는 곳에 격리하려는 마음도 적지 않다. 문명사회는 인간의 고뇌와 빈곤을 보고 싶어 하지 않는다. 더 정확히 말하면, 물질적으로나 정신적으로 고통받는 사람을 보면 급작스레 거대한 동정의 물결이 일어난다(피에르 신부의 성공이나 재난 후의 모금 활동을 생각해보라). 그러나 군중은 금방 그 사람을 잊는다. 한마디로, 군중은 삶의 굽이굽이에서 항상 그런 고통의 현장을 만나는 것을 달갑게 여기지 않는다.

육체적으로 혹은 정신적으로 허약한 사람은 이런 현실을 누구보다 뼈저리게 느낀다. 따라서 그들은 자신의 허약함을 감추기 위해서 온갖 수단을 끝없이 동원한다. 엄청나게 슬픈 사건을 겪은 사람도 처음에는 엉겁결에 슬픔을 드러내지만, 행복한 사람들을 괴롭히지 않기 위해 눈에 띄지 않게 슬퍼해야 한다는 것을 곧 깨닫는다. 이런 깨달음은 이성적 판단이지만, 개인적 접촉을 방해하는 심각한 장애물이 된다. 인간은 자신이 힘든 고난 앞에서 무력하다는 것을 철저하게 알고 있기 때문에, 그런 힘든 상황을 자발적으로 경험하고 싶어 하지 않는다.

언젠가 한 부부가 먼 곳에서 우리를 만나려고 왔다. 그들은 몇 주 전에 자식을 비극적으로 잃는 커다란 슬픔을 겪은 터였다. 파티가 끝나갈 무렵, 그 부부는 우리에게 정신적인 외로움에 대해 털어놓기 시작했다. 처음 며칠 동안 그들은 많은 사람에게 동정을 받았지만, 며칠이 지나자 자신들의 슬픔을 마음 놓고 솔직하게 토로할 수 없었다고 말했다. 어떻게 반응해야 할지 모르는 사람들에게 불행한 사건은 의문만 불러일으키기 때문이다.

어떻게 대답하고 반응해야 할지 모른다는 두려움은 우리로 하여금 다른 것에 대해 말하게 만든다. 우리는 편하게 논의할 수 있는 문제로 대화의 방향을 바꾼다. 많은 의사가 질병의 배경에 삶의 과정에서 겪은 중대한 문제가 있다는 것을 직관적으로 알지만, 환자가 의사에게 마음의 문을 열더라도 그 복잡한 문제를 해결하도록 어떻게 도와야 할지 모른다는 두려움 때문에 그 문제를 건드리지 않으려고 조심한다. 하지만 의사는 적절한 대답을 내놓지 못하더라도 환자의 말을 경청해야 한다.

끝으로, 감정의 두려움도 대화를 방해하는 요인이다. 많은 사람이 감정에 북받쳐서 눈물을 흘릴지도 모른다는 두려움, 즉 자신이 마음이 약하고 감성적인 사람이라는 게 드러날 수도 있다는 두려움 때문에 개인적인 문제로 대화하는 것을 꺼린다. 그들은 자신의 허약한 면이 구설수에 오를까 두려워한다. 하기야 감정을 드러내는 것은 부끄러운 짓이라는 잘못된 생각이 상당히 만연해 있다. 그런데도 눈물을 짜내는 영화가 인기 있는 이유는 무엇일까? 모든 것이 허용된 공간에서, 일상에서 억압된 감정을 때때로 발산할 필요가 있기 때문일 것이다.

죽음을 앞둔 환자의 머리맡에서 의사와 가족은 환자에게 회복의 가능성을 심어주려고 애쓴다. 물론 회복의 가능성이 희박하더라도 목숨이 붙어 있는 한 회복할 가능성이 전혀 없는 것은 아니기 때문에 그렇게 말하기도 하지만, 환자의 의지를 북돋워주려는 목적도 있다. 그러나 환자가 이런 속임수에 넘어가지 않는 경우도 적지 않다. 이런 경우 주변 사람들은 환자의 질문에 얼버무린다. 환자가 죽음에 의연하게 맞설 정도로 영적으로 성숙한 사람인 경우에도 주변 사람들은 이런 식으로 대처한다. 이런 식의 대처는 마지막 대화마저 회피하는 행동이 아닐까? 곧 닥칠 이별을 앞두고 가슴 뭉클하고 감동적인 대화를 이런 식으로 회피해서야 되겠는가?

사랑을 표현할 줄 모르는 부부가 의외로 많다. 때로는 즐거운 감정마저 제대로 드러내지 않는다. 오늘 한 어머니가 나에게 상담을 받으러 와서, 어제 저녁에 딸의 약혼식을 치렀다고 말했다. 내가 물었다. "사위는 마음에 드십니까?" "그럼요!" "그래서 딸을 꼭 껴안고 그렇게 말해주셨습니까?" "아니요, 그러지 못했어요. 그냥 시간이 늦었다며 자라고만 말했어요. 다음에 다시 얘기하자고요."

책임감과 고백

"선생님은 참 냉정하시군요."

어제 한 환자가 나에게 이렇게 말했다. 그녀는 "그래서 선생님께 상담을 받으려고 온 것이지만요"라고 덧붙였다. 내가 온갖 질문으로 환자를 압박해서 그녀가 이렇게 말했을 거라고 생각하는 독자도 있을 것이다. 그러나 전혀 그러지 않았다. 나는 열심히 듣기만 했다. 그녀가 갈등하는 것이 그럴 만한 가치가 있는 것인지 유심히 들었다. 나는 그녀가 내면의 싸움을 벌이고 있다는 것을 느꼈다. 그것은 나도 이미 경험했던 것으로, 진정으로 정직해져야겠다는 내면의 투쟁이었다.

우리는 등장인물을 벗어던지고 실제 인간을 되찾고, 그 결과로 개인적 접촉이 가능한 공동체를 회복하기를 진심으로 바란다. 이런 바람은 우리의 내면에서부터 커다란 장애물에 부딪힌다. 그 환자는 두 손으로 머리를 감싼 채 자신의 이야기를 조금씩 자세하게 풀어냈지만, 긴 침묵으로 중단하기 일쑤였다. 사소한 것까지 자세하게 말하지 않으면 해방도 없다는 것을 그녀는 잘 알고 있었다. 그러다가 갑자기 이야기를 중단하고는 "선생님은 참 냉정하시군요. … 그래서 선생님께 상담을 받으려고 온 것이지만요"라고 말한 것이다.

정직이라는 문제에 임시방편은 없다. 비밀을 털어놓을 때 또 다른 비밀을 털어놓게 되고, 결국에는 가장 털어놓기 힘든 비밀까지 머릿속에 떠오르게 된다. 그 순간, 사람은 무력감에 빠지며 대화를 중단하고 싶어진다. 마지막까지는 아니어도 어느 정도까지 마음의 문을 열었다는 것 자체로 얼마나 불안하겠는가! 삶은 그 순간에 내적 투쟁 중일 수 있다. 따라서 우리는 냉정해야 하지만, 내면에서 무슨 일이 일어나는지 이해하여 승리를 거둘 때까지 내면의 투쟁을 사랑으로 지원해야 한다.

내면의 투쟁이 일어나는 이유는 지금까지 누구에게도 말할 수 없었던 무척 고통스런 기억 때문일 수 있다. 그 기억은 두 가지 이유로 치명적이다. 첫째는 그로 인해 생긴 지워지지 않은 상처 때문이고, 둘째는 지금까지 줄곧 비밀로 간직되었기 때문이다. 한 영혼을 짓누르며 결국에는 파멸로 몰아가는 비밀이 있다. 그 비밀을 말한다는 것은 그 비밀을 되살린다는 뜻이고, 그 비밀과 관련된 견디기 힘든 감정을 다시 겪어야 한다는 뜻이다. 그래서 영원한 비밀로 묻어두고 그 비밀을 가능한 한 멀리했던 것이다. 당연히 어떤 주제는 금기가 됐고, 대화가 그 주제에 접근하면 격렬한 불안감이 밀려왔다.

그러나 정직을 지향하는 길, 즉 실제 인간을 되찾으려는 길에서는 다른 기억들이 필연적으로 떠오르기 마련이다. 구체적으로 말하면, 책임감과 죄책감을 느끼게 하는 기억들이 떠오르는 것이다. R. P. 뒤카티옹 신부는 "죄는 인간의 유별난 행위다"라고 말했다.[5] 따라서 장애물은 회한과 수치심이며 심판에 대한 두려움이고, 구제책은 먼저 장애물을 극복하도록 도와주고 결국에는 죄를 씻어주는 은총이다.

나는 이미 죄 고백을 주제로 자주 글을 썼지만, 아직도 오해가 있는 듯하다. 신학자들은 내가 의사들에게 성직자의 역할을 대신하도록 부추긴다고 염려한다.[6] 하지만 나는 과거에도 그런 적이 없었고, 앞으로도 그렇지 않을 것이다. 가톨릭 신자라면 당연히 고해실에서 죄 사면을 구해야 한다. 나도 가톨릭 신자에게 그렇게 하라고 권하며, 의사에게 죄를 고백했다는 구실로 죄가 사면되는 것은 아니라고 말한다. 분명히 말하지만, 교회를 기만해서는 누구도 하나님과 하나가 될 수 없다.

그러나 신학자들도 세상을 본연의 모습대로 봐야 한다. 그들이 바라는 모습으로 세상을 봐서는 안 된다. 우리 주변에는 죄를 고백할 기회를 갈구하는 사람들이 무수히 많다. 로마가톨릭 신자들이나 동방정교회 신자들 사이에도 고백할 기회를 애타게 기다리는 사람들이 많다. 심지어 고해실을 진실한 마음으로 규칙적으로 찾지만, 오히려 개인적인 대화를 하는 과정에서 지금까지 고백했던 어떤 잘못보다 자신들의 삶에 결정적인 영향을 미친 잘못을 불현듯 깨닫는 사람들이 적지 않다.

게다가 과거에는 죄 고백을 피하려고 교회를 멀리하며 지냈지만, 의사의 도움으로 죄에서 해방되는 시간을 보낸 후에 교회로 돌아간 사람들도 있다. 죄 고백이라는 관습이 거의 폐기된 개신교에서도 다를 바가 없다. 최근에 막스 튀리앙(Max Thurian, 1921-1996) 목사는 종교개혁가들이 규칙적으로 죄를 고백하는 관습을 권장했다는 것을 역설하며, 개신교에서 죄의 고백이라는 관습을 되살려내는 일이 무척 중요하다는 것을 정확하게 지적했다.[7] 튀리앙 목사는 로마가톨릭처럼 성직자에게 행하는 죄 고백만이 종교적 타당성을 지닌다고 말하지만, 동방정교회에서는 평신도 앞에서 행하는 죄 고백도 인정한다.

끝으로, 신을 믿지 않는 사람과 미지근하게 믿는 사람, 불가지론자, 심지어 종교에 반감을 지닌 사람이 있다. 신을 믿는 사람만큼이나 이들에게도 자신의 회한을 밖으로 표출할 필요가 있다. 어떤 신학자도 내가 성직자의 역할을 대신할까 두려워하거나, 상담을 위한 대화 중에 내밀한 비밀을 이야기할 기색이 보이면 곧바로 대화를 중단하라고 나에게 요구하지 않을 것이다. 더구나 심리적 요인들이 내밀한 의식의 흐름과 뒤섞이면 더더욱 대화를 중단해야 한다고 요구하지도 않을 것이다. 분명히 말하지만, 이런 경우에 의사는 교역자가 대신할 수 없는 역할을 한다.

내가 여기에서 말하는 것은 성직자의 영역인 고해성사는 아니다. A. 스토커 박사는 혼동을 피하기 위해 의사의 상담실에서 나오는 죄 고백을 '커뮤니케이션communication'이라 칭하자고 제안했다.[8] 따라서 나는 마음과 관련된 사건, 특히 실제 인간과 관련된 사건인 '커뮤니케이션'을 다루는 의사이자 심리학자로서 말하는 것이다. 무엇보다, 커뮤니케이션에서 나타나는 마음가짐에 대해 말하는 것이다. 그것은 자신과 대화 상대자에게 정직하려는 마음가짐이다. 하나님과 타자 모두에게 정직할 때만 자아에게도 정직할 수 있다. 이런 상관관계는 내가 자연주의자로서 분명하게 말할 수 있는 마음의 법칙이다. 내가 잘못 이해하지 않았다면, 이 법칙과 관련된 정직은, 세계교회 연구소가 주최한 정신요법 의사와 신학자의 모임에서 뒤랑 박사가 '심리적 윤리morale psychologique'라 칭한 것과 같은 정직이다.

죄 고백을 한마디로 정의하면 책임감의 강조다. 책임감이 있을 때 죄 고백은 실제 인간을 되살리는 행위가 된다. 뒤랑 박사를 비롯해 프로이트의 제자를 자처하던 심리요법 의사들, 즉 책임감을 부인하는 기계적 심리학을 추종하던 심리요법의사들이 본래의 이론에도 불구하고 실제 인간의 해방 조건으로 책임감의 특유한 가치를 강조하고 있다는 사실은 놀랍기 그지없다.

여기서 죄의 고백에 담긴 의학적 가치를 군이 강조할 필요는 없을 것이다. 해소되지 않은 양심의 가책은 오랫동안 삶을 짓누르기 때문에, 그 결과로 몸과 정신의 저항력을 약화할 수 있다. 따라서 양심의 가책이 일부 심신질환의 진짜 원인일 수 있다. 죄 고백으로 막힌 곳을 뚫어내면, 삶의 물줄기가 곧바로 다시 원활하게 흐른다. 이런 이유로 존데레거 박사는 의사를 '인류의 천부적인 고해신부'라 칭했고, 미슐레는 "의학계에는 언제나 완전한 고백이 필요하다"고 말했다. 또한 20세기 초에 스위스 베른의 뒤부아 박사는 자신을 그리스도인이라 칭하지 않고 "당신의 환자에게 고백하라"고 말했다.[9]

고백할 때 진정으로 개인적인 대화, 즉 서로 진실한 마음으로 전념하는 대화가 가능하며, 그렇게 대화할 때 모두가 내적으로 자유로워진다. 그렇다고 환자들을 고해신부로 대하라는 뜻은 아니다. 환자를 받아들이기 전에 우리가 교회의 가르침대로 먼저 고백의 길을 걸어야 한다. 그래야 우리가 자유로워져서 단순하면서도 진실하고 개인적인 말투를 되찾을 수 있기 때문이다. 그런 말투가 없이는 진정한 대화가 불가능하다. 따라서 고백을 받아주는 사람으로서 우리의 임무는, 우리가 어떻게 고백하는지에 따라 성패가 결정된다.

그러므로 요즘 세계에서 선의만으로는 개인적 접촉을 회복하기에 충분하지 않은 이유를 알 수 있다. 요즘 세계가 비인간화됐다는 것을 나만큼이나 한탄하는 사람들이 자주 눈에 띈다. 그들은 요즘 세계를 개탄하지만 종교를 이런 현상에 개입시켜야 하는 이유를 알지 못한다. 그들은 인본주의적 이상으로 현재의 상황을 해결할 수 있으리라 생각한다. 따라서 그들은 한층 인간적인 정신을 끌어들이려고 노력한다. 그들의 노력이 반갑지만, 나는 그들이 이상주의자이고, 극복해야 할 장애물의 크기를 제대로 파악하지 못한 것이라 확신한다.

인간적인 삶을 진정으로 되찾기 위해서는 많은 대가를 치러야 한다. 책임감도 그중 하나다. 책임감을 자각하면 필연적으로 절망이나 고백에 이르기 마련이고, 결국 은총받기에 이른다. 책임감을 자각하기 위해서는 인본주의적인 선의를 넘어, 그 이상의 것이 필요하다. 새로운 사고방식, 개인적 혁명, 기적이 필요하다.

지극히 고통스런 기억, 지독히 쓰라린 회한, 사적인 확신을 비밀로 간직한 사람은, 자신의 행동과 인간관계에서 누구나 직관적으로 직감하는 어떤 조심성을 필연적으로 간직하기 마련이다. 그런 조심성은 전염성이 있기 때문에 결국 개인적인 관계의 형성에 걸림돌이 된다. 반면에 고백으로 과거의 족쇄에서 해방된 사람도 힘겹던 과거에 대해 한 마디도 하지 않아도 전염력을 지닌다. 누구나 그와 접촉하는 것만으로도 지금보다 개인적인 말투를 되찾을 수 있기 때문이다. 인간적인 세계를 만들어가기 위해서는 실제 인간들, 즉 자유롭고 책임 있는 삶으로 거듭난 사람들이 필요하다. 첫 탄생이 그렇듯이, 이런 새로운 탄생도 우리 결심의 열매일 수는 없다. 은총이 필요하다. 하나님과의 만남, 하나님과의 대화가 필요하다.

9

살아 있는 하나님

이제 우리는 인간이 자신의 실제 인간을 본연의 모습으로 찾
아내 드러내는 것을 두려워하는 까닭에 대화를 회피한다는 것
을 알게 됐다. 그러나 인간이 대화를 추구하여 내면의 저항을
이겨내고 타자와 진정으로 접촉할 때 인간적 삶에 눈뜨게 된
다는 것도 알게 됐다. 따라서 영혼의 치유를 위한 교역자와의
대화, 심리치료를 위한 의사와의 대화에서만이 아니라 일상의
삶에서, 친구와의 깊은 만남에서, 심지어 진정성이 담긴 순간
적인 시선의 교환에서도 실제 인간은 등장인물로부터 모습을

드러낸다.

앞에서도 말했듯이, 이런 경험은 고백으로 가장 내밀한 비밀, 감정과 회한으로 가득한 비밀을 털어놓을 때 절정을 맞는다. 그 때부터 내면의 장애물과 대대적인 투쟁이 시작되고, 그 투쟁 덕 분에 우리는 이때 어떤 일이 벌어지는지 조사할 수 있다.

무엇이 승리의 요인일까? 물론, 대화의 분위기다. 사랑받고 이해받을 것이라는 확신이다. 그러나 내면의 저항할 수 없는 힘도 승리의 요인이다. 그 힘 덕분에 끝까지 정직하고, 등장인 물이라는 가면을 벗어던지고, 실제 인간을 찾아낼 수 있기 때 문이다.

말씀하시는 하나님

내 환자가 내적 투쟁에 빠져들어 아무 말도 하지 않고 긴 침 묵을 이어간다면, 그의 내면에서 또 다른 대화가 진행되고 있 다는 뜻이다. 이른바 내면의 대화다. 그가 그리스도인이 아니 어서 그 자신과 투쟁하는 것이라 생각할지라도 그 두 번째 대 화는 하나님과의 대화다. 우리 모두가 저항하듯이, 그의 내면 에서는 모든 것이 저항한다. 그가 말을 하더라도 그가 말하는 게 아니다. 그보다 강한 힘이 말하는 것이다. 하나님이 그를 통해 말하는 것이다. 앞에서 나에게 "선생님은 참 냉정하시군 요"라고 말했던 여자 환자는 내면의 대화에서 나온 대답을 큰 소리로 입 밖으로 말한 것일 뿐이다.

따라서 두 대화가 동시에 진행되고, 두 가지 개인적 접촉이 이루어진다. 하나는 타자와의 접촉이고, 다른 하나는 하나님과의 접촉이다. 두 대화는 긴밀한 관계가 있다. '하나님을 사랑하라'와 '이웃을 사랑하라'는 두 대계명이 긴밀한 관계에 있는 것과 같다. 더구나 예수는 두 대계명이 비슷한 것이라 선포하시지 않았던가(마 22:37-40). 예수의 선포가 맞는다면, 혼자 하나님께 고백하는 것에는 해방하는 능력이 없으며, 혼자 은둔하는 곳에는 하나님과의 대화가 없다. 은둔자에게도 고백을 받아줄 사람이 필요하다. 그러나 역으로 하나님과의 내적 대화가 함께 진행되지 않고는 진정한 인간적인 대화도 있을 수 없다.

하나님과의 내적 대화가 무엇보다 중요하다. 하나님이 우리를 해방하시고, 실제 인간을 잠에서 깨워서 드러내시기 때문이다. 환자와 나, 우리가 주고받는 말이 중요하려면, 우리 둘을 뒤흔들어 해방하는 영혼의 내적 변화가 있어야 한다. 그 순간이 우리 둘에게는 하나님과 개인적으로 접촉하는 순간이다. 이런 이유로 침묵이 때로는 말보다 소중하다.

우리 둘은 하나님께로 다가간다. 하나님은 우리 둘 사이에서 각자의 실제 인간을 불러내고, 유대감을 끌어내신다. 언젠가 나는 상담을 끝낸 후 자연스레 환자에게 이렇게 말했다. "오늘 우리 대화는 처음부터 끝까지 기도하는 것 같았지요? 그렇지 않습니까?" 물론 환자와 나는 우리가 서로 하나님에 대해 말했는지도 의식하지 못한 터였다. 환자가 나와 종교가 다르더라도, 아니 종교가 아예 없더라도 마찬가지다. 나는 여기서 상담의 상황을 해석한 것이 아니라 상황 자체를 사실대로 말한 것이다. 하나님의 요구와 인간의 저항 사이에 갈등이 있다. 그 갈등은 하나님의 통찰력을 지닌 목소리와, 그 목소리가 요구하는 대답 사이의 대화다.

많은 사람이 의식조차 못하지만 실제로 하나님과 대화한다. 우리가 어떤 일이 벌어지는지 명확히 알기 위해 자발적으로 고백을 선택하여 고백의 절정에 이른 순간에만이 아니라, 내적 투쟁으로 우리의 가치관에 대한 의문이 제기될 때마다, 또 우리가 진선미眞善美와 정의의 기준에 따를 때마다 우리는 하나님과 대화한다.

인간은 자신에게 의문을 제기한다는 점에서 동물과 다르다. 인간은 세상과 자신에 대해서, 사물의 의미에 대해서, 질병과 치유의 이유에 대해서, 삶과 죽음에 대해서 의문을 제기한다. 인간은 자신의 약점과 결함 그리고 책임을 의식하며, 해결책이 있는지 고민한다. 우리는 의식조차 못하지만 하나님이 우리에게 의문을 제기하시기 때문에, 하나님이 우리에게 말씀하시기 때문에 우리는 자신에게 의문을 제기하는 것이다. 내가 알기로는 그렇다. 하나님은 믿는 사람에게만이 아니라 모든 인간에게 차별 없이 말씀하신다. 믿음은 하나님이 말씀하신다는 것을 인정하는 데 있다.

따라서 우리가 앞에서 인간의 대화에 대해 말했던 모든 것이 하나님과의 대화에서 재발견된다. 요컨대 하나님과의 대화는 인간의 대화와 동시에 진행되며, 인간의 대화에 의미와 진정한 가치를 부여한다. 인간을 동물과 구분해주는 '새로운 차원'을 인간에게 부여하며, 인간의 대화를 영적 사건, 즉 실제 인간을 만들어내는 창조적 사건으로 승화시키는 존재도 역시 하나님이다. A. 스토커 박사는 "영적인 것이 인간을 만들어낸다"[1]라고 말했고, 알퐁스 메데 박사는 "신앙이 인간의 본질이다"[2]라고 말했다. 따라서 알로이스 폰 오렐리 박사의 "인간은 대화다"라는 결론은 하나님과의 대화, 인간적인 하나님과의 개인적인 만남, 하나님에 대한 책임의 수용으로 해석된다.

인간의 대화처럼, 하나님과의 대화도 때때로 중단된다. 독실한 신자도 하나님이 멀리 떨어져 있는 듯한 목마른 시간을 겪는다. 그러나 우리가 하나님과의 깊은 교감을 한밤중의 섬광처럼 드물게 경험한다고 해서 문제될 것은 없다. 우리 삶 전체를 위해서는, 또 우리의 실제 인간을 위해서는 하나님과 교감하는 순간이 기계적으로 살아가는 수년보다 중요하다. 그때가 문자 그대로 우리 미래를 결정하는 중요한 순간이다. 비유로 말하면, 우리가 새로운 방향을 결정해야 하는 갈림길에 서 있는 순간이다. 어떤 방향을 선택하는지에 따라 그 이후의 우리 삶이 달라진다.

우리가 타자와 개인적 접점에 이르는 순간을 결정적인 시간이라 일컬었던 이유는, 인간의 대화 뒤에서 또 하나의 영적인 대화가 동시에 진행되기 때문이다. 우리와 완전히 하나가 될 때까지 우리에게 다가오는 사람이 있다면, 하나님이 우리에게 다가오셔서 우리에게도 하나가 되라고 요구하시는 것과 같다. 그렇다고 우리 상대가 정말로 하나님의 목소리로 말한다는 뜻은 아니다. 그런 인간의 접촉을 이용해서 하나님이 친히 우리에게 말씀하시고자 하는 것을 우리에게 듣게 하신다는 뜻이다.

게다가 두 대화가 반드시 나란히 진행되는 것은 아니다. 산을 뚫은 고속도로의 이차로처럼, 두 대화는 갈라졌다가 다시 합쳐지기도 한다. 따라서 우리만이 하나님을 만나는 경우도 있다. 하나님과의 만남은 인간의 만남으로 마련된 것이었지만, 그러나 더 깊은 의미를 지닌 새로운 인간의 만남을 가능하게 해준다.

하나님의 말씀이 아무런 예고도 없이 갑작스레 가슴에 와 닿을 때, 삶의 방향을 완전히 바꿔놓는 내면의 목소리를 듣고 갑작스레 개종할 때, 그 사람은 하나님이 오래전부터 그에게 말을 거셨고, 하나님과의 대화가 무의식의 어둠 속에서 꾸준히 계속되다가 그날 갑자기 섬광처럼 폭발한 것이라 생각한다. 따라서 그는 하나님이 세상에 존재하는 모든 것을 통해서, 또 모든 사람을 통해서, 예컨대 시인과 연주자를 통해서, 어린아이와 노인을 통해서, 성인과 평범한 보통 사람의 모범을 통해서, 꽃과 짐승을 통해서, 꿈과 사건을 통해서 끊임없이 그에게 말을 걸어오셨던 것이라 생각한다.

하나님은 우리 의사들에게 환자의 아픔과 고통을 통해서, 환자들의 신뢰와 고백을 통해서 말을 거신다. 하나님은 환자들의 질병과 치유를 통해서, 즐거움과 걱정을 통해서 우리 의사들에게 말을 거신다. 하나님은 비유로 말씀하신다. 우리가 그 비유를 이해하면 자연과 역사, 즉 우리 삶의 모든 사건이 새로운 의미를 띤다. 올여름 나에게 자신의 경험을 털어놓았던 한 환자를 예로 들어보자. 그녀는 자신을 곁에 붙잡아두려던 어머니의 비판에 과감히 맞섰다. 그녀는 예기치 못한 어떤 힘에 떠밀려 어머니 곁을 떠나 시골로 들어갔다. 초원이 드넓게 펼쳐진 그곳에서, 따뜻한 태양 아래서 그녀는 처음으로 자연과 하나가 됨을 느꼈다. 이른바 은총을 경험한 것이다. 그녀는 나를 찾아와서, 그 경험 덕분에 그날 이후로 삶이 완전히 달라졌다고 말했다.

그러나 하나님은 무엇보다 성경을 통해서 말씀하신다. 성경은 계시되고 구체화된 하나님의 말씀이 기록된 책이기 때문이다. 따라서 무엇보다 성경을 통해서 하나님과의 개인적 접촉이 이루어진다. 그런 접촉이 이루어질 때 성경 읽기는 더 이상 힘든 의무가 아니다. 성경은 알쏭달쏭한 수수께끼 같은 글이나 평범한 교훈서가 아니라 개인적인 대화가 되어, 사소한 단어 하나, 사소한 이야기 하나까지 우리에게 개인적으로 감동을 준다.

왜 성경이 아직도 '살아 있는' 하나님에 대해 말한다는 것일까? 성경이 우리에게 계시하는 하나님은 철학자들의 하나님이 아니기 때문이다. 시간과 공간을 초월하는 하나님이고, 만물의 기원이며, 가장 고결한 정신이기 때문이다. 하나님은 살아 있는 존재로서 우리에게 호소하고 우리 일에 개입하며, 우리와 함께 행동하고 고통을 나누시는 존재다. 예수 그리스도를 통해 우리의 역사에 들어오고, 성령으로 인간에게 들어온 실제 인간이시다. 우리가 지금까지 살펴본 삶의 모든 특징에서 하나님의 존재를 확인할 수 있다. 한마디로, 하나님은 꼼짝하지 않는 본질이 아니라 끊임없이 움직이는 존재로 방향을 제시하는 힘이고 충동이다.

동시에 성경은 실제 인간이 무엇인지 우리에게 깨닫게 해준다. 인간은 하나님이 말을 거는 존재, 하나님이 개인적인 관계를 맺으시는 존재다. 무생물의 세계, 또 모든 식물과 모든 동물, 즉 맹목적이고 비인격적인 세계를 창조한 후에 하나님은 자신의 형상대로 인간을 창조하셨다. 다시 말하면, 인간은 인격적인 존재로 하나님과 대화할 수 있는 상대, 하나님께 말을 걸고 대답할 수 있는 존재다. 또한 하나님은 인간에게 자유를 주었기 때문에 인간의 자유와 비밀, 거부와 침묵을 존중하지만, 여전히 인간의 응답을 기대하신다.

장 다니엘 빈드셰들레르Jean Daniel Bindschedler 목사는 논문에서 성경을 중심으로 실제 인간이라는 개념을 연구해 논문을 발표했다.[3] 성경에서 인간은 언제나 하나의 단일체로 묘사되며, 언제나 총제적 존재로서 '하나님 앞에' 존재한다. 성경에서 그리스어 σῶμα(소마, 몸), σάρξ(사르크스, 살), ψυχή(프쉬케, 영혼), νοῦς(누스, 정신)는 우리 몸에 어떤 식으로든 합체된 별개의 부분을 뜻하지 않고 "특정한 관점에 접근한 인간 전체"를 가리킨다. πνεῦμα(프뉴마, 영)는 인간을 구성하는 일부가 아니다. "πνεῦμα는 하나님께 부름받은 존재로서 인간 전체를 뜻한다. … 그 순간부터 인간은 하나님과 개인적 관계를 맺기 때문에 인간은 실제 인간이 된다."

따라서 성경은 하나님이 말을 걸었던 인간, 하나님이 귀를 기울여주었던 인간의 책이 된다. 처음부터 끝까지 성경은 대화다. 명확하고 구체적이며 살아 있는 대화의 연속이다. 우리가 앞에서 대화에 대해 말했던 모든 것이 성경에서 확인된다. 요컨대 우리는 대화를 추구하면서도 회피한다. 대화를 원하면서도 두려워한다. 아담은 에덴동산에서 하나님이 자신을 부르시자 두려워한다. 가인도 하나님이 자신을 부르시는 소리에 두려움에 휩싸인다. 모세는 불길에 싸인 덤불 앞에서 두려움에 떨었다. 이사야는 환상을 보고 두려워했고, 성모조차 천사 가브리엘이 구원하려고 나타났을 때 두려워했다. 예수가 탄생하던 날, 목자들도 두려움에 떨었다.

하나님과의 대화가 항상 감미로운 선율은 아니기 때문이다. 심각하고 무거운 때가 많다. 시편을 보면, 하나님에 대한 원망과 저항으로 가득하다. 네덜란드에서 열린 학회에 참석했을 때 나는 반 룬 박사에게 흥미로운 사례에 대해 들었다. 환자들이 심리 치료를 받아 정직성이 상당한 수준에 이르면 하나님께 격분하는 경우가 많다는 충격적인 사례였는데, 그런 사례는 나 자신도 직접 경험한 적이 있다. 그런 반항심이 은밀하게 부글거리던 침묵을 뚫고 폭발하면 나는 반갑고 기쁘기도 하다.

하나님과 대화하기 위해서 그런 반항심과 분노를 억눌러야 한다고는 생각하지 말라. 오히려 그런 분노를 표출해내야 진정한 대화가 시작된다. 그런 대화를 통해, 그때까지 잘 몰랐던 친구가 지금은 나와 가장 절친한 친구가 된 사연을 소개한다. 정확히 말하면, 나는 그를 거의 몰랐다. 나보다 조금 어리다는 것만 알고 있을 정도였다. 그가 나와 같은 학생단체에 가입한 직후였다. 우리는 지회 대표로 선발되어 베른 지회의 축제에 참석했다. 우리는 너무 일찍 베른에 도착해서 아르 강변에 앉아 시간을 보냈다. 처음에는 따분한 대화로 시작했다. 그런데 그가 갑자기 정색한 얼굴로 나에게 물었다. "왜 나한테 화가 났는지 말해보세요."

따라서 하나님과의 개인적 관계는 때때로 분노에 찬 입씨름으로 시작된다. 하나님을 믿지 않는다고 확신하던 사람이, 자신이 하나님을 멀리한 실제 이유가 자신의 모든 불행이 하나님 탓이라 생각하고 하나님께 불만이 쌓였기 때문이었다는 것을 갑자기 깨닫는다. 이런 불만을 밖으로 쏟아낼 때 그는 더욱 신실한 마음으로 하나님과 대화를 시작할 수 있다.

정직하고 솔직한 태도가 대화의 조건이다. 다른 사람에게 솔직하기는 어렵다. 물론 하나님께 솔직하기도 어렵다. 하지만 하나님께 솔직하기 어려운 이유는 순전히 우리 탓이다. 내가 얼마 전에 받은 편지의 일부를 보고 생각해보자. "나는 인간의 진정한 솔직함, 진정한 투명성이 무엇인지 종종 생각해본다. … 솔직하기는 어렵다. 드문 일이기도 하다. 듣는 사람이 누구인지에 따라 솔직함의 정도가 달라진다. 우리 사이의 장벽을 무너뜨리고 우리의 마음을 활짝 열게 만드는 사람이 있는가 하면, 침략자처럼 문을 강제로 열고 우리 내면에 들어오는 사람도 있다. 우리를 포위해서 우리 안에서 한 발짝도 빠져나오지 못하게 막고, 우리 주변에 벽을 세우고 해자垓字까지 파는 사람이 있는가 하면, 우리 의견에 사사건건 반박하며 우리의 잘못을 찾아내려는 사람이 있다. 또 우리를 이방인으로 대하며 무슨 뜻인지 모를 말만 해대는 사람도 있다. 그러면 우리가 듣는 사람이 될 때, 우리는 타인에게 어떤 사람인가? 이 질문은 우리로 하여금 하나님을 생각하게 만든다. 하나님은 '내 말을 들어라'하고 말씀하시는 분이며, 또한 '내가 너희 말을 듣겠다'고 말씀하시는 분이기 때문이다."

하나님과의 개인적인 관계

하나님께 고백해야 하는 것을 하나님께 숨김없이 말하라.

또 하나님이 나에게 순전히 개인적으로 말씀하시는 것을 귀담아들으라. 그런 대화가 있어야 내가 실제 인간, 즉 자유롭고 책임 있는 사람이 된다. 그래야 하나님과 개인적인 관계를 맺을 수 있다. 하나님과의 개인적인 관계가 바로 신앙이다. 성경에서 '하나님을 알라', '하나님의 이름을 알라'고 일컫는 것도 하나님과 개인적인 관계를 맺으라는 뜻이다. 또 하나님을 알라는 것은 하나님의 실제 인간을 알라는 뜻이다. '하나님'이라는 이름 자체가 실제 인간의 상징이기 때문이다. 지극히 짧은 순간에 불과하더라도 그 순간은 창조적인 순간이다. 실제 인간이 잠에서 깨어 나타난다. 대화만큼 중요한 것은 없다. 일상의 삶에서 역할하던 등장인물은 이제 역할을 중단한다. 하나님이 등장인물에는 눈길을 주지 않으시기 때문이다. 이제 하나님은 실제 인간을 향해 곧바로 다가오신다.

나는 간혹 이런 질문을 받는다. "기도를 하려고 해도 잘 안 됩니다. 어떻게 해야 할까요?" 그때마다 나는 이렇게 대답한다. "저하고 이야기를 나누듯이 하나님과 이야기를 나누십시오. 더 편안하게 말하셔도 괜찮습니다." 사도 바울은 때로는 탄식이 진정한 기도라고 말했다. 탄식이 많은 말보다 훨씬 많은 것을 말할 수 있다. 따라서 기도의 생동감과 충동성을 엄격한 형식에 가두지 않아야 한다.

더할 나위 없는 하나님과의 개인적 관계, 즉 대화가 생각과 말로 표현되지 않을 때에는 조용한 경배의 시간이 대화를 대신할 수 있다. 돌연한 기쁨의 순간이 약속보다 더 강한 결속력이 있고, 기계적으로 외운 찬양보다 애절한 절규가 더 진실한 울림이 있다. 반대로 어린 시절부터 반복한 의례적인 기도들도 진심을 더하면, 생각을 바탕으로 새로이 표현한 즉흥적인 기도보다 훨씬 더 개인적일 수 있다. 각자의 개인적인 경험이 타자에게도 규범으로 받아들여질 수는 없다. 중요한 것은 살아 있는 자발적인 기도여야 한다는 것이다. 누구에게나 고유한 기질이 있다. 어떤 사람은 상대적으로 더 직관적이고, 어떤 사람은 상대적으로 더 논리적이다. 또 어떤 사람은 지적이고 어떤 사람은 감정적이다. 따라서 하나님과 관계를 맺는 방법은 각자의 기질에 따라 달라진다.

우리가 인간의 대화에 대해 말할 때, 그 대화에서 두 차원을 구분했던 것을 기억하는가? 하나는 보이지 않는 내면에서 실제 인간과의 접촉이 이루어지는 차원이고, 다른 하나는 우리의 몸짓과 말로 이루어지며 우리 기질의 흔적이 남는 외형적인 차원이다. 하나님과의 대화도 마찬가지다. 하나님과의 대화에서도 내면의 개인적 접촉은 겉으로 표현되는 대화를 통해서만 경험된다.

대화에서 하나님의 목소리라 일컬어지는 것은 추상적 개념이나 환청이 아니다. 많은 사람이 나에게 이와 관련한 의문을 제기하며, 하나님의 목소리를 잘못 판단해 그들 자신의 무의식이나 바람과 혼동하는 게 아닐까 두려워한다. 반대로 하나님이 자신들을 방해하는 것을 즐기시기라도 하는 것처럼 가장 달갑지 않은 말을 하나님의 목소리라 생각하는 사람들도 적지 않다. 물론 우리는 착각할 수 있다. 그러나 이런 착각을 해소하는 데 심리학이 큰 도움을 줄 수 있다. 예컨대 어떤 일이든 아버지의 반대로 중단할 수밖에 없었던 사람이 하나님께도 사사건건 방해받을 거라고 생각할 가능성이 큰 이유를 심리학으로 설명할 수 있다.

그러나 착각의 두려움은 우리를 마비시킨다. 그래도 우리가 어디에서 잘못했는지 나중에라도 알려줄 수 있는 하나님과의 대화를 끊는 것보다, 차라리 착각의 위험을 감수하는 편이 낫다. 하나님의 목소리는 우리에게 개인적으로 감동을 주는 성경구절에서 들을 수도 있고, 우리의 기억에 남는 친구의 말이나 우리에게 제기되는 의문의 형태에서 들을 수도 있다. 때로는 하나님 앞에 있을 때, 혹은 전혀 예상하지 않은 순간에 우리 머릿속에 떠오르는 생각으로 들릴 수도 있다.

어느 해였는지는 기억나지 않지만, 성 실베스트르의 날(12월 31일) 밤이 아직도 내 기억에 생생하다. 아내는 집에 남고, 나는 전통에 따라 나를 키워준 삼촌과 함께 교회 광장에서 자정을 보내려고 집을 나섰다. 그런데 집에 돌아와서 아내를 보고 나는 깜짝 놀랐다. 아내가 뭔가에 홀린 듯 완전히 달라진 모습이었다. 아내는 "느닷없이 처음으로 하나님의 위대함을 느끼고 깨달았어요!"라고 말했다. 자정을 알리는 종소리를 들었을 때, 아내의 귀에는 그 종소리가 영원히 끝나지 않을 것 같았고, 그 순간 하나님이 자신의 생각보다 무한히 위대하신 분이라는 것을 깨달았다는 것이었다. 하나님의 목소리가 교회 종소리를 통해 아내에게 전해진 것이다. 하나님이 아내에게 말씀하신 것이고, 아내는 거기에 응답한 것이다. 아내의 응답은 환히 빛나는 얼굴에서 읽을 수 있었다. 그 응답은 한없이 명확하고 진실한 것이어서 나도 거기서 깊은 감동을 받았다.

삶에서 가장 중대한 사건, 즉 창조주와 피조물의 개인적 만남이 일어났던 것이다. 그 만남은 하나님 목소리와 인간 목소리 간의 대화였다. 평소에 하나님의 목소리는 한없이 커서 인간 세계의 온갖 소음 속에서도 뚜렷이 들리며, 인간 세계의 온갖 소음은 다 합하더라도 하나님의 목소리를 표현하기에는 부족한 반면에, 인간의 목소리는 한없이 미약해서 어떻게 해도 하나님의 목소리에 응답할 수 없다. 따라서 두 대화자가 전혀 어울리지 않아 대화 자체가 불가능하게 여겨지지만, 하나님이 자신의 형상대로 인간을 창조하신 까닭에(창 1:27) 비슷한 면들이 있다. 하나님과 인간은 실제 인간으로서 더불어 대화할 수 있다.

당시 아내와 나는 무척 지친 상태였다. 나는 수년 전부터 열정적으로 교회 일에 봉사하고 있었다. 당시 우리 교회는 본연의 의무에 비하면 지극히 사소하게 보이는 문젯거리들로 골치가 아플 지경이었다. 그런데 갑자기 하나님이 자신의 위대함을 드러내며, 나를 옭아매던 무의미한 일들로부터 우리 부부를 끌어내셨다. 그렇게 시작된 그해 내내 하나님은 이런저런 사건들을 통하여 우리 부부를 개인적인 차원에서나 부부 관계에서나 심지어 직업에서도 완전히 새로운 삶으로 인도하며, 우리에게 단순한 교회 봉사보다 영적인 임무를 맡기셨다.

우리 부부는 그 전에도 그리스도인이었지만 실제 인간과는 거리가 있는 그리스도인이었다. 우리는 하나님을 위해서 열심히 일했지만 하나님의 목소리에 귀를 기울이는 시간은 거의 없었다. 그런데 마침내 하나님의 목소리를 듣는 법, 그것도 오랫동안 열성적이고 구체적으로 듣는 법을 배웠던 것이다. 하나님과의 대화가 우리 부부의 대화와 엮이게 되었고, 우리 둘의 대화에 가치와 풍요로움을 더해주었다. 온갖 오해와 실수, 온갖 회피와 침묵에도 불구하고 우리는 하나님과의 대화를 통해 생각보다 훨씬 더 성숙할 수 있었다.

우리 부부처럼 기도의 형태로 하나님께 말을 하지만 정작 하나님의 목소리에는 귀를 기울이지 않는 사람, 혹은 막연하게만 귀를 열어놓는 사람이 많다. 기도하거나 묵상할 때 머릿속에 떠오른 생각을 글로 적어두면 나중에 기도를 더 효과적이고 더 정확하게 하는 데 도움이 된다고 생각하는 사람들도 있다. 기도는 유기체처럼 성장한다. 기도는 방향을 인도하는 힘을 지니고, 기계적으로 반복되며, 시행착오를 거치고, 끊임없이 변하며 일탈해서 주기적으로 수정되는 등 생명체의 거의 모든 특징을 지닌다. 메데 박사의 표현을 빌리면, "기도를 실천 하는 사람은 누구나 하나님과 대화하는 기분을 느낀다."[4]

이쯤에서 나는 기도가 자기성찰이나 내밀한 일기와는 상당히 다르다는 것을 분명히 지적해두고 싶다. 정확히 말하면, 기도는 대화여서 타자, 즉 하나님이라는 존재와 함께하기 때문이다. 심리요법 의사가 침묵으로 일관하더라도 자기성찰과 심리요법 치료 사이에도 똑같은 차이가 있다. 심리요법 의사의 존재 자체로 모든 것이 달라지기 때문이다. 많은 사람이 정신분석 치료를 자기성찰로 설명하지만, 완전히 잘못된 것이다. 자기성찰에서 우리는 혼자 힘으로 우리 내면에 들어가지만, 앞에서도 설명했듯이 그 과정에서 결국에는 실제 인간이 사라진다. 반면에 일반적인 대화에서, 심리 치료를 위한 대화에서, 더 나아가 하나님과의 대화에서 실제 인간은 개인적 관계의 성립을 통해 명확해지고 뚜렷이 드러난다.

게다가 유감스럽게도 기도가 자기성찰로 변질되는 경우가 있다. 이런 경우, 나는 확연한 차이를 느낀다. 내가 하나님의 목소리보다 나 자신의 목소리에 귀를 기울이기 시작하고, 하나님보다 나 자신에 집중하는 느낌이다. 이때, 인간과의 대화가 하나님과의 대화를 되살리는 데 도움이 된다. 다른 그리스도인들과 접촉하며 듣는 간증들, 그들이 진정으로 받은 영감에 대한 이야기가 내 기도의 성격을 새롭게 되살려준다.

따라서 기도는 카탈루냐 작가 에우제니 도르스(Eugeni d'Ors,

1881-1954)가 말한 자기성찰의 '헝클어진' 독백이 아니다. 그런 자기성찰에서는 모든 것이 점점 더 복잡하게 뒤얽히지만, 기도는 하나님을 향한 사랑을 일깨워 키워가는 것을 제외하면 자아를 정리하고 실제 인간을 찾아내기에 효과적인 방법이다. 우리를 알고 우리를 사랑하며 용서하시는 하나님 앞에서만 우리가 우리 자신을 본래의 모습으로 볼 수 있기 때문이다. 이런 이유로 프랑수아 모리악은 "무릎을 꿇고 엎드려서 하나님의 시선 아래 있지 않으면 누구도 자신을 정면으로 볼 수 없다"고 말한 것이다.[5]

이처럼 정직하고 빈번하게 하나님을 만나러 가는 사람만이 성경의 살아 있는 하나님, 개인적인 하나님, 우리에게 개인적으로 관심을 가지며 특별히 돌봐주고 우리 머리카락 수까지 헤아리신 하나님(마 10:30)을 발견할 수 있다. 그 하나님은 모든 사람을 보편적으로 사랑하면서도 우리를 특별히 사랑하시는 하나님이다. 우리 운명에 전반적으로 관심을 갖지만 우리의 사소한 걱정거리까지 배려하는 하나님이며, 모든 사람에게 말을 걸지만 각자에게 적합한 말을 건네는 하나님, 먼 옛날의 선지자가 말했듯이 우리를 이름으로 부르시는 하나님이다(사 45:4). 그리하여 하나님과 우리 사이에는 개인적인 관계가 형성된다.

의학 박사인 바이스베르거 수사는 이렇게 말했다. "인간의 고유한 속성, 즉 정신과 몸의 복합체, 추론하는 동물이라는 속성만을 거론해서는 자유의지로 생각하고 행동하는 존재라는 위격을 옹호할 수 없다. 그런 위격을 옹호하기 위해서는 하나님이 원하고 사랑하시는 존재, 대신할 것이 없고 말로 표현할 수 없으며 둘도 없이 소중한 존재, 즉 일반적인 인간이 아니라 피에르, 폴, 장, 자크로서 옹호해야 한다."[6]

하나님은 종소리를 통해서, 설교자의 목소리를 통해서 우리에게 말씀하신다. 하나님은 엘리야에게 했듯이 포근한 바람결을 통해서 우리에게 말씀하시고, 욥에게 했듯이 천둥소리를 통해서 우리에게 말씀하신다. 또 우리가 하나님의 뜻에 따라 생각하면 우리 생각을 통해서 말씀하시고, 우리 감정이나 직관을 통해서도 말씀하신다. 우리는 시시때때로 하나님께 중대한 질문을 제기하지만, 하나님은 그 질문에 즉시 혹은 영원히 대답하지 않으신다. 그러나 하나님은 하루하루 우리에게 필요한 것들, 즉 우리의 실제 인간에게 양식을 먹이고 방향을 정해주는 것들을 말씀해 주신다. 은총은 한 방울씩, 조금씩 주어진다.

하나님은 우리 각자에게 다르게 말씀하신다. 그러므로 타자와 자신을 비교하고, 수첩에 아름다운 생각들을 적어두는 사람을 하나님이 더 사랑한다고 생각하는 것만큼 무의미한 짓은 없다. 자신을 끊임없이 의심하라는 교육을 받은 사람은 정말 하나님의 목소리를 들을 수 있는 것인지 의심한다. 그런 의심 때문에 그들이 결국 하나님의 목소리를 듣지 못하게 되는 이유는 심리학이 명쾌하게 설명해준다.

대화의 회복

하지만 성경은 현실적이다. 성경은 우리 경험과 일치한다. 대화가 유익하다는 것을 성경은 우리에게 분명히 보여주지만, 대화가 쉽다고는 말하지 않는다. 성경은 중단된 대화와 회복된 대화에 대한 이야기라 말할 수 있다. 첫 페이지부터 성경은 인간의 비극을 보여준다. 인간은 하나님과 지속적이고 내밀한 대화를 나누도록 창조되었다. 따라서 인간은 하나님과의 대화를 그리워하지만, 불완전한 미완성의 대화를 단편적으로만 되찾을 뿐이다. 성경은 인간 간의 대화도 어지럽혀졌음을 보여준다. 인간은 소외되고 외로워졌다.

지금까지 우리가 확인했듯이, 실제 인간이 완전한 본래의 모습을 포착할 수 없고, 등장인물이 그림자처럼 개입하지 않는 실제 인간 간의 완전한 접촉이 형성될 수 없는 불가능성은 계시된 성경에 비추어볼 때 앞뒤가 맞아떨어진다. 우리는 혼란스런 세계에서 살고 있다. 하나님과 우리 사이에서, 우리와 우리 이웃 사이에서 끊임없이 자유롭게 순환돼야 하는 생명의 흐름을 우리가 끊었다는 것이 이런 혼란의 여러 단면 중 하나다. 호르몬이 세포들 사이에서 원활하게 교류돼야 건강한 생명체가 될 텐데 말이다.

이런 혼란은 앞에서 언급한 실제 인간의 두 특징, 즉 선택과 책임에도 영향을 미친다. 선택의 비극은 사르트르가 이미 지적했다.[7] 사르트르는 선택을 강요당하지만 선택할 수 없는 인간의 상황을 잘 보여주었다. 사르트르는 이런 상황을 인간에게 주어진 번민의 근원이라 해석했다. 책임에 대해서는 보르도 대학교 법학부의 자크 엘륄(Jacques Ellul, 1912-1994) 교수가 제3차 프랑스 프로테스탄트 의료사회인 대회에서 통찰력 있는 연구를 발표했다.[8] 책임 있는 존재라면 응답해야 한다는 것이었다. 하나님이 인간에게 말을 거신다는 사실에서 이런 결론이 도출된다. 엘륄 교수는 하나님이 우리 인간에게 던지신 두 가지 질문을 떠올리게 해주었다. 하나는 하나님이 아담에게 하신 질문, "네가 어디에 있느냐?"(창 3:9)였고, 다른 하나는 가인에게 하신 질문, "너의 아우 아벨이 어디 있느냐?"(창 4:9)였다. 그런데 인간은 두 질문 중 어느 것에도 대답할 수 없는 실정이다.

두 질문을 이 책의 관점에서 해석하면 실제 인간과의 개인적 관계, 타자와의 개인적 관계라는 두 질문으로 요약할 수 있다. "너는 어디에 있느냐? 너의 실제 인간은 어디에 있느냐?"라는 문제에 대해서는 4장에서 이미 살펴보았듯이, 실제 인간은 지각하기 어렵다. 실제 인간은 언제나 등장인물 뒤에 감추어져 있다. "네 형제를 어떻게 하였느냐? 너희를 하나로 묶어주던 연대감은 어떻게 되었느냐?"라는 문제에 대해서는 8장에서 살펴보았듯이, 접촉이 쉽지 않다. 접촉은 언제나 크고 작은 장애물에 부딪힌다.

자크 엘륄은 성경을 근거로 예수 그리스도가 인간을 대신해

응답하신다는 것을 보여준다. 예수만이 응답하실 수 있다. 예수 그리스도가 인간의 책임을 떠맡으신다. 이것이 사트르르에게서는 찾아볼 수 없는 대속代贖의 의미다. 따라서 우리를 유구무언으로 만들었던 하나님의 질문은, 예수 그리스도가 인간에게 제기하는 질문, "네가 나를 사랑하느냐?"(요 21:16)로 대체된다. 이 질문도 이 책의 관점에서 재해석하면, 예수만이 실제 인간이라는 뜻이다. 다시 말하면, '에케 호모Ecce homo'(이 사람을 보라. 요 19:5)의 완전한 뜻이다. 예수만이 등장인물이라는 껍데기를 완전히 벗어버린 실제 인간이며, 예수만이 하나님과 완전히 대화하고, 인간과 완전히 대화할 수 있는 존재시다.

그러므로 예수 그리스도는 회복된 대화가 된다. 우리가 하나님께 다가갈 수 없기 때문에, 예수 그리스도는 우리에게 다가오시는 하나님이다. 하나님과의 대화가 더 쉽게 다가갈 수 있는 예수 그리스도와의 더 친근한 대화로 대체되며, 그 대화는 그리스도인들에게 일상의 양식이 된다. 이런 의미로 파스칼은 다음과 같이 썼다. "우리는 예수 그리스도를 떠나서는 우리 삶과 죽음, 하나님과 우리 자신이 무엇인지 알 수 없다. 그러므로 예수 그리스도만이 유일한 목적인 성경이 없으면 우리는 아무것도 알지 못하고, 하나님의 본질에 대해서나 우리 자신의 본성에 대해서도 애매하고 혼란스런 지경을 벗어나지 못할 것이다."

대화의 회복이라는 예수 그리스도의 역할은 앙리 옥센바인

Henri Ochsenbein이 스트라스부르에서 열린 제4차 프랑스 프로테스탄트 의료사회인 대회에서 명쾌하게 제시했다.[9] 옥센바인은 인간의 상황을 삼각형에 비유해서 설명했다. 꼭짓점 하나를 차지한 인간은 이중 관계에 처해 있다. 하나는 삼각형의 정점에 위치한 하나님과의 관계이고, 다른 하나는 나머지 꼭짓점을 차지한 이웃과의 관계다. "그러나 우리가 창조됐을 때의 이 관계는 끊어진 지 오래다."

성경에서 σάρξ(사르크스, 살)는 인간의 타락한 상황을 뜻한다. 따라서 인간의 '우월한 부분'이라 여겨지는 πνεῦμα(프뉴마, 영)와 달리, 이 '열등한 부분'은 중요하지 않다. Σάρξ는 예수 그리스도를 제외한 '모든 인간의 생명'을 뜻한다. 반면에 πνεῦμα는 "하나님이 창조하고 뜻하신 연합, 즉 예수 그리스도 안에서 인간이 자기 의지로 존재하는 것을 중단하고 천사처럼 완벽한 존재가 아니라 처음 삼각형의 한 꼭짓점을 차지한 원래의 인간, 다시 말하면 실제 인간이 되는 연합으로 되돌아간 상태를 뜻한다."

인간은 ψυχή(프쉬케, 영혼), 즉 "내재하는 일시적인 생명, 파괴될 수 없는 생명"으로부터 ζωή(조에, 생명), 즉 "우리 의지를 초월해서 주어지고 존재하는 영원한 생명"으로 넘어갔지만, "ζωή는 예수 그리스도 밖에서는 존재할 수 없다."

따라서 신약성경은 우리가 이 책에서 다룬 모든 문제에 대한 유일한 응답으로 우리에게 주어진 것이다. 신약에는 예수 그리스도가 사람들의 삶을 변화시키고, 그들의 등장인물에 파묻힌 실제 인간을 개인적 접촉을 통해 드러내신 경이로운 대화들이 기록되어 있다. 또한 초기 교회에서 진정한 공동체가 형성되는 과정을 읽을 수 있다. 당시 공동체에서 중요한 역할을 했고 지금도 일부 공동체에서 가끔 확인되는 방언, 즉 내용을 알 수 없는 말은, 하나님과의 대화에서 표현할 수 없는 것을 표현하고 인간 언어의 편협한 한계를 초월하려는 성령의 욕구에 부응하는 것으로 여겨진다.

따라서 예수 그리스도는 회복된 접촉이다. 예수 그리스도를 통해 하나님과의 접촉을 회복한다는 것은 생명과 자발성, 자유와 이웃의 회복을 뜻한다. 앞에서, 비인간화된 세계를 치유하기 위해서는 선의만으로는 부족하다고 말했던 것을 기억하는가? 대속代贖이 필요하다. 예수 그리스도를 통한 대화의 회복이 필요하다. 환자와 내가 접촉하려 애쓰면 예수는 환자와 나 사이에, 보이지 않지만, 분명히 존재하신다. 또 내가 원하면 예수는 분명히 하나님과 나 사이에 존재하신다. 예수 그리스도는 개인적인 하나님의 전형, 즉 십자가에 못 박혀서도 자신의 실제 인간에 충실하셨던 하나님이다.

얼마 전에 한 노파가 나에게 상담을 받으려고 왔다. 그녀는 과거에도 엄청난 육체적 고통에 시달렸고 지금도 그 고통을 완전히 떨치지 못했지만, 예수 그리스도와 그녀를 하나로 묶어주는 개인적인 신앙심으로 충만한 삶을 살고 있었다. 그녀가 상담을 받으러 올 때마다, 많은 나이와 질병으로 인한 한계에도 불구하고 나는 그녀에게서 기도의 열매로 보이는 새로운 모습을 엿볼 수 있다.

젊었을 때 그녀는 안타깝게도 약혼자를 잃었다. 남편을 맞아 자식을 낳고 행복한 가정을 꾸리려던 희망이 갑자기 물거품이 되고 말았다. 신앙심이 그녀를 지탱해주었지만, 상처까지 완전히 치유되지는 않았다. 기도를 통해서, 그녀는 그 시련으로 인해 삶에 마음을 닫고 지냈다는 것, 그녀에게서 아름다운 희망을 빼앗아간 삶을 거부하며 살았다는 것을 깨달았다고 내게 말했다. 그러고는 "그런 부정적인 마음가짐이 내 건강, 내 생명을 위협했을 거라고 생각하지는 않으시죠?"라고 덧붙였다. 그랬다. 그녀는 충만한 삶을 살았다. 개인적인 접촉들과 영적 자녀들로 충만했다. 그녀의 말에는 조금도 거짓이 없었다. 예수 그리스도와의 내밀한 대화로 생명의 새로운 기운이 용솟음쳐 그 커다란 시련의 댐을 뒤덮어버렸다.

그녀는 하나님의 목소리를 듣고 응답할 줄 알았다. 하나님께 순종하는 것은 삶에 순응하는 것이다. 가혹한 삶이어도 마찬가지다. 그렇게 할 때 다시 긍정적인 상태로 되돌아갈 수 있다. 하나님의 부름은 긍정적인 것이기 때문이다.

많은 사람이 하나님의 목소리와 양심의 목소리를 동일시한다. 하지만 그렇지 않다. 어떤 점에서 하나님의 목소리는 양심의 목소리를 초월할까? 양심의 목소리는 주로 회한이다. 물론 이런 윤리의식은 하나님에게서 비롯된다. 윤리의식의 심리에 대해 심도 있게 연구한 앙리 바뤼크 교수가 입증했듯이,[10] 윤리의식은 그 자체로 인간만의 고유한 속성이다. 그러나 감히 말하자면, 윤리의식은 하나님이 우리에게 말씀하시려는 것의 서곡에 불과하다. 복음의 앞부분에서 "회개하라"는 예수 그리스도의 말씀이 그 이후에 주신 모든 가르침, 즉 "하늘나라가 가까이 왔다"(마 3:2)의 서곡에 불과한 것과 다를 바가 없다.

이 장의 서두에서 언급한 투쟁에 대해 좀 더 자세히 말해보자. 환자가 내적 대화에 몰두하며 완전한 고백을 향해 힘겹게 나아갈 때 양심의 목소리는 그에게 "너는 죄인이다"라고 말한다. 그러나 하나님의 목소리는 거기에 "죄를 고백하라"고 덧붙인다. 양심의 목소리는 부정적이지만, 하나님의 목소리는 긍정적이다. 또 양심의 목소리는 파괴적이지만, 하나님의 목소리는 우리를 이름으로 부르며 해방과 생명으로 인도한다.

내가 지나치게 단순화하고 있는지도 모르겠다. 앞에서 우리는 실제 인간을 정의하고 도식화하기가 거의 불가능하다는 것을 보았다. 하물며 하나님을 어떻게 인간의 언어로 묘사할 수 있겠는가! 그러나 많은 사람이 부정적인 목소리에서 멈칫하며 내적 대화를 중단하기 때문에, 부정적인 목소리와 긍정적인 목소리라는 차이를 계속 강조할 생각이다.

하나님은 오직 꾸짖고 나무라기 위해서 말씀하시는 게 아니다. 더구나 하나님이 꾸짖으시는 이유는 해방과 행동의 통로

인 진정한 대화를 시작하기 위한 것일 뿐이다. 하나님은 우리를 부르고 보내시며, 삶에 목적을 주고 우리를 행동하게 만드신다. 이런 식으로 하나님은 실제 인간을 잠에서 깨우신다. 리하르트 지벡 교수가 말했듯이, "하나님의 부름이 실제 인간을 만들어낸다."

하나님은 양 떼 뒤를 따르던 하찮은 목자牧者 아모스를 부르셨다(암 7:14-15). 하나님은 아모스를 기계적인 제한된 삶에서 끌어내 군중과 왕 앞에 우뚝 서는 선지자로 키우셨다. 아모스가 자기성찰로 자신의 실제 인간을 발견한 것이 아니다. 아모스는 하나님의 부름에 응답함으로써 자신의 실제 인간을 드러냈다. 여기서 생명과 실제 인간의 속성을 다시 한 번 확인할 수 있다. 생명과 실제 인간은 본질이 아니라 행동이다. 정체된 것이 아니라 역동적인 것이다.

따라서 하나님과의 대화로 마음이 움직인 사람들, 자신의 진정한 의미를 깨달은 사람들, 영적으로 성장해서 등장인물의 꽉 끼는 옷을 찢어버리는 사람들을 성경 어디에서나 만날 수 있다. 지금 우리는 실제 인간이라는 문제의 핵심을 다루고 있다. 자기성찰이 실패했던 이유를 이제는 확실하게 이해할 수 있다. 오늘 자신을 아무리 꼼꼼하고 솔직하게 성찰하더라도 하나님이 내일 우리 안에서 무엇을 잠에서 깨우실지 알 길이 없다. 우리 각자의 실제 인간은 이미 결정되고 완료된 것이 아니라 가능태로서 성장하는 것이며, 하나님만이 알고 계시는 계획이다. 하나님은 그 계획을 완성하기 위한 방향으로 우리를 하루하루 인도해가신다.

알로이스 폰 오렐리 박사가 이런 생각을 잘 정리해주었다.[11] 그가 암시적으로 언급한 심층심리학의 개념, '이드id'는 인간 속성의 전부를 포괄하기 때문에 '자아ego'라는 의식 수준의 개념보다 훨씬 크다. 오렐리 박사의 주장에 따르면, 실제 인간이라는 개념에는 '이드'처럼 인간 속성의 전부를 포함하지만 책임 있는 관계라는 사실이 덧붙는다. 따라서 오렐리 박사는 "[실제 인간]은 우주에서 편안하게 휴식을 취하는 것이 아니라, 제2의 실제 인간, 즉 타자와 관계를 맺고 있는 이드다. 타자가 그런 이드에 다가가면, 이드는 책임 있는 존재로서 응답해야 한다"고 말했다. 또 실제 인간이라는 개념은 요한복음을 시작하는 "태초에 말씀이 계셨다"라는 구절에서 세상과 인간 이미지의 중심에 가장 명확하게 놓인 듯하다고 덧붙였다.

성경은 처음부터 끝까지 하나님의 계획이라는 관점에서 전개된다. 그 하나님은 실제 인간들에게 각자의 개인적 운명을 이행하라고 촉구하는 동시에 하나님 자신의 계획을 수행하라고 촉구하시는 하나님이다. 하나님의 본질과 진리를 찾아내기 위해 성경을 꼼꼼하게 뜯어보던 바리새인이자 율법학자였던 사도 바울을 생각해보라. 그런데 다마스쿠스로 가는 길에서 예기치 않은 대화를 한 후에 바울의 삶은 완전히 달라졌다(행 9장). 그렇다고 신학자의 길까지 포기하지는 않았다. 그러나 바울은 행동에서, 예수 그리스도를 위한 투쟁에서 진리를 발견했다. 바울이 쓴 모든 글에서 그가 하루하루 추구하던 열정적인 대화의 여운이 느껴진다. 바울이 시련에서 벗어나기를 요구하면, 하나님은 "내 은혜가 네게 족하도다"(고후 12:9)고 응답하신다. 바울은 뒤로 돌아 아시아로, 조금이라도 친숙한 교회로 향하고 싶어 하지만, 하나님은 마케도니아 사람이 도움을 청하는 환상으로 응답하신다. "마케도니아로 건너와서 우리를 도와주십시오"(행 16:9).

기도는 우리 시야를 끊임없이 넓혀주고 실제 인간을 성장시킨다. 기도는 습관과 과거와 등장인물로 울타리가 둘러진 좁은 세계에서 우리를 끌어낸다. 때때로 우리는 명확한 명령을 받지만, 하나님이 왜 그런 명령을 내리시는지 즉각적으로 이해하지는 못한다. 명령을 수행한 후, 우리가 지나온 길을 되짚어볼 때에야 하나님께 우리를 위한 계획이 있었고, 우리 자신도 의식하지 못한 사이에 그 계획을 따랐다는 것을 깨닫는다.

실제 인간은 우리 삶에 대한 하나님의 계획이다. 실제 인간은 하나님이 결정하신 방향으로 움직이는 힘이다. 그 힘에 의해 우리는 약간의 일탈에도 불구하고 우리의 소명을 향해 나아간다.

그 길에는 우리가 의식하지도 못하는 사이에 건너야 하는 경계가 있다. 하나님과 개인적으로 접촉함으로써 사물의 세계에서 실제 인간의 세계로 넘어가는 경계.

4부

약속

●

그렇다, 삶을 산다는 것은 울타리를 뛰어넘는 것이다.
조금씩 고착화되며 우리를 옭아매는 등장인물의 압
력을 깨뜨리는 것이다. 삶을 산다는 것은 위험을 감수
한다는 뜻이다. 속담에서 말하듯이, "위험을 무릅쓰
지 않으면 아무것도 얻을 수 없다." 우리는 신중하게
처신하면 삶을 지켜갈 수 있으리라 생각하지만 실제
로는 삶을 서서히 목 조르는 것이다.

10

사물의 세계와 실제 인간의 세계

그렇다, 두 세계가 있다. 하나는 사물의 세계mond des choses고, 다른 하나는 실제 인간의 세계다. 알로이스 폰 오렐리 박사가 바이센슈타인에서 열린 의학 학회에서 발표해서 큰 반향을 불러일으킨 표현을 인용한 것이다. 여기서 그의 강연 내용을 요약할 생각은 없다. 그의 강연을 제대로 이해하려면 심층심리학에 관련된 개념과 전문용어를 알아야 하는 데다, 나 자신도 심층심리학에 대한 지식이 깊지 않기 때문이다. 그러나 두 세계가 어떤 진리를 표현하는지는 어렵지 않게 이해할 수 있다.

두 세계가 있다는 것은 세상을 관찰하는 두 가지 방법, 즉 세상과 관계를 맺는 두 가지 방법이 있다는 뜻이다. 물론 그 방법은 우리가 어떤 관점으로 세상에 접근하는지에 따라 결정된다. 우리는 세상에서, 예컨대 물리학에서부터 생물학과 심지어 심리학에서도 사물과 기계 장치(메커니즘)만을 볼 수 있다. 게다가 예술과 철학과 종교도 사물, 즉 개념과 법칙과 정의의 집합체가 될 수 있다. 반면에 우리는 실제 인간의 세계에 눈뜨고 실제 인간의 의미를 깨쳐갈 수도 있다. 직접 실제 인간이 됨으로써 주변에서 실제 인간들을 찾아내 개인적 관계를 맺을 수도 있다.

실제 인간의 공유

물론 실제 인간은 유동적이기 때문에 포착하기 어렵다. 실제 인간은 개념과 법칙과 정의라는 틀에 갇히지 않는다. 실제 인간은 누구나 주마간산식으로 둘러볼 수 있는 사물이 아니다. 우리를 끌어당기는 점이고, 방향을 결정하는 힘이며, 우리에게 상응하는 태도를 취하라고 요구하며 우리를 끊임없이 움직이게 만들고 우리에게 책임을 요구하는 태도다. 반면에 사물의 세계는 우리에게 어떤 책임도 요구하지 않는다. 사물의 세계는 중립적이어서, 우리도 중립적이면 그만이다. 우리는 냉정하고 객관적이며 비인격적인 관찰자로서 메커니즘이 맹목적으로 가차 없이 운영되는 것을 지켜보기만 하면 된다.

그렇다고 사물에는 눈을 감아도 상관없다는 뜻은 아니다. 다시 말하면, 지적이고 객관적인 삶, 사물의 질서와 메커니즘에 대한 열정적인 연구를 멀리해도 괜찮다는 뜻은 아니다. 오히려 그런 연구에 멈추어서는 안 된다고 말하고 싶다. 사물은 세상의 절반, 그것도 정적이어서 변하지 않고, 의미마저 상실한 절반에 불과하지 않은가. 별들은 엄청나게 빠른 속도로 움직이지만 궤도를 벗어나지 않는다. 한없이 다시 시작한다. 이른바 사물의 순환이다.

반면에 실제 인간은 탄생에서 죽음까지 한 방향으로 움직인다. 철학자들에게 하나님은 변하지 않는 존재다. 인격적인 하나님만이 역사와 우리 하나하나에 대한 계획을 지니고 계시다. 과학자들에게 인간은 원자와 전자가 우주에서 펼치는 춤의 한 장면에 불과하다. 프랑스의 옛 노래 가사처럼, "작게 세 번 돌고는 가버리고" 아무런 목적도 없이 다른 곳에서 원무를 추는 꼭두각시 인형과 다를 바가 없다.

유아원부터 대학교까지 학교는 우리에게 사물을 파악하고 분리하며 헤아리고 측정하며 분류하는 법을 가르친다. 이 어마어마한 작업은 오래전부터 꾸준히 발전해왔으며, 이제는 특정한 사물의 협소한 영역을 집중적으로 연구하는 수준에 이르렀다. 그 영향으로 우리의 사고방식까지 달라져서, 이제 우리 사고방식은 객관적이지 않은 것은 인식하지 못할 지경이다.

비인격화된 정신 상태에서는 인간조차 사물이 된다. 해부학과 생리학은 우리 몸을 사물처럼 연구한다. 경제학도 인간을 사물, 즉 생산과 소비의 도구로 연구한다. 사회학에서 인간은 사회의 구성요소로 전락했고, 정치판에서 인간은 체스 보드의 말에 불과하다. 공장에서는 톱니바퀴가 됐고, 학습 기계가 됐다. 여하튼 모든 곳에서 인간은 큰 덩어리의 부분일 뿐이다.

이 문제는 2장에서 이미 다루었기 때문에 다시 언급하고 싶지는 않다. 여기서 내가 말하고 싶은 것은, 실제 인간의 의미를 깨닫게 될 때 이런 일방적인 세계관과 인간관이 완전히 뒤집힌다는 것이다. 앞에서 말한 대로 이런 변화를 직접 경험했던 시기에 나는 단순한 교회 활동을 넘어 영적 임무에 몰두하기 시작했고, 또 기술적 의학에서 인간 의학으로 전환했다. 또한 실제 인간의 세계를 발견하면서 어디에서나 실제 인간을 볼 수 있었다. 그 이후로 나는 여전히 사물에 관심을 기울이면서도 실제 인간에 더욱 열중할 수 있었다.

교회에서 상당한 지위를 지닌 옛 동료가 나를 방문한 적이 있다. 과거에 나와 아주 격렬한 논쟁을 벌인 동료였다. 다시 말하면 나는 그를 사물로 취급했고, 철천지원수로 여겼다. 나에게는 그의 생각만이 중요했다. 생각 자체, 즉 실제 인간이 배제된 생각은 사물, 추상적 관념에 불과하다. 요컨대 토론을 끌어가는 수단에 불과하다.

그런 그가 나를 찾아와 마음을 연 것이다. 당연히 나도 그에게 마음을 열었다. 그는 자신이 맡은 역할과 그로 인한 고통을 나에게 숨김없이 털어놓았고, 나는 전에는 그의 생각에 반하며 이전투구를 벌이느라 보지 못했던 그의 실제 인간을 발견했다. 그날 나는 그의 실제 인간과 비밀, 그의 고독과 감정을 똑똑히 보았다. 그의 생각이 추상적 관념이 아니라, 그의 실제 인간과 관계있으며 방패처럼 그의 고통을 보호하는 것이었음을 깨달았다. 나는 그에게 내 개인적 경험을 말해주었고, 과거의 적이었던 그 동료가 나와 똑같이 삶과 개인적 접촉을 회복하고 싶어 한다는 것을 깨달았다.

나는 환자들을 상담할 때마다 놀라고 또 놀란다. 그 때문에 질병의 메커니즘에 대한 내 지식은 조금도 바뀌지 않았지만, 그들의 질병이 비인격적이고 성가신 골칫덩이가 아니라 그들의 실제 인간과 관계가 있고 그런 실제 인간의 표현이라는 것을 깨달았다. 오히려 그들의 질병은 그들의 삶에서 의미 있는 고통이었다.

예컨대 고용주는 직원들과 한 공간에서 오랜 시간 동안 함께 지내면서 업무 능력 면에서 그들의 장점과 단점만을 볼 수 있다. 그러나 어느 날 개인적 접촉이 형성되면 그런 겉모습 뒤에 감추어진 것들이 고용주의 눈에 들어온다. 구체적으로 말하면, 남모르는 고통, 불행했던 어린 시절의 후유증, 좌절된 희망, 자신의 확신에 충실하려는 투쟁 같은 것들이다. 이때 고용주는 직원들의 겉으로 드러난 장점과 단점의 깊은 의미, 또

회사가 사물이 아니라 실제 인간들의 공동체로 여겨질 때 회사가 지니는 의미를 이해하게 된다.

밝은 빛이 삶을 비추며 새로운 색을 띠는 것과 같다. 앙투안 생텍쥐페리Antoine Saint-Exupéry는 "우리는 사물을 먹고 사는 게 아니라 사물의 의미를 먹고 산다"고 말했다. 사물의 의미는 일종의 실제 인간이다. 실제 인간의 세계에 눈을 뜨면 사물조차 인간적인 것이 된다. 지금까지의 현상, 즉 인간의 사물화에 대한 반전이랄까. 동물과 식물을 비롯해 모든 사물이 실제 인간의 속성을 띠게 된다.

우리가 소유한 것, 우리가 좋아하는 것, 우리가 마주치는 것 등 모든 것이 우리의 실제 인간에 융합되고, 우리의 실제 인간을 공유하며, 그런 공유를 통해 의미를 갖는다. 전쟁이라는 비극적인 상황에서 예기치 못하게 심원한 영적 경험을 한 사람이 있었다. 그는 당시 온몸으로 확실하게 느꼈던 기분을 나에게 자세히 말해주었다. 그의 말에 따르면, 그 순간 그가 만나는 모든 사람이 그의 운명을 결정하는 한 부분인 듯했다. 그는 그런 계시의 흔적을 마음속에 간직하고 있었다. 게다가 그는 사랑이 일반적인 생각과는 완전히 다른 것이라고도 말했다. 사람들이 흔히 사랑이라 칭하는 것은 단순히 감각적인 기능, 즉 감정의 끈에 불과하지만, 그가 계시를 받은 이후로 깨달은 사랑은 타자의 운명을 개인적으로 공유하는 것이었다.

인간과 사물이 우리의 실제 인간으로 융합된다는 것을 깨달는 순간, 우리는 타자에게서도 실제 인간을 보게 된다. 사물이 더는 불투명하지 않고 투명하게 변한다. 달리 말하면, 사물은 더 이상 실제 인간을 감추는 차단막이 아니라, 우리를 실제 인간으로 인도하는 살아 있는 표지가 된다. 이런 깨달음이 있을 때 세상은 살아 있는 생명체가 되어 말을 하기 때문에, 우리는 세상과 대화를 나눌 수 있다.

바이센슈타인에서 열린 학회에서 이 문제를 논의할 때, 한 동료가 늑대와 새 등 짐승들과 대화를 나누었을 뿐 아니라 '태양 형제'와도 대화를 나누었다는 위대한 성인 아시시의 프란체스코를 언급했다. 그랬다. 성 프란체스코는 완전한 실제 인간이 됐고, 하나님과 더할 나위 없는 개인적 관계를 맺음으로써 모든 것에서 실제 인간, 정확히 말하면 하나님의 실제 인간이 반영된 모습을 보았다.

프랑스 소설가 프랑수아 모리악은 자신의 일기에 성 프란체스코를 다음과 같이 설명한 영국 작가 체스터턴(Gilbert Keith Chesterton, 1874-1936)의 글을 인용했다. "프란체스코 성인은 나무를 보려고 일부러 숲을 보지는 않았다. 더구나 인간을 볼 생각으로 군중을 보지도 않았다. … 그는 다만 하나님의 형상을 단 하나가 아니라 다양하게 보았다. 그에게 인간은 언제나 인간이었고, 인간이 사막에 있다고 사라지지 않듯 무수한 군중 속에서도 사라지지 않는 존재였다. 그는 모든 인간을 공경했다. 달리 말하면, 어떤 인간이나 사랑하고 존중했다. … 그 타오르는 갈색 눈동자를 들여다본 사람이라면 누구라도 프란체스코 베르나르도네(성 프란체스코의 속명)가 자신에게, 그리고 요람에서 무덤까지 자신의 내면의 삶에 지극한 관심을 기울인다고 확신할 수 있었다. 또한 그가 자신을 소중한 존재로서 진지하게 여긴다는 것과, 자신이 어떤 사회 정책의 폐물이나 단순히 어떤 자료에 이름이 올라가는 존재가 아니라는 것을 확신할 수 있었다."[1]

모든 사물에서 하나님의 모습을 보았던 부활의 로랑 형제(Laurent de la Résurrection, 1614-1691)도 빼놓을 수 없다.[2] 시詩는 이런 사람들에게서 무한히 생산되어 우리에게 개인적으로 감동을 준다. 시는 실제 인간과 사물의 관계, 사물을 향한 자아의 관심에서 비롯되기 때문이다. 예술 자체가 이런 특징을 지니며, 종교도 다를 바가 없다. 진정한 사랑이 그렇듯이, 진정한 예술과 진정한 종교는 예술의 대상에 대해 말하지 않는다. 하나님을 종교의 대상이라 말하지 않고, 섹스의 상대를 본능의 대상이라 말하지 않는다. 대상은 객관성에 비롯되며 사물을 뜻한다. 따라서 우리가 사물에 불과한지 아니면 실제 인간인지에 따라 우리가 접촉하려는 것도 사물이 되거나 실제 인간이 된다.

실제 인간이 되기 위해, 실제 인간들의 세계를 찾아내기 위해, 실제 인간의 의미를 파악하기 위해, 상대의 생각과 당파성이나 상대의 지위와 등장인물보다 실제 인간에 더 많은 관심을 기울이기 위해 우리 삶의 흐름을 바꿔놓을 계시가 필요하다. 그런 계시를 받아들이면, 새로운 마음가짐이 삶 전체에 급속히 스며든다. 바이센슈타인 학회에서 내 발표를 멋지게 통역해준 동료에게 나는 고마운 마음을 전했다. 내 말이 떨어지기 무섭게 그는 "왜 그랬는지 아십니까?"라고 묻고는 이렇게 덧붙였다. "우리 스칸디나비아 친구들 중 하나가 외국어로 하는 발표를 듣기가 무척 어렵다고 했습니다. 그래서 그 친구를 위해 통역했습니다. 그 친구에게서 눈을 떼지 않았습니다. 그의 표정을 계속 살피며 그 친구가 제대로 이해했는지 파악하려 애썼습니다. 내가 통역하는 논문의 내용에도 집중했지만, 내 친구의 실제 인간에도 관심을 쏟으니 논문 내용을 한결 쉽게 표현할 수 있었습니다."

우리가 실제 인간을 다루는 의사가 되려고 했던 것처럼, 그는 실제 인간을 위한 통역자가 됐던 것이다. 학교 교사도 수업이라는 비인격적인 사물을 가르치지 않고 학생들의 실제 인간을 가르친다면 실제 인간의 교사가 된다. 바이센슈타인의 호텔 주인은 우리를 단지 손님으로만 대하지 않고 우리의 실제 인간까지 배려한다는 기분을 느끼게 해주었다. 따라서 그도 실제 인간을 위한 호텔 경영자라 불리기에 부족함이 없었다. 한편, 어떤 회합에서나 청중이 익명의 집단이 아니라고 생각한다면, 청중 속에서 몇몇 낯익은 얼굴을 찾고 그들과의 시선 교환이 발표에 대화의 기운을 더해준다면 발표자는 완전히 다른 식으로 발표하게 될 것이다.

이렇게 할 때 직업상의 모든 관계는 새로운 특징을 띠게 될 것이다. 역할 완수에 불과할 때는 전혀 기대할 수 없었던 즐거움이 모든 관계에 스며들 것이다. 모든 것이 개인적 접촉의 기회가 되고, 다른 사람들을 이해하는 기회가 될 것이다. 또한 그들의 행동과 반응 그리고 의견과 관련된 개인적인 변수들을 이해하는 기회도 될 것이다. 상대의 결점에 짜증 내는 것보다 그에게 그런 결점이 있는 이유를 이해하고, 상대의 의견에 반대하며 맞붙어 다투는 것보다 그가 그렇게 생각하는 이유를 이해하며, 겉모습으로 판단하는 것보다 상대의 비밀 이야기를 경청하는 것이 훨씬 더 흥미롭고 중요한 법이다.

서로 비판하며 무시하던 사람들 사이에 개인적인 관계가 형성된다면 사무실, 작업실, 실험실 등 모든 곳의 분위기가 하루아침에 바뀐다. 얼마 전에 열린 한 학회에서, 취리히 공과대학의 철학 교수이며 잡지 〈디아렉티카*Dialectica*〉의 창간자인 페르디낭 공세트는 '대화의 법칙'을 주제로 발표하며, 대화의 법칙이 미래의 대학을 지배할 것이라 생각한다고 단언했다.[3] 대화의 법칙은 선생과 학생 간의 개인적 접촉을 뜻하며, 실제 인간이 지적 토론에 관여하는 것을 뜻한다. 이런 접촉과 관여가 성립하려면, 선생이 학문적 지식을 지나치게 강조하여 그 지식을 받아들이는 학생들의 실제 인간을 망각하지 않아야 한다.

그렇다고, 의과 대학생들에게 실제 인간을 배려하는 의학을 가르치기 위해서 실제 인간과 관련된 강의를 반드시 커리큘럼에 넣어야 한다고는 생각하지 않는다. 실제 인간은 가르칠 수 있는 것이 아니다. 마음으로 함께 공유하는 것이다. 선생과 학생 사이의 개인적 접촉이 있어야 하며, 선생이 실제 인간을 민감하게 느낄 수 있어야 한다. 다행히 모든 의과 대학에 아직 그런 선생들이 남아 있다. 그렇다고 그 선생들의 의학 지식이 부족한 것은 아니다. 의과 대학생들은 졸업하고 의사로 활동하는 내내 그런 선생들을 잊지 못할 것이다.

실제 인간을 다루는 의학

요즘 많은 의사들이 현대 의학의 발전 방향을 근심 어린 눈으로 지켜보고 있다. 물론 과학적이고 기술적인 면의 눈부신 발전에는 아낌없는 박수를 보내지만, 그런 발전에 수반되는 위험에는 경계심을 늦추지 않는다. 수련받는 분야의 전문화, 가정의의 점진적인 감소, 사회보장제도의 발전에 따른 의료의 규격화와 기계화로 의학의 인간적이고 개인적인 특성이 사라지고 있는 실정이다. 의학을 떠받치는 근본적인 두 축, 과학과 기술 사이에는 명백한 불균형이 있다. 공식 의학이 인간적인 의미를 상실했기 때문에 요즘 들어 온갖 민간요법을 앞세운 무면허 의사들이 그 어느 때보다 기승을 부리는 것이라 생각하는 사람이 적지 않다. 현재 프랑스에서 공식적으로 면허를 받은 의사는 3만 8000명인데, 무면허 의사는 4만 1000명에 이르는 것으로 추정된다.

따라서 많은 의사들이 이런 불균형을 바로잡기 위해 노력하고 있다. 좋은 의료는 의사의 기술적 능력만이 아니라 개인적 영향력과도 관련이 있다. 프랑스 의사이자 작가인 조르주 뒤아멜(Georges Duhamel, 1884-1966)이 지적했듯이, 의학은 여전히 '혼자만의 대화colloque singulier'다. 요즘 어디에서나 실제 인간의 의학이라는 말이 들리고, 그 의학을 정의하고 명확히 하며 널리 알리려는 노력이 뒤따른다. 클로드 베르당[4] 같은 외과학 교수든, 장 들레Jean Delay[5] 같은 정신의학과 교수든, 르네 S. 마크[6] 같은 내과학 교수든 의과대학 교수들은 첫 강의에서 실제 인간의 의학을 간접적으로 언급한다. 이런 일치는 의학의 융합 필요성을 보여주는 전조다. 더구나 이런 현상은 새삼스런 것이 아니다. 빈첸츠 노이바우어Vinzenz Neubauer[7] 박사가 먼 옛날에 소크라테스가 이미 말했다고 지적하지 않았던가. "그리스 의사들이 실패한 이유는 전체에 대한 지식이 완전하지 못하기 때문이다. 전체의 건강은 부분 건강의 필요조건이다."

그러나 실제 인간을 다루는 의학은 각 분야에서 축적한 모든 지식을 뛰어난 능력을 지닌 한 사람이 아니라 전문가 집단에 통합하려는 웅대한 학문으로 여겨질 수 있다. 알렉시 카렐 Alexis Carrel 박사가 자신의 책 《인간, 미지의 존재 L'homme, cet inconnu》를 끝내면서 바로 이런 의견을 제기했다.[8] 이런 노력의 이

점과 장점은 쉽게 생각할 수 있다. 그러나 문제점도 어렵지 않게 생각할 수 있다. 예컨대 각 분야가 고유한 전문성을 살린다는 이유로 다른 분야의 의사들은 이해하기 어려운 전문용어를 사용할 가능성이 크다.

융합의 장점과 단점은 이미 국제적인 의학 회의에서도 나타나고 있다. 예컨대, 일반적인 학회는 같은 분야를 전공하는 의사들만의 모임이지만, 이런 모임은 다른 분야에서 일하는 의사들이 자신들의 경험을 서로 주고받을 수 있어 무척 보람 있었다는 말을 외과 의사들과 정신과 의사들에게서 자주 들었다. 그러나 한 외과 의사는 심층심리학 전문가의 발표를 이해하기 힘들었고, 심층심리학 전문가도 외과 의사의 관점을 이해하기 힘들었다고 솔직하게 고백했다.

이처럼 다양한 분야에서 일하는 의사들의 모임에 교육자와 사회학자, 철학자와 역사학자, 신학자까지 가담해서 각 분야에서 축적한 실제 인간에 대한 지식을 보태지만, 모두가 각자의 고유한 전문용어를 사용한다면 어떻게 되겠는가? 게다가 동일한 전문 분야에서도 저명한 학자들 사이에 의견이 대립하는 경우가 있지 않은가? 예컨대 분석심리학에서 여러 학파가 치열하게 벌이는 논쟁을 생각해보라. 각 학파가 중요한 성과를 거두고 귀중한 개념을 우리에게 안겨준 것은 사실이지만, 그런 개념들로부터 추론하는 실제 인간에 대한 생각들이 완전히 다른 것도 사실이다.

따라서 인간에 대한 많은 지식을 대조하는 작업은 쉽지만, 그 지식들을 통합하고 융합하기는 무척 어렵다. 임상 의사는 실제 인간을 다루는 의학에 접근하기가 거의 불가능하지만, 직접 환자를 대면하는 임상 의사가 인간 의학을 시행할 수 있도록 도와야 한다. 내가 몸의 물리화학적이며 생물학적인 현상, 마음과 정신에 관련한 현상, 인간의 내면에서 작동하는 영적이고 사회적이며 역사적이고 철학적인 현상 등 모든 현상을 알게 된다 한들 내가 정말 실제 인간을 다루는 의사가 될 수 있을까? 환자들과 개인적 접촉을 이루어낼 수 있을까?

근본적으로 나는 사물의 세계를 벗어나지 못할 것이다. 사물에 대한 지식이 무한하더라도 실제 인간을 아는 데는 도움이 되지 않는다. 노파심에 말하지만, 내가 인간에 대한 과학적 지식을 통합하려는 노력의 유용성과 장점을 무시하는 것은 아니다. 그러나 통합의 노력이 크게 성공하더라도 우리에게 인간의 한 단면, 즉 현상적인 면만을 보여줄 뿐이다. 현상적인 면, 다시 말하면 메커니즘이다. 인간의 다른 면, 즉 사물의 세계가 아니라 실제 인간에 속한 세계에 대한 지식이 더해지지 않으면 완전한 통합일 수 없다. 실제 인간에 대한 지식을 축적하려면, 일반 임상의든 전문의든 모든 의사의 도움이 필요하다.

따라서 실제 인간을 다루는 의학에서 가장 필요한 것은 실제 인간의 세계에 마음을 활짝 열고, 환자들에게서 나타나는 이런저런 현상들만이 아니라 그들의 실제 인간을 읽어내는 법을 배우는 것이다. 그런데 실제 인간을 파악하는 것은, 우리가 지금까지 축적한 지식보다 실제 인간으로서 우리 자신이 발전하는 데서 더 큰 영향을 받는다. 한 신학자가 말했듯이, "우리 자신이 실제 인간이 될 때에야 우리는 타자의 실제 인간을 발견할 수 있기"⁹ 때문이다. 같은 맥락에서 폴 플라트네Paul Plattner는 "실제 인간을 다루는 의학은 모든 의사에게 내면의 재탄생을 요구한다"¹⁰고 말했다.

의사인 내가 실제 인간이 되기 위해, 인간으로서 완전한 경지에 이르기 위해 가야 할 길은 내 환자가 가야 하는 길과 다를 바가 없다. 다만, 환자들을 그 길로 인도하기 위해서는 그들보다 먼저 그 길을 가보는 편이 낫다. 그 길이 하나님과의 개인적인 대화, 타자와의 개인적인 대화다. 대화라는 결정적 순간들이 반복되면, 어떤 순간에 실제 세계의 문을 여는 결정적인 전환점을 맞게 된다. 그러나 일상적인 변화도 있다. 등장 인물이라는 껍질을 하나씩 벗어던지면 하나님이나 타자와 대화할 때마다 개인적 접점을 찾게 된다.

실제 인간을 다루는 의학에서는 이처럼 개인적 접점을 이루어내는 능력이 반드시 필요하다. 개인적 접점은 진정으로 진지하게 추구할 때에야 형성되고 유지된다. 개인적 접점을 통해서 내가 나 자신의 실제 인간이 되고, 환자도 그의 실제 인간이 되도록 도와줄 수 있다. 개인적 접점이 이루어질 때 환자는 고객에서 내 대화 상대가 되고, 나는 의사에서 그의 대화 상대가 된다. 프랑스 철학자 모리스 네동셀Maurice Nédoncelle의 멋진 표현을 빌리면, '의식의 상호성réciprocité des consciences'[11]이 성립된다. 나는 환자의 실제 인간을 찾아내 파악하는 동시에 환자가 나의 실제 인간을 찾아내 알도록 유도한다. 이런 점에서, 실제 인간을 다루는 의학은 기술적 의학이 의사에게 요구하지 않는 개인적 개입을 요구한다.

환자에게만이 아니라 나에게도 새로운 마음가짐이 필요할 때가 있다. 나에게 잊지 못할 경험을 안겨주었던 한 환자를 예로 들어보자. 그녀는 극단적으로 소심한 성격 때문에 정신적으로 무척 외롭게 살았다. 처음 만났을 때는 상담조차 힘들 지경이었다. 그녀는 마음을 열려고 애태웠지만 좀처럼 열지 못했다. 내 질문에도 단답형으로만 대답했다. 그런데 어느 날, 갑자기 모든 것이 변했다. 하지만 그녀 자신은 그런 변화를 의식조차 못한 듯했다. 상담을 끝내고 내가 "오늘 정말 기적이 일어난 것 같군요. 그렇죠?"라고 말하자 그녀는 어리둥절한 표정을 지었다. 그녀는 한참 생각한 후에야 나에게 대답했다. "그런 것 같습니다. 제가 정말 마음을 터놓고 얘기한 것 같아요." 그녀와 나 사이에 개인적 접점이 형성됐다는 뜻이었다.

그러나 그 순간부터, 개인적 접점을 유지할 수 있는지 없는지는 그녀만이 아니라 나에게도 달려 있다. 개인적 접점은 언제라도 사라질 수 있었다. 실제로 어느 날 상담이 다시 답답하게 변했다. 그녀가 돌아간 후, 나는 하나님께 기도했고, 내 책임이라는 것을 깨달았다. 그녀가 나에게 쏟아낸 비판에 내가 민감하게 반응한 탓이었다. 물론 나는 그런 기색을 겉으로 드러내지는 않았다. 나 자신도 의식하지 못했지만, 그럴듯한 이론들을 들먹이며 내 말을 합리화하는 데 여념이 없었다. 요컨대 내 실제 인간의 상처를 감추려고 등장인물이 다시 나타났던 것이다. 하나님과의 대화를 통해서 나는 그런 실수를 명백히 깨달았고, 그녀에게 솔직한 편지를 보내 개인적 접점을 다시 회복할 수 있었다. 누군가 나에게 마음을 열면, 나도 그에게 나, 곧 하나님과 밀접한 관계를 맺고 있는 사람을 보여줄수 있어야 한다.

지금까지 많은 저자들이 의사의 됨됨이, 직업인으로서의 자질, 자신과 하나님과 환자에 대한 정직의 중요성을 역설해왔다. 또한 파리의 아르망 뱅상Armand Vincent,[12] 취리히의 알퐁스 메데,[13] 스페인 사라고사의 라몬 레이 아르디드Ramon Rey Ardid[14] 등 많은 저자가 실제 인간을 다루는 의학에서 똑같은 결론에 이르렀다. 즉, 그런 의학의 특징은 인간과 인간, 즉 의사와 환자의 개인적 접촉이라는 것이다.

바이센슈타인 학회에서, 하이델베르크의 리하르트 지벡 교수는 어떻게 하면 비인격적인 공간인 종합병원에서도 인간 중심의 의료가 가능할지에 대해 발표했다. 개인병원보다 종합병원에서 환자가 사물, 즉 사례와 번호로 여겨질 위험이 훨씬 크다. 많은 보완책을 시행할 수 있지만, 여기서 일일이 나열할 수는 없다. 그러나 지백 교수의 주장에 따르면, 병원장의 실제 인간이 가장 중요하다. 정확히 말하면, 환자들과의 관계, 또 의사와 간호사 등 협력자들과의 관계를 활성화하려는 병원장의 마음가짐이다.

지백 교수는 한 간호사를 예로 들었다. 그녀가 지나는 곳이면 어디나 인간적인 분위기가 조성되었다. 나는 전에도 그와 비슷한 사례들을 들은 적이 있다. 결국 자기 주변에 비인격적인 분위기를 조성하는 사람들, 즉 등장인물들이 있는 반면, 진정으로 인간적인 분위기를 자아내서 주변에 있는 사람들로 하여금 자신을 살아 있는 인간으로 느끼게 해주는 사람들이 있다.

부인과 개인적 접점을 형성하지 못하는 의사에게 환자와의 관계에서 개인적 접점을 이루기를 기대하기는 어렵다. 우리 삶은 무서울 정도로 일관성의 법칙을 따른다. 따라서 우리가 사물의 세계에서 움직이면 모든 것이 사물, 현상, 등장인물에 불과하다. 하나님조차 추상적인 개념에 불과하다. 그러나 우리가 실제 인간의 세계로 들어가면 하나님이 인격적인 존재가 되고, 가정에서는 물론이고 종합병원 같은 거대한 비인격적인 공간에서도, 즉 어디에서나 실제 인간을 만날 수 있다.

실제 인간을 다루는 자세

언젠가 나는 몇몇 친구들과 함께 있었다. 그들은 나에게 책을 쓰는 것보다 강연에 주력하라고 조언했다. 말에서 풍기는 인간적인 냄새를 글에서는 느끼기 힘들다는 이유였다. 하지만 지금 여러분이 확인하듯이, 나는 그 조언을 따르지 않았다. 친구들이 소중하기는 하지만 그들의 노예가 될 수는 없지 않은가! 실제 인간이 된다는 것은, 타자의 의견을 무시하지 않으면서도 자신의 개인적 확신에 따라 행동하는 것이다. 내 친구들의 조언이 사실이기는 하다. 살아 있는 말은 예나 지금이나 개인적 대화에서 주된 도구다.

나를 직접 찾아오기 전에 장문의 편지로 자기 삶의 이야기를 전한 환자들도 말과 글의 차이가 확연했다. 편지는 정보를 전하는 가치가 있다. 그러나 삶에 대한 이야기의 목적은 정보를 전달하는 것이 아니라 개인적 접점으로 향하는 데 있다. 말로 전하는 삶의 이야기는 명료성과 체계성이 상대적으로 떨어지지만, 실제 인간을 더 강렬하게 드러낸다.

상담을 받고 있는 환자들이 편지를 보내는 경우도 가끔 있다. 그들은 내 앞에서 과감히 말할 수 없었던 것을 편지에 쓴다. 이런 편지도 나름의 가치가 있다. 다음 상담에서 어떻게든 더 솔직해지겠다는 약속이고, 그 약속을 지키려는 방법이다. 또한 종이라는 매개체를 이용한 덜 직접적인 대화, 약화된 대화라 할 수 있다.

그러나 말도 객관적이고 중립적인 어조로 정보를 전달하거나 논증하면 사물이 될 수 있다. 어떻게 들릴지 모르겠지만 진정한 대화는 토론과 전혀 다르다. 양심의 문제를 내놓는 환자들에게 어떻게 대응해야 할지 모르겠다며 걱정하는 동료들에게 나는 항상 이렇게 대답해왔다. "지적인 토론과 개인적인 상담은 전혀 다른 것이다." 의견을 피력하는 사람에게는 의견으로 대응하는 게 마땅하지만, 실제 인간을 보여주는 사람에게는 우리도 실제 인간을 보여주는 것으로 대응해야 한다. 따라서 때로는 침묵이 진정한 대답이 될 수 있다.

여기서 대화한다는 뜻은, 삶과 인간과 하나님에 대한 철학적이고 신학적인 이론을 따진다는 것이 아니다. 나에게 실질적으로 도움을 준 사람들은 내 고백에 충고와 조언 혹은 어떤 이론으로 대답한 사람들이 아니다. 오히려 아무 대답도 없이 내 고백을 묵묵히 들은 후에 자신의 개인적인 삶에 대해, 그들이 살면서 겪은 어려움에 대해 말해준 사람들이었다. 이렇게 서로 주고받는 것이 바로 대화다.

조언과 충고 혹은 이론으로 대응하는 사람은 자신을 상대와 동등한 위치가 아니라 상대보다 우월한 위치에 두는 사람이다. 실제 인간을 보여주지 않고, 의견을 제시하는 사람이다. 다시 말하면, 실제 인간의 주관적 세계에 들어가지 않고 사물의 객관적 세계에 머무는 사람이다. 누군가 우리에게 자신의 힘겨운 삶을 고백하면, 우리는 대개 등장인물로 대응하기 십상이다. 특히, 우리의 삶에 대한 반감이나 종교적 의혹을 피력하는 사람에게는 더욱 그렇다. 상대의 말을 반박하는 식의 대응은 이른바 신자의 등장인물과 이른바 불신자의 등장인물을 대립시키는 것이며, 하나님의 나라에서는 "첫째가 꼴찌가 되고 꼴찌가 첫째가"(막 10:31)된다는 그리스도의 가르침을 부정하는 것이다.

진리를 알고 진리를 말한다는 자만심과 그런 사고체계를 지닌 등장인물이 다시 나타나면, 타자를 도우려는 진실한 노력이 그들을 해방하기는커녕 억누르고 짓밟는다. 따라서 실제 인간들의 대화는 사라지고, 교훈적이고 개종을 유도하는 토론이 뒤따른다. 한 환자가 나에게 말했듯이, "우리에게 틀에 박힌 해결책을 강요하는 사람들, 자신들의 학문적 지식이나 신학적 이론을 우리에게 강요하는 사람들은 우리를 치유할 수 없다."

실제 인간을 다루는 의학은 환자들을 가르치고 실수를 지적하고 훈계해서 운명을 받아들이도록 유도하고, 잘못을 고백하고 기도하게 만드는 것이라고 믿는 사람들, 그 의학을 '종교적 심리요법'이라 칭하는 사람들의 생각이 얼마나 잘못된 것인지 이제 우리는 이해한다. 그런 식으로 하면 우리 의사들은 실제 인간을 잊은 채 등장인물로 행동할 수밖에 없을 것이다. 성직자 역할을 자임하며, 원래 우리 역할이 아닌 역할을 떠맡을 위험이 크다.

잘못을 지적하고 교정하며 이론을 가르치는 것은 성직자의 사명이지 의사의 사명이 아니다. 개신교인이었지만 가톨릭 교리에 매력을 느낀 한 환자를 예로 들어보자. 그녀는 자신에 대한 확신이 없었다. 그래서 가톨릭 교리를 동경했지만 가톨릭으로 개종하겠다고 선뜻 마음을 굳히지 못했다. 이런 갈등으로 그녀의 마음은 갈기갈기 찢어졌고, 몸에 병까지 생겼다. 그녀는 목사와 신부를 번갈아 찾아갔고, 그들은 자신의 교리로 그녀를 설득하며 상대를 비판한 까닭에 갈등의 골은 더욱 깊어졌다.

내가 이런 신학적 논쟁에 뛰어든다고 그녀에게 무슨 도움이 되겠는가? 나는 내가 믿는 개신교의 교리를 그녀에게 강요하고, 내 동료는 자신이 믿는 가톨릭 교리를 강요한다면, 그녀에게 무슨 도움이 되겠는가? 실제로 그녀는 가톨릭교도인 심리 요법 의사에게도 상담을 받고 있다. 그런데 재미있게도 그는 그녀에게 가톨릭으로 개종하라고 권유하지 않고, 나는 그녀에게 개신 교회를 고집할 필요는 없다고 조언한다. 그녀는 논쟁적인 토론에 휘말리지 않고 내적 갈등을 내 동료에게나 나에게 솔직하게 말할 수 있어야 한다.

사실 심리학자의 관점으로 볼 때 문제는, 개신교와 가톨릭 중 어느 쪽을 선택할 것인지가 아니라, 그녀가 두 종교에 대해 품고 있는 이미지의 대립이다. 이런 망설임 밑에는 그녀의 개인적인 삶과 관련된 요인들이 있다. 따라서 두 종교의 교리가 그녀의 삶에서 어떤 이미지로 나타나는지 알아내야 하고, 그녀도 그 이미지를 이해하도록 도와야 한다. 그녀는 진정으로 개인적인 확신에 이를 것이고, 그 사이에 자신의 실제 인간에 대한 편견을 버리고 망설임에 따르는 고통을 견딜 수 있을 것이다.

스스로도 명확히 인정하지는 않지만 개신교와 가톨릭 사이에서, 더 나아가 그리스도교와 다른 종교들 사이에서, 혹은 믿음과 의혹 사이에서 강박관념에 사로잡힐 정도로 망설이고 또 망설이는 사람이 얼마나 많을까? 우리는 그들의 실제 인간에 관심을 갖고, 개인적인 대화를 통해 완성되는 실제 인간의 성장에 관심을 가짐으로써, 그들이 자신을 명확하게 알고 종교적인 삶에서 더욱 신실해지도록 도와줄 수 있다. 종교는 교육과 관습에 따라 수동적으로 받아들인 영적이고 기계적 행위의 집합체에 불과하다고 생각하는 사람이 얼마나 많을까? 우리는 개인적인 결정을 통해서만 실제 인간이 될 수 있다.

실제 인간을 다루는 의학에서는 타자의 실제 인간을 절대적으로 존중해야 한다. 그렇다고 수모까지 참으라는 뜻은 아니다. 정확히 말하면, 타자의 의견을 존중하면서 이론을 앞세우지 말고 진정으로 개인적인 방식으로 자신의 의견을 제시하라는 뜻이다. 이렇게 할 때 종교적이며 철학적인 편견, 혹은 정치적이고 사회적인 편견이 없는 대화가 가능하다.

일반적인 의미의 관용, 즉 진리를 알고 있다는 약간의 자부심과, 오류를 범한 사람들을 박해하지 않고 그들과 함께하는 호의를 지닌 관용의 문제가 아니다. 앞에서 하나님과의 대화에 대해 말한 내용과 관련된 훨씬 심원한 신념의 문제다. 하나님과의 대화는 근본적으로 개인적인 것이다. 달리 말하면, 누구나 하나님과의 대화에서 타자가 아닌 자신을 위한 영감을 얻을 수 있다는 뜻이다.

나는 여기서 교리에 대해 말하는 것이 아니다. 인간을 가르치라고 하나님이 직접 부과하신 교회의 의무, 뭇 영혼에게 하나님의 말씀을 가르치는 권한을 지닌 교역자들의 임무에 대해 말하는 것도 아니다. 하나님의 말씀으로, 또한 교회의 가르침과 성령으로 교화된 인간이면 당연히 하나님의 의지를 일상적으로 추구해야 한다는 의무에 대해 말하는 것이다. 이런 관점에서 보면, 하나님이 나에게 개인적으로 말씀하시는 것을 경청하는 책임은 나에게 있는 것이지 타인의 몫이 아니다. 또한 개인적인 확신을 더욱 충실하게 다듬어가는 것도 내 책임이다. 그러나 내가 타자를 대신해서 하나님께 어떤 영감을 받았다고 주장하며, 그 영감을 타자에게 전하는 것은 내 의무가 아니다.

얼마 전에 나는 의학 연구 모임에 속한 한 친구가 보내준, 의학과 신앙의 관계에 대한 다양한 질문이 담긴 설문지를 받았다. 의사가 환자의 병에 영적 의미가 있다고 생각하는 경우, 그 환자에게 사실대로 말해야 한다고 생각하는지를 묻는 질문이 특히 눈에 띄었다. 나는 부정적으로 대답했다. 내 생각에는, 어떤 사례에 영적 의미가 있는지 없는지는 순전히 주관적인 판단인 듯하다. 물론 나 자신의 질병에 담긴 의미에 대해서는 관심을 가져야겠지만, 환자의 질병에 담긴 의미는 내가 판단할 몫은 아니다. 내가 타자의 질병에 담긴 의미를 판단한다면, 환자 자체를 판단하는 것이나 다를 바 없을 것이다.

게다가 나는 의사의 그런 행위가 유익하다고도 생각하지 않는다. 하나님이 질병을 통해 환자에게 말씀하시려는 것, 질병에 담긴 의미를 찾는 영적 체험은, 내면에서, 하나님과의 내적인 대화에서 불현듯 나타나는 법이다. 한편 환자는 그런 영적 체험을 하면 그 체험을 의사에게 말할 수 있어야 하고, 의사는 그의 내적 확신을 존중한다는 반응을 보여주어야 한다. 이렇게 할 때, 환자와 의사는 서로 의견에서 잘잘못을 따지지 않고 각자 개인적으로 확신하는 의견을 표현하는 개인적인 대화를 나눌 수 있다.

나는 대화를 직업으로 삼은 사람이다. 어느 날, 나는 심리요법 의사와 신학자들의 모임에 참석했다. 참석자들은 한 명씩 자신을 소개할 때 자신이 속한 학파까지 언급했다. 나는 어떤 학파에도 소속돼 있지 않았기 때문에 소크라테스학파 소속이라고 말할 생각이었다. 남들에게 나의 의견을 강요하기는커녕 그들이 자신을 더 명확하게 파악해서 개인적인 확신을 얻도록 돕기 위해 소크라테스가 사용한 대화법에 동조한다는 뜻이었다.

대화는 '심리요법'을 훌쩍 넘어서는 것이다. '심리요법'은 신경증을 치료하는 전문가가 시행하는 전문적인 치유법에 국한

돼야 마땅하다. 물론 나도 가끔 심리요법을 사용하고, 심리요법의 한 기법으로 대화를 이용할 수 있다. 그러나 대화는 그 이상이다. 대화는 심리요법 의사가 아니어도 모든 의사가 결핵 환자나 심장병 환자는 물론 건강한 사람들에게도 사용할 수 있는 생명 보조 수단이다. 세상을 살아가고, 실제 인간, 즉 완전한 의미의 인간이 되기 위해서는 누구나 도움이 필요하다. 이런 변화는 건강을 지키고 회복하는 데 적잖은 역할을 한다.

'공작의 숲'이란 뜻을 지닌 네덜란드 도시, 스헤르토헨보스의 헤리트 반 발렌Gerrit van Balen 박사가 '신경증névrose'이란 단어가 너무 남용되는 듯하다는 의견을 담은 편지를 내게 보냈다. 전문의의 치료가 필요한 강박신경증, 불안신경증, 유기신경증 등 진정한 신경증에만 이 용어를 제한적으로 사용해야 한다는 뜻도 피력했다. 심각한 내적 갈등으로 고통받는 사람들에게 무분별하게 신경증이라는 딱지를 붙이지 말자는 제안도 있었다. 하기야 신경증 환자라 불리면 어쩔 수 없이 의사에게 도움을 청할 수밖에 없지만, 그들에게 진정으로 필요한 사람은 심리요법 의사가 아니라 인간적인 대화를 나눌 수 있는 진실한 말 상대인 경우가 많기는 하다.

물론 심리학자들이 연구해서 정리한 메커니즘은 우리 모두의 내면에서 작동하듯이 그들의 내면에서도 작동한다. 이 점에 대해 명확히 이해시키는 것이 그들에게도 유익하다. 우리가 환자가 아니듯이 그들도 환자가 아니다. 거꾸로 말하면, 그들이 환자라면 우리도 환자다. 게다가 그런 사람들은 환자의 절반을 차지할 정도로 다수다. 그들의 정신적이고 신체적인 장애는 삶의 과정에서 겪는 극심한 갈등의 표출에 불과하다. 우리도 똑같은 상황에 처하면 그들과 똑같은 '환자'가 될 것이다.

그런데 그들에게 너무 쉽게 '신경증 환자'라는 딱지를 붙이기 때문에 그들은 마음에 상처를 입는다. 우리가 인간적인 관점을 내던지고 심리학자로서 그들에게 접근하고, 그들의 실제 인간을 보지 않고 그들의 심리적 메커니즘만 분석하기 때문이다. 따라서 우리가 배운 심리학, 심리학자라는 직업에 복무하는 과정에서 길들여진 습관, 사람을 관찰하는 방법이 결국에는 개인적 접촉을 방해하는 걸림돌이 된다. 우리가 이런 지식을 습득한 이유는 인간을 더 효과적으로 돕기 위한 것이었지만, 이런 지식이 오히려 우리의 실제 인간을 감추는 껍데기가 되고, 우리는 인간미를 상실한 직업적인 등장인물이 된다.

신경증을 치료할 때도 다시 실제 인간이 되기 위해 이런 기계적인 사고방식을 떨쳐버려야 하는 순간이 온다. 어느 날, 나는 한 환자의 지적으로 이런 사실을 통절하게 깨달았다. 그 환자는 정신치료를 받았고, 덕분에 상태가 무척 호전됐다. (훗날 나에게 모든 과정을 가감 없이 알려준) 주치의와 개인적인 접촉을 이루었지만, 그녀는 주치의 앞에서 충동적으로 어떤 말을 내뱉는 순간 그 상황에 붙여질 심리학 용어를 떠올렸다. 그녀의 주치의가 습관적으로 심리학 용어를 동원해서 그런 일을 설명했기 때문이다. 그녀의 지적에 따르면, 주치의는 그녀의 사소한 반응까지 분석하며 유아기적 퇴행, 투사, 위장僞裝, 정서적 전이 등의 징후라는 설명을 덧붙였다.

심리학은 많은 사람에게 정신적 부담을 주는 용어들이 많기도 하지만, 그 자체로 심판자 역할을 하기도 한다. 게으르다고 항상 손가락질받는 사람이, 그런 게으름이 억압적인 부모에 대한 반발의 표현이라는 것을 알게 된다면 엄청난 위안을 받을 것이다. 직관적으로 자신의 잘못이라고 느꼈던 도덕적 심판에서 해방될 것이기 때문이다. 그러나 자신이 빈둥거릴 때마다 사람들이 그런 모습을 정신병리학적 징후로 여길 거라고 생각하게 되면, 또 다른 심판을 받는 기분을 떨치지 못할 것이다.

심리학은 편견을 없애버렸기 때문에 의사들에게 인간을 이해하는 경이로운 수단이며, 개인적 접촉으로 향하는 길이다. 그러나 우리 안에서 심리학자라는 등장인물이 실제 인간보다 우위에 있다면, 심리학은 왜곡될 수밖에 없다. 인간의 행태에서 심리적 메커니즘을 찾아내는 데만 지나치게 집중하면 실제 인간을 찾아내지 못하고 꼭두각시만을 보게 된다. 따라서 인간에게 접근할 때는 어느 정도 순수함을 되찾아야 한다.

그렇다면, 대화, 즉 개인적인 접촉은 어느 정도 하늘나라에 속하는 것이 아닐까? 그리스도가 우리에게 어린아이를 닮아야만 하늘나라에 들어갈 수 있다고 하시지 않았는가!(눅 18:17)

11

삶은 곧 선택이다

한 젊은 여자가 상담실에 들어왔다. 그녀는 복통으로 고생하고 있으며, 동네 의사부터 대도시와 종합병원의 전문의까지 벌써 열 명 남짓한 의사에게 진료를 받았다고 투덜거리고는 이렇게 덧붙였다. "그분들은 한결같이 저를 안심시켰어요. 대단한 병이 아니고 신경성이라고요. 하지만 좀처럼 복통이 낫지를 않아요."

"신경성입니다." 앞에서 말했듯이, 의사들이 쉽게 남용하는 말이다. 환자는 내면에서 중대한 갈등을 벌이고 있는데 자칫

하면 신경을 치료해야 한다고 잘못 생각하게 만들 수 있는 말이다. 해결해야 할 문제는 내면의 갈등이다. 어떤 갈등일까? 그녀 자신도 모를 수 있다. 갈등의 정체를 파악하기가 무척 어렵고, 오랜 시간이 걸릴 수도 있다. 더구나 그 갈등을 해소하려면 훨씬 오랜 시간이 걸릴 수 있다. 따라서 빈둥거릴 시간이 없었다. 그녀가 나에게 자신의 삶에 대해 말하는 동안 나는 온갖 가능성을 생각했다.

선택과 책임

내가 그녀에게 물었다. "몇 살입니까?" "서른여섯입니다." "저런, 열 살은 더 젊어 보이는군요!" "그래요, 모두가 저에게 무척 젊어 보인다고 말합니다." "그런데 왜 배가 아플까요? 틀림없이 원인이 있을 텐데." 이런 식으로 실제 인간의 의미는 우리에게 새로운 호기심을 일깨운다. 예컨대 몸의 각 기관에서 진행되는 사소한 메커니즘만이 아니라, 실제 인간의 규모에서 메커니즘 전체의 의미를 이해하려는 호기심이다. 몸은 실제 인간의 표현이기 때문이다. 나이보다 젊어 보이는 것은 실제 인간이 자유롭게 성장하지 못했기 때문이다.

그러나 그 환자는 내 질문을 제대로 이해하지 못했다. 나는 더 명확하게 질문해야 했다. "당신이 성장하는 것을 방해해온 사람이나 사건이 있습니까?" 긴 침묵이 이어졌다. 그녀는 곧바로 대답하지 않고 깊은 생각에 잠겼다. 마침내 그녀가 입을 열고 대답했다. "혹시 어머니를 말씀하시는 건가요? 어머니는 저를 항상 어린애로 취급하십니다." 자녀가 성장하는 것을 방해하는 어머니들이 반드시 어머니로서의 의무를 등한시하는 이기적이거나 권위적인 못된 어머니는 아니다. 오히려 자녀를 잘 키우려고 노심초사하고, 어떤 실수나 실패도 감싸주며, 위험에서 보호해주는 훌륭한 어머니인 경우가 많다. 하지만 이런 어머니들은 선의로 자녀에게 이런저런 좋은 조언을 거듭하는 까닭에 자녀는 우유부단하고 결단력이 없는 경우가 많다. 우리가 개인적인 삶의 특징이라 꼽았던 책임 있는 선택도 혼자서는 하지 못한다. 따라서 삶의 흐름이 멈춘다.

그렇게 비밀의 문이 열렸다. 그녀는 두 번이나 약혼했지만 결혼식 날짜가 다가올 때마다 어머니가 병에 걸렸다고 했다. 따라서 결혼을 연기할 수밖에 없었다. "어머니를 돌보는 게 제 의무잖아요. 저를 가장 필요로 할 때 어머니를 떠날 수 없었어요." 두 약혼자는 기다리다가 지쳐서 약혼을 파기하고 말았다. 이제 그녀는 세 번째로 약혼했고, 결혼식 날이 다가오고 있었다. 그녀의 어머니는 조금씩 건강이 나빠졌다.

"남자는 아버지와 어머니를 떠나 그의 아내와 결합하여 한 몸을 이루는 것이다"(창 2:24)라는 성경구절을 모르는 사람은 없을 것이다. 나는 그녀에게 이 성경구절을 설명했다. 모든 중요한 행위가 그렇듯이 결혼도 극단적인 선택을 요구한다. 어머니와 약혼자, 둘 중 하나를 선택해야 한다. 나는 약혼자를 상담실로 불러서, 어떤 희생을 치르더라도 결혼식을 연기하지 말라고 부탁했다. 또 내 환자의 어머니에게 장문의 편지를 보냈고, 그녀의 어머니는 내 편지를 호의적으로 받아들였다. 결국 그녀는 결혼식을 치렀다. 수개월 후, 그녀가 나를 찾아왔다. 복통이 깨끗이 사라졌고, 어머니도 건강하다는 반가운 소식을 전해주었다.

의사의 첫째 임무는 병을 치료하는 것이다. 기술적인 처치만으로 충분한 경우도 있지만, 더 큰 소명, 즉 교육적인 임무까지 받아들여야 할 때도 많다. 의사는 환자가 정신적으로나 육체적으로 성장하고, 삶의 법칙에 순응하며 삶의 흐름에 다시 들어가 책임 있는 성인으로 균형 있게 성숙하도록 도와야 한다. 게다가 넓게 보면, 인간이 육체적으로나 정신적으로 성장하고 발육하는 데 방해되는 장애 요소를 제거하여 삶의 목적을 완수하도록 돕는 것은 기술적 의학의 존재 이유이기도 하다. 예컨대 철도 건널목의 차단기를 올리는 이유는 관리자가 차단기 올리는 것을 좋아해서가 아니라, 자동차가 지나갈 수 있도록 하는 것이다. 따라서 건강하게 회복된 몸과 정신을 어떻게 활용하는지가 건강 자체보다 더 중요하다.

우리가 앞에서 생명 보조 수단이라 일컬었던 것을 다시 생각해보자. 생명을 이어가려면 삶의 법칙들을 알아야 하고, 가장 중요한 법칙이 자율적이고 책임 있는 성인이 되는 것이다. 삶은 곧 선택이다. 우리는 연속적으로 단호하게 선택함으로써 삶의 모습을 개략적으로 그린다. 프로이트학파는 성인이 된다는 것이 무엇을 뜻하는지 파악하는 데 많은 기여를 했다. 그들은 첫째로 유아 성욕에서 성인 성욕으로의 변화, 둘째로 어린아이의 독점애에서 자기희생적인 사랑으로의 변화,[1] 마지막으로 자율성이라는 개념을 강조했다. 자율성은 과감하게 현재의 자신이 되고 타인에게 의존했던 유아기에서 벗어나겠다는 의지를 뜻한다.

한 대학생이 나에게 상담을 받으러 왔다. 어머니와 약혼녀 사이에 끼여 아무런 결정을 내리지 못하는 청년이었다. 어머니를 달래기 위해서 때로는 자신의 욕구를 억누르며 약혼녀를 만나는 것을 포기했고, 때로는 약혼녀를 몰래 만났다. 그 이후로 온갖 이상한 장애로 고통을 겪고 있다는 그에게 물었다. "선생님은 삶의 목적이 어머니를 위해 사는 겁니까?" 서너 달 후, 그는 이 단순한 질문으로 인해 자신이 완전히 달라졌고, 자신의 단호한 태도에 어머니가 약혼녀를 반갑게 맞아들였다는 편지를 나에게 보냈다. 방해받는 것을 불평하는 사람들은 거의 우유부단한 성격이다.

노파심에 말하지만, 내가 젊은이들에게 부모의 뜻에 거역하라고 부추기는 것은 아니다. 젊은이들에게 부모의 충고를 무시하라고 부추기는 것은 더더욱 아니다. 부모의 뜻을 따르는 게 의무라고 생각하거나, 부모를 즐겁게 해주는 게 도리라고 생각하면 당연히 그렇게 해야 한다. 우유부단하여 마지못해 선택하는 행동은 삶을 부정하는 짓이다. 자신의 결정에 따르는 책임을 회피하려는 것이기 때문이다.

망설이며 결정을 내리지 못하는 우유부단은 실제 인간에게는 독약이다. 우유부단은 언제나 내면의 갈등과 관계가 있다. 당사자가 단호히 해결할 용기도 없었고, 정체가 무엇인지 파악하려는 용기조차 없었던 갈등과 밀접한 관계가 있다. 강압적인 부모에게 의존하며 살았던 사람들이 대체로 우유부단하다. 부모가 세상을 떠난 후에도 우유부단한 면은 오랫동안, 심지어 평생 사라지지 않을 수 있다. 이런 사람들은 마음을 열고 우리와 대화할 때, 취미가 무엇이고 삶의 신념과 목적이 무엇인지도 모르겠다고 숨김없이 털어놓는다. 그들은 상황에 따라 오락가락한다. 어떤 결정을 내린 후에도 그 결정이 잘못된 것은 아닌지 불안해한다. 처음 선택이 의식에 강한 인상을 남겼는데도 그 선택을 포기하면 그야말로 어둠 속을 헤매며 어떤 결정도 분명하게 내리지 못한다.

이런 환자들은 우리가 자신을 대신해 선택해주기를 바란다. 조언을 요구하며, 그들에게는 아무런 책임도 없다고 말해주는 의학적 판단을 원한다. 그런 의학적 판단이 그들을 안심시킬 수는 있지만, 삶의 문제까지 해결해주지는 못한다. 그들은 여전히 미성년자 수준에 머물며 의존적인 삶을 벗어나지 못할 것이다. 의사는 이런 환자를 주의 깊게 살펴야 한다. 의사는 처방하고 지시하는 데 익숙한 사람이다. 기술적 의학에서 의사의 역할은 이 정도로 충분할 수 있다. 그런데 '아버지 콤플렉스'를 지닌 의사들이 의외로 많다. 의사는 아버지처럼 환자의 안녕을 위해 모든 것을 결정해주고 싶어 한다. 심지어 수술을 하는 경우에도 환자의 동의를 받지 않고 혼자 결정하는 의사들이 있다.

이런 이유로 교황 비오 12세가 신경과 의사들을 상대로 한 연설에서 "개인의 자기결정권, … 신체와 생명에 대한 개인의 권리"를 엄숙하게 재천명했던 것이다.[2] 프랑스 철학자 에마뉘엘 무니에(Emmanuel Mounier, 1905–1950)는 이 문제에 관련한 설문조사를 실시했고, 잡지 〈에스프리 Esprit〉에 발표된 결과를 나는 이미 다른 책에서 인용했다.[3] 파리에서 활동하는 신경외과 전문의 레이몽 트로토Raymond Trotot도 이 문제에 대한 입장을 분명하게 밝혔다. "인간의 영역은 손상되지 않은 한 누구도 침범할 수 없다. 환자의 명백한 동의가 있을 때에만 개입할 수 있다."[4] 인간의 존중은 자기결정권의 존중을 뜻한다. 자아의 자유롭고 책임 있는 참여만이 인간을 만들어내기 때문이다. 샤를 오테Charles Hauter 교수는 "인간은 자유와 동의어다"[5]라고 말했다. 따라서 로제 레스 브리옹Roger Reyss-Brion의 표현을 빌리면, 인간에 대한 심리요법은 '비지시적 심리요법', 즉 직접 지시하지 않고 자발적으로 극복하도록 유도하는 심리요법이다.

따라서 기술적 의학에서도 치료에 대한 결정을 내려야 할 때, 환자가 자유로운 상태에서 명백하게 동의하고 협력하도록 환자에게 의무적으로 치료 과정을 알리는 추세다. 그러나 실제 인간을 다루는 의학의 경우, 환자가 삶의 방향을 선택해야 할 때 환자에게 훨씬 더 큰 결정권을 부여한다. 의사는 환자가 스스로 결정을 내리도록 돕는 역할에 그칠 뿐 환자를 대신해서 결정을 내리지는 않는다.

가장 중요한 요인은 신뢰다. 환자의 선택이 미심쩍게 여겨지더라도 우리는 환자의 책임 있는 선택을 절대적으로 신뢰해야 한다. 환자의 부모, 자매와 형제 혹은 학교 선생이 환자를 대신해서 결정할 때, 환자를 위해 선의로 대신 결정한다고 하지만, 환자의 판단을 신뢰하지 않기 때문에 그럴 수밖에 없다는 기색을 환자에게 보인다면, 환자는 자아에 대한 의혹을 품기 마련이다. 그리하여 환자는 유약하고 우유부단한 미성년자의 수준을 벗어나지 못하고, 실제 인간을 활짝 꽃피우지 못한다.

의사의 임무는 환자가 실제 인간으로 성장해서 고유한 책임을 지도록 돕는 것이다. 그렇다고 환자가 모든 문제를 혼자 해결하도록 내버려두고, 환자에게 영향을 미칠지도 모르므로 우리 생각을 환자에게 전혀 드러내지 말아야 한다는 뜻은 아니다. 책임 있는 선택은 의사가 경험적으로 조언해줄 수 있는 것들을 무시하고, 선택에서 비롯되는 위험을 무시한 채 행하는 맹목적인 선택이 아니다.

대화의 기본 개념으로 돌아가보자. 우리가 말해야 하는 것을 빠짐없이 솔직하게 말하는 것이 원칙이다. 또한 우리는 상대가 대화 내용을 인지하는 상태에서 행동 방향을 선택하는 것을 돕기 위해 대화하는 것이며, 그가 우리와 다른 선택을 하더라도 우리는 그의 선택을 전적으로 신뢰한다는 것을 그가 느낄 수 있게 해주어야 한다.

헤리트 반 발렌 박사는 언젠가 나에게 보낸 편지에서, 요즘에는 책임감을 지닌 사람이 거의 없다는 것을 우려했다. 나는 어떤 도시에서 강연할 때 발렌 박사의 편지를 인용했다. 당시 강연장에는 시장과 시의원 몇 명이 있었다. 한 의원이 벌떡 일어나 말했다. "우리가 지난 회기에 다루었던 문제를 비판하시는 것 같군요. 우리 의원들도 어떤 결정을 내려야 하는지 알고 있었습니다. 하지만 그 문제를 주정부에 넘겨버렸습니다. 책임을 회피하려고요!"

책임 회피는 시의회에만 국한된 문제가 아니다. 정치, 기업, 사회의 모든 단계에서 흔히 볼 수 있는 현상이다. 부인에게 집안일에 대한 모든 책임을 떠넘기는 남편을 필두로, 노동자와 현장 감독, 공무원과 기업체 사장, 심지어 의회에 책임을 떠넘기는 지방자치단체장까지, 타자의 권위에 몸을 숨기려는 사람이 얼마나 많은가? 노동자가 해고 통지를 받을 때, 사장에게 직접 듣지 않고 현장 감독이나 사무실 직원에게 전해 듣는 경우 가장 크게 상처받는다고 한다. 모두가 남에게 책임을 전가하거나 운이 나빴다고 둘러대며 자신을 합리화한다.

이미 자기 의사를 결정한 후에도 그 결정에 대한 위험을 남들에게 떠넘기려고 주변 사람들에게 조언을 구하는 사람은 또 얼마나 많은가? 사르트르는 우리가 기대하는 조언을 해줄 사람을 조언자로 선택한다고 말했다. 이 말이 틀렸는가? 어떤 남자가 부부 갈등으로 고심하며 이혼을 고려하고 있다면, 이혼한 정신과 전문의에게 상담을 받을 것이다. 그런 의사라면 "살다 보면, 때로는 상황을 직시하는 용기가 있어야 합니다. 과거에 미련을 두지 말고, 잃어버린 것은 잃어버렸다고 인정하는 용기가 필요합니다"라고 말해줄 가능성이 높기 때문이다. 반면에 그가 어떻게 해서라도 부부 관계를 유지하려 한다면, 진정한 용기는 회피하는 게 아니라 삶의 문제에 과감히 맞서는 것이라고 말해줄 정신과 전문의에게 상담을 받을 것이다.

이런 이유로, 실제 인간을 다루는 심리요법 의사는 소크라테스처럼 질문에 질문으로 답하는 경우가 적지 않다. 언젠가 한 남자가 불륜을 저질렀다고 고백한 후에 나에게 물었다. "아내에게 사실대로 고백해야 할까요?" "당신은 어떻게 생각하십니까?"

선택과 가치 기준

자신의 신념에 따라 살기 위해서는 많은 용기가 필요하다. 따라서 사회적 순응에서 벗어나고, 주변 사람들과 다른 식으로 행동하기가 무척 힘들다. 모두가 관습을 따르기 때문에 그 관습을 위반하기가 어렵다. 프랑스 소설가 로맹 롤랑(Romain

Rolland, 1866-1944)은 "과감히 무리에서 벗어나라!"고 말했다. 인간은 내면의 목소리를 따르는 순간, 현재의 관습을 뒤엎고 자신의 주변에서 등장인물들에 매몰된 실제 인간들을 되살려 낸다. 알베르 카뮈가 《반항하는 인간》에서 반항인들의 모습을 통렬하게 그려내지 않았던가?[6]

행복하기 이를 데 없는 삶도 삶 자체에서 제기되는 문제들과 끝없이 맞서는 투쟁이다. 또한 삶에서 비롯되는 내적 갈등 그리고 외적 갈등과 맞서는 투쟁이다. 따라서 삶 자체가 갈등이라 할 수 있다. 자신에게 진실하기 위한 갈등이고, 자신의 생각과 재능에 대한 책임을 지기 위한 갈등이다. 언젠가 나는 한 환자에게 이런 편지를 받기도 했다. "자신에게 주어진 재능과 책임을 의식하는 사람으로 사는 것보다 피해자로 사는 게 훨씬 쉽습니다. 하지만 책임과 재능을 의식하는 사람으로 사는 것이 내면의 성숙에 이르는 유일한 길이겠죠."

그 환자는 덧붙여 말했다. "삶을 진실하게 받아들이기가 너무 힘겹습니다. 하지만 모든 것이 삶의 진실한 수용으로 귀결되고, 거기에 행복의 열쇠가 있다는 것을 잘 알고 있습니다." 그렇다, 삶을 받아들인다는 것은 체념하며 투쟁을 포기한다는 뜻이 아니다. 오히려 유전적 결함, 육체적 고통과 심리적 콤플렉스, 부당한 환경에도 불구하고 투쟁을 고스란히 받아들인다는 뜻이다.

투쟁이 힘들면 나중에 더 나은 조건에서 다시 투쟁하겠다며 진정제와 수면제 혹은 휴식요법을 통해 긴장을 완화하는 방법을 취하기도 한다. 그러나 이런 방법도 투쟁을 회피하는 것일 수 있다. 우리는 기술적 의학에서 제기되는 문제들을 실제 인간이라는 관점에서 재점검해야 한다. 리옹의 기욤 브뤼나 박사, 로잔의 클로드 베르당 교수 같은 외과 의사들은 외과 수술에서 제기된 문제까지 재검토해야 한다고 주장할 정도다.[7]

실제 인간을 다루는 의학이 환자를 동정하는 감상주의와 완전히 다른 이유도 여기서 찾을 수 있다. 진정한 사랑은 우리를 찾아오는 사람들에게 원대한 꿈을 품는 것이다. 다시 말하면, 우리도 그들처럼 위축되지 않고 그들이 대담해지도록 돕겠다고 용기 있게 다짐함으로써 그들이 대담해지기를 바라는 것이다. 언젠가 나는 한 여자에게 이런 식으로 말했다. 그녀는 남들의 비판에 맞서는 것을 두려워해서 자신의 삶이 점점 위축되고 초라해지는 것을 안타까워했다. 그녀는 자신을 같은 곳을 빙빙 도는 회전목마의 목마로 생각했다. "그러니까 울타리를 뛰어넘으십시오!"

그렇다, 산다는 것은 울타리를 뛰어넘는 것이다. 조금씩 고착화되며 우리를 옭아매는 등장인물의 압력을 깨뜨리는 것이다. 산다는 것은 위험을 감수한다는 뜻이다. 속담에서 말하듯이, "위험을 무릅쓰지 않으면 아무것도 얻지 못한다." 우리는 조심스럽게 처신하면 삶을 지켜갈 수 있으리라 생각하지만 실제로는 삶을 서서히 목 조르는 것이다. 그래서 그리스도가 "누구든지 제 목숨을 구하고자 하는 사람은 잃을 것이요"(막 8:35)라고 하셨던 것이다. 앞에서도 말했지만, 필연적인 선택을 앞두고 망설이며 뒷걸음질하면, 우리는 더욱 망설이게 되고 우리 삶의 신념이 무엇인지도 모르게 된다. 그러나 과감히 내면의 소리를 따르면 짙은 먹구름이 단번에 사라진다. 삶이 다시 투명해지고, 실제 인간이 새롭게 되살아나며, 모든 것을 명쾌하게 살펴보며 대담하게 선택하게 된다.

풍요로운 삶은 생각의 실현에 있다고들 말한다. 따라서 실제 인간은 미리 주어지는 것이 아니며, 객관적인 조사로 찾아낼 수 있는 실체가 아니다. 실제 인간은 순전히 주관적인 결정의 산물이다. 요컨대 실제 인간은 선택에서 잉태된다. 쇠렌 키르케고르는 "나는 '너 자신을 알라'라는 말보다 '너 자신을 선택하라'는 말을 즐겨 사용했다"고 말했을 정도다.[8] 이쯤이면, 인간을 사물이나 대상으로 취급하면서 인간을 안다고 주장하는 주지주의가 실패한 원인을 짐작할 수 있을 것이다.

앙드레 지드의 《일기》 같은 '개인적인 일기'는 자신의 어떤 부분도 무시하지 않고 잘라내지 않기 위해 선택을 거부하는 입장을 띤다. 나도 모든 것에 관심을 가진 딜레탕트처럼 살았던 대학생 시절에는 선택을 거부했다. 그러나 하나님과의 대화가 내 삶의 중심축이었다. 하나님과의 대화는 내 삶을 메마르게 하기는커녕 더욱 풍요롭고 흥미진진하게 만들어주었다.

선택은 포기를 뜻한다! 선택은 실제 인간에 융합되지 않은 것을 철저하게 포기하는 방식으로 실제 인간을 규정한다는 뜻이다. 지능은 모든 것을 머릿속에 새김으로써 실제 인간을 무궁무진한 박물관으로 만든다. 반면에 마음은 선택함으로써 삶의 흐름을 회복한다.

삶이 갈가리 찢어지면 그런 분열로 인해 삶 자체가 마비된다. 꿈과 현실 간의 분열, 여러 관심사로의 분열이 대표적인 예다. 많은 남자들이 본래의 소명이 아닌 것에 마음을 쏟아, 본래의 소명은 그들의 발에 채워진 족쇄에 달린 쇠공 하나에 불과하다. 많은 여자들이 직업인으로서의 삶과, 아내와 어머니로서의 삶 사이에서 번민한다. 현실 세계의 비정상적인 조건 때문에 많은 여자들이 일을 포기하지 못한다. 그러나 적어도 마음속으로는 어떤 의무를 우선할 것인지를 선택해야 한다.

선택이 끊임없이 미루어지기 때문에 임시적이라 할 만한 삶을 사는 사람이 적지 않다. 영원히 오지 않을 시간, 요컨대 진정한 삶을 시작할 시간을 학수고대하기 때문에 현재의 삶에 마음을 두지 못하는 사람도 적지 않다. 결혼을 기대하는 많은 여자들이 그런 경우다. 물론 그들이 결혼을 원하는 것은 당연하고 바람직한 것이다. 그러나 결혼할 때까지 현재의 삶을 어떤 식으로든 유보한다면, 현재의 삶, 즉 독신의 삶에 철저하게 충실하지 않는다면, 나태하고 안일해져서 결혼의 기회마저 줄어들 것이다. 그 결과로 결혼하지 못한다면, 그들은 평생을 기다리며 보내야 할 것이다.

현재의 활동이나 일을 임시적인 것이라 생각하는 많은 남자들도 마찬가지다. 이런 정신 상태로는 업무 능력을 최대로 발휘할 수 없어 남들에게 주목받지 못한다. 게다가 그들은 시시때때로 일을 바꾸기 때문에, 하나에 철저하게 집중하는 능력도 덩달아 떨어진다. 그렇다고 현재의 일을 영원히 유지하라는 뜻은 아니다. 다만 현재의 직업을 진정으로 좋아서 선택한 사람이 거의 없다는 사실이 놀라울 뿐이다.

자녀를 통해 자신의 열망을 실현하려는 부모의 권유에 영향을 받아 직업을 선택한 사람들이 의외로 많다. 물론, 그런 부모들은 자녀가 선뜻 결정을 내리지 못하고 망설였기 때문에 조언한 것이라 말할 것이다. 부모에게 지나치게 의존하는 자녀의 내적 갈등에서 야기된 우유부단의 문제가 여기서도 나타난다. 또한 여러 사정이 겹친 상황에서 그들이 어떤 선택을 하겠다고 입장을 밝히지 않고 소극적으로만 대처한 까닭에 자신의 직업 선택을 누가 결정했는지조차 알지 못하는 사람들도 많다.

때로는 자신의 직업이 자신의 꿈과 어울리지 않는다는 것을 알고 있지만, 감히 내면의 소리에 따르는 위험을 떠안을 수 없었다고 인정하는 사람도 있다. 이런 경우, 그의 실제 인간을 되살려내려면 물리적 안정을 포기해야 한다. 그러나 그런 정직한 선택이 늦었더라도 보람 있는 만큼, 온 마음으로 뛰어들지 못한 채 임시적인 직업을 전전하는 삶은 무익할 가능성이 크다. 직업을 갖는다는 것은 투철한 직업정신으로 발휘할 수 있는 일을 하며, 보람 있는 삶을 영위한다는 뜻이다.

그러나 현실 세계에서 두 길, 즉 꿈을 실현하기 위해 현재의 조건을 단호히 포기하는 길과, 현재의 상황에 전력을 다하기 위해 꿈을 포기하는 길 중 하나를 선택하기란 쉽지 않다. 최악의 선택은 어느 것 하나도 포기하지 않는 것이다. 어느 쪽도 선택하지 않는 것보다 확신을 갖고 선택해서 실패하는 편이 낫다.

하지만 정직해야 한다. 위의 원칙은 "선택한다면 선택은 중요한 게 아니다!"라는 새로운 말장난을 떠올리게 한다. 그것은 앙드레 지드의 태도로 되돌아가는 것이다. 며칠 전, 내 상담실을 찾았던 젊은 여자를 예로 들어보자. 그녀는 지나치게 소심한 부모에 대한 반발로 자기확신을 간절히 바랐다. 부모는 딸이 위험한 일을 하지 못하게 사사건건 간섭하며 엄격하게 통제했다. 그녀가 하소연하듯 말했다. "어떤 일이든 직접 경험해 보는 게 좋은 것 아닌가요?" "물론이죠!" 나는 이렇게 맞장구치고는, "하지만 직접 경험해서 좋지 않은 것도 있습니다"라고 덧붙였다.

책임지겠다는 구실로 모든 것을 조금씩 맛보고 아무것이나 선택하는 것은 선택도 아니고 책임 있는 태도도 아니다. 무작위로 고르는 행위일 뿐이다. 진정한 선택에는 가치 평가의 기준이 있어야 한다. 사르트르는 모든 가치를 부정하기 때문에,

인간이 선택해야 하지만 선택할 수 없는 불안한 곤경에 처했다고 선언한 것이다. 하지만 사르트르가 사고의 일관성, 자아를 향한 진정성 등과 같은 가치를 암묵적으로 인정한다는 것을 깨닫지 못하면 사르트르를 제대로 읽어낼 수 없다.

실제 인간을 다루는 의학이 자연과학의 객관적 중립성과 사르트르의 불가지론을 뛰어넘는다는 게 이제는 명백해졌다. 그렇다고 실제 인간을 다루는 의학이 기독교 계시의 가치 기준을 필연적으로 받아들인다는 뜻은 아니다. 그러나 어떤 유형의 가치 기준, 다시 말하면 영적 근거를 기준으로 받아들이는 것은 사실이다. 따라서 모든 결정적 선택의 배경에는 최초의 근본적 선택, 즉 영적 선택, 하나님의 선택이 있다. 그런데 당신의 하나님은 누구인가? 당신의 어머니인가? 당신의 이기심인가? 아니면 당신의 본능? 당신의 즐거움? 당신의 이성인가? 아니면 예수 그리스도인가? 폴 플라트네 박사는 이런 의문 제기를 다음과 같이 명쾌하게 설명했다. "순전한 과학적 의학에는 원인과 결과만이 있었다. 이유만을 알았고 목적은 몰랐다. … 이런 의문을 제기한다는 것은 영적 관점에서 사물을 생각한다는 뜻이다. … 영적 요소가 인간에게 가치를 부여한다. … 인간은 가치 세계, 즉 미학과 종교의 세계에 들어가며 심신의 세계를 뒤에 남긴다."[9]

우리의 가치 기준을 환자에게 강요할 수는 없다. 그러나 우리에게 도움을 받아 환자가 선택이라는 삶의 기본적인 기능을 회복한다면, 환자는 곧 가치 문제를 제기할 것이고, 그 이후의 대화는 영적인 것이 될 것이다. 그 순간, 나는 철학자도 아니고 신학자도 아니고 그저 의사라는 이유로 그 대화를 중단해서는 안 된다. 내 의견이 무엇인지 분명히 파악하고, 내 의견에 책임감을 갖지만 타자에게 내 의견을 강요하려 해서는 안 된다.

앞에서 나는 프로이트학파가 생각하는 '성인이 된다'는 개념에 대해 개략적으로 언급했다. 하나님을 믿지 않는 의사에게는 프로이트학파의 정의가 모든 선택의 결정적 기준이 될 수 있다. 그러나 이 정의도 분명히 하나의 가치다. 자연주의적인 단순한 개념을 뛰어넘는 가치다. 혹은 자연 자체를 하나의 가치, 즉 신으로 받아들인 것이라 말할 수도 있다. 따라서 이런 의사는 영적 중립성을 지킨다고 주장하지만 환자에게 가치를 제안하고 있는 셈이다. 자신에게 정직해야 한다는 가치, 융학파의 개념으로 표현하면 '통합'—자신의 억압된 기능들을 파악하고, 전체에 대한 책임을 받아들이는 과정—돼야 한다는 가치를 환자에게 제안하는 것이다.

기독교의 가치 체계는 심리학에서 제시된 이런 개념들의 중요성을 부인하지 않는다. 오히려 이런 개념들을 포함하며 몇 단계를 넘어선다. 그리스도가 역설하는 "거듭남"(요 3:3)을 경험하고, 사도 바울의 표현대로 "새 사람"(엡 4:24)이 되는 것이 성인이 되는 것이고, 하나님이 명령하신 완전한 인간에 이르는 것이다. 그러나 성경의 개념에는 그 이상의 뜻이 담겨 있다. 그리스도의 구속救贖을 통해 하나님과의 개인적 접촉, 하나님에 대한 의존성을 회복한다는 뜻이다.

삶을 성장시키는 기독교의 진리

성경은 선택의 책이다. 처음부터 끝까지 성경은 인간에게 궁극적 선택을 요구한다. 예컨대 "나는 … 생명과 사망, 복과 저주를 당신들 앞에 내놓았습니다. 당신들과 당신들의 자손이 살려거든 생명을 택하십시오"(신 30:19)라는 모세의 율법부터, "하인이 두 주인을 섬길 수 없다"(눅 16:13)라는 그리스도의 선언까지, 한마디로 그 이후의 모든 선택을 결정하는 선택이다. 이처럼 성경에 가득한 개인적인 대화들에서 하나님의 말씀이 인간에게 말을 건다. 그 덕분에 인간은 실제 인간이 된다. 다시 말하면, 응답해야 하는 책임 있는 존재가 된다. 선지자 엘리야가 "여러분은 언제까지 양쪽에 다리를 걸치고 머뭇거리고 있을 것입니까"(왕상 18:21) 하고 소리치는 구약성경부터, "너는 차지도 않고 뜨겁지도 않다. 네가 차든지 뜨겁든지 하면 좋겠다"(계 3:15)라고 하는 요한계시록까지, 성경은 이런 선택의 준엄하고 비타협적인 특징을 강조한다.

동시에 성경은 진정한 생명과 진정한 자유가 어디에 있는지 우리에게 보여준다. 그 답을 명확히 보기 위해서 나에게 "어떤 일이든 직접 경험해보는 게 좋은 것 아닌가요?"라고 말했던 젊은 여자의 예를 살펴보자. 내가 "하지만 직접 경험해서 좋지 않은 것도 있습니다"라고 대답하자, 그녀는 곧바로 수긍하며 맑고 아름다운 눈빛으로 나를 똑바로 쳐다보았다. 부모의 권위를 부인한다고 삶을 회복할 수 있는 것은 아니며, 진정으로 개인적인 삶을 선택해야 한다는 것을 깨달은 것이다. 그녀는 부모의 위압적인 간섭에 지칠 대로 지친 상태였다. 자신이 더 이상 어린아이가 아니라는 것을 자신에게 입증하려고 부모의 간섭에 과감히 저항하려는 것이었다. 그 저항은 자유를 향한 몸짓이었지, 아직 자유는 아니었다.

자녀가 어릴 때는 부모가 명령으로 자녀를 보호할 수 있다. 부모는 트럭에 치일까 염려하여 자녀가 혼자 길을 건너는 것을 금지할 수 있다. 그러나 자녀가 신경증 환자가 되어 트럭이 아니라 신경증에 짓눌려 지내지 않는다면, 혼자 길을 건너야 하는 때가 필연적으로 오기 마련이다. 따라서 외부의 보호가 자신의 판단, 즉 개인적인 선택에 따른 내부의 보호로 대체돼야 한다. 우리 삶에는 트럭처럼 위험한 것이 많기 때문이다.

게다가 그 젊은 여자는 직업에도 전혀 만족하지 못했다. 그녀는 워낙 공부하는 것을 좋아하지 않았다. 공부를 좋아했더라면 다른 직업을 선택할 가능성이 열렸겠지만, 그녀는 애초부터 다른 나라들을 여행하며 구체적인 경험을 통해 시야와 가치관을 넓히고 싶었다. 하지만 부모는 딸이 바람직하지 않은 영향을 받을 수도 있다는 걱정에 여행을 한사코 반대했다.

게다가 이제는 장래의 재정적인 면까지 간섭하고 나서며 "너처럼 좋은 직업을 가진 사람이면 아무도 그만두지 않을 거다"라고 말했다.

그녀는 이처럼 불만스런 삶을 보상받고 싶은 생각에 저녁이면 불량한 젊은 남자들과 어울리며 술집을 전전했다. "하지만 그들하고 아무 짓도 하지 않았어요." 그녀가 서둘러 이렇게 덧붙인 말은, 선택의 문제, 즉 선악의 문제가 제기됐다는 증거였다. 게다가 그녀는 그들 중 누구와도 결혼할 생각이 없다는 말도 덧붙였다. 그녀의 눈에 그들은 '어린아이'에 불과했다. "여자를 장난감으로 생각하는 남자는 제 이상형이 아니에요."

그러나 그녀가 그 남자들에게 장난감에 불과했지만, 그들도 그녀에게 장난감에 불과하다는 것을 그녀는 순순히 인정했다. 장난감을 갖고 노는 한 누구도 성인이 될 수 없다. 하지만 삶에서 하찮은 장난감에 만족하는 사람들이 얼마나 많은가! 그들은 불만스런 삶이 제기하는 문제를 해결하지 않고, 작은 즐거움으로 불만스런 마음을 달랜다. 이런 관점에 보면, 불륜도 어린아이 같은 유치한 행동으로 보인다. 결혼도 선택이다. 결혼생활은 완전한 헌신이 있을 때만 성공할 수 있다. 불륜은 유아기적 퇴행이다. 완전한 헌신이라는 책임을 회피하며 누군가를 장난감으로 취급한다는 뜻이기 때문이다.

유약한 남자가 비밀을 털어놓을 때 이런 진실을 자주 확인했다. 부인과 함께 있을 때는 상호 적응, 삶의 문제, 돈과 자녀

교육에 대한 근심 등 골치 아픈 문제에 맞닥뜨린다. 한마디로 어쩔 수 없이 대화를 해야 하는 것이다. 반면에 마음에 드는 여자와 함께 있을 때는 대화를 간절하게 바란다. 그 여자 옆에 있으면 온갖 근심 걱정이 사라지고 포근하고 편안한 위안을 얻는다. 게다가 그 여자에게는 어머니 앞에서 종알대는 어린 아이처럼 자신의 고민거리를 털어놓고, 자신을 그런 상황의 희생자인 양 내보이며, 그녀에게 동정심을 불러일으키려 한다. 그녀가 호응하면 그는 이해받고 위안받는 기분을 느끼며 마음속 갈등까지 잊는다. 기회가 되면 그는 그 여자의 마음을 얻을 수도 있다. 자신의 장난감에 진력나서 더 재미있어 보이는 친구의 장난감을 탐내는 어린아이와 다를 바가 없다.

그런데도 그는 순전히 자신의 뜻에 따라 자발적으로 선택하고 자유를 행사한 것이라 생각한다. 이런 일은 많은 사람이 흔히 범하는 혼동이다. 하기야 자기 자신이 되는 것을 즉흥적으로 행동하는 것이라 생각하는 사람이 많다. 하지만 즉흥적으로 행동한다는 것은 생각 없이, 분별없이 행동한다는 뜻이다. 따라서 선택이 아니다.

나는 며칠 전에 상담한 한 남자와 함께 충동적 행동에 대해 이야기를 나누었다. 그의 부인이 먼저 나에게 상담을 받으러 왔었다. 그녀는 화목한 부부 관계를 회복하기 위해, 남편이 지적하는 결함을 고치려고 무진 노력한다고 말했다. 남편도 부인의 그런 노력을 알고 있었지만 "아내가 많이 바뀌었다는 것을 인정합니다. 하지만 내가 보기에는 진정성이 없습니다. 자연스럽지 않습니다. 계산된 행동이란 말입니다"라고 말했다. 나는 그 남편에게 진정성에는 두 종류가 있다고 설명했다. 하나는 신혼기에 주로 보이는 지극히 자연스러운 진정성이고, 다른 하나는 행동 방향을 진심으로 선택해서 자제력을 발휘하며 그 방향을 충실하게 따르는 진정성이다.

즉흥성의 문제는 중요하다. 어린 시절에 부모의 억압과 사회적 제약 등과 같이 정신적 충격이 큰 사건을 겪은 남자는 소심함의 악순환에 빠질 가능성이 크다. 자신의 모습을 대담하게 그대로 보이지 못하고, 자신의 감정도 자유롭게 드러내지 못한다. 심지어 자신의 그런 면을 알고 있다. 우리는 그가 자신의 자연스럽고 즉흥적인 자발성을 되찾고 등장인물이라는 껍데기를 지워내서 실제 인간의 색깔을 회복하도록 도와야 한다. 이른바 해방의 단계다. 이런 단계가 있어야 정상적인 삶의 흐름이 회복된다.

그러나 이렇게 회복된 삶의 흐름은 그에게 새로운 문제를 제기한다. 새로운 삶의 방향을 선택하고, 새롭게 되찾은 자유를 어떻게 사용할지 결정하는 문제다. 이때부터는 자연스러운 자발성, 즉 충동만으로 충분하지 않다. 그것에만 의존한다면 그는 동물이지 사람이 아니다. 그래도 자신의 모든 행동을 자기현시로 정당화하며 "내게 뭘 원하는가? 나는 워낙 그런 사람이다. 나를 보이는 그대로 대해달라"라고 말할 수 있다. 결국 그를 인간으로 만드는 것은 그의 일차적 본성, 즉 본능을 이기는 것이다.

이 점에서 나와, 불가지론자인 동료들이 다르다. 불가지론자들은 인간의 진화를 순전히 자연주의적 관점에서 접근한다. 물론 나도 자연주의에서 많은 영향을 받았다는 것을 인정하지만, 내 생각에 인간은 자연을 넘어서는 존재다. 자연을 지배하는 초자연적인 영적 힘이 있다. 그 영적 힘은 자신의 선택에 따라 자연을 조절한다. 앞의 사례에서 보았듯이 자연스러운 반응과 사뭇 다른 행동을 선택해야 하더라도 그 선택의 진정성이 인간을 인간답게 만든다는 점에서 중요하다.

따라서 앞에서 예로 제시한, 자기만의 세계를 경험하고 싶어 하던 젊은 여자는 마음에서 우러나는 '삶의 충동'에 따르며 부모의 통제에서 벗어나려 했다. 또한 그녀는 순전히 부모의 뜻에 반발해서 행동한다고 자유롭게 행동하는 게 아니라는 것도 깨달았다. 일시적인 기분에 따르고 무턱대고 선택하고 충동에 따르는 행동은 장난감에서 얻는 위안과 다를 바가 없다는 사실도 깨달았다. 그러면 어떻게 해야 살아 있는 존재로서 자유로워질 수 있을까? 그녀는 이런 깨달음을 얻었지만 은밀한 새로운 장애물, 즉 '정서적 전이'에 부딪힌다.

그녀는 유아기의 의존적 감정을 부모에게서 의사에게로 전이할 수 있다. 그녀는 머릿속으로 의사와 부모를 비교할 것이고, 부모에게서 해방되기 위해 의사에게 의존할 것이다. 이것도 선택이지만 책임 있는 선택은 아니다. 자신의 책임을 의사의 책임으로 덮어버리려 할 것이기 때문이다. 따라서 그녀는 모든 면에서 의사를 본받으려 하며, 의사가 원하는 방향이라 생각하는 대로 행동하고, 의사의 인생관이나 세계관을 받아들일 것이다. 요컨대 의사의 생각이라 판단되는 대로 행동하며, 의사의 심리 이론을 세상에 알리는 열렬한 선전자가 될 것이다.

이런 현상은 필연적이고 보편적이어서 정상적이고 유익한 면도 있다. 또한 특정한 심리요법에만 국한된 현상이 아니다. 사춘기를 맞은 청소년이 자신을 의식하고, 부모로부터 거의 무조건적으로 받아들이던 원칙들에 의문을 갖기 시작하면, 우호적인 연장자, 교사와 소년단 대장, 소크라테스나 마르쿠스 아우렐리우스나 파스퇴르 같은 역사적인 인물, 스탕달과 니체와 생텍쥐페리 같은 작가들에게 상당한 영향을 받는다. 그래서 라마르틴처럼 넥타이를 매거나 렘브란트 식으로 모자를 쓴다.

삶의 과정에서 우리는 이렇게 타자를 모방하며 물리적이고 정신적인 인격체를 만들어간다. 앞에서도 말했듯이, 우리는 필연적으로 어떤 등장인물이 되어 어떤 역할을 하고, 우리의 실제 인간은 이 등장인물의 선택에서 명확히 드러난다. 그러나 등장인물은 우리를 제약하며, 우리 삶의 성장을 방해하고 자유로운 선택을 제한하는 기계적 행위를 야기한다. 정서적 전이가 지나치게 배타적이고, 편협한 의존성을 지속할 때 이런 현상이 흔히 나타난다.

이때 의사가 환자에게 어떤 믿음을 심어주려 하면, 환자는 의사의 철학을 동조하는 잘못된 방향을 선택할 수 있다. 환자는 자유롭게 선택한 것이라 생각하지만 실제로는 그렇지 않다. 따라서 의사는 자신을 드러내지 않아야 한다. 하지만 의사가 누구 뒤로 숨을 수 있을까? 다른 사람의 뒤로 숨어야 할까? 그렇게 해서는 문제가 해결되지 않는다. 인간을 모방해서는 환자의 시야를 제약하는 결과만 낳을 뿐이다. 하나님만이 유일한 해결책이다. 하나님은 무한하신 존재이기 때문이다. 흔히 환자가 의식하지 못하지만, 하나님과 개인적인 대화를 나누도록 존중하고 유도하는 것 이외에 다른 해결책은 없다.

자기 자신과만 대화하며, 자신의 이성적 추론으로만 철학과 윤리의식을 형성할 수 있다고 생각하는 환자도 있다. 예컨대 인도의 현인들, 공자, 플라톤과 스토아 철학자들의 글을 읽고, 혹은 프로이트주의, 마르크스주의, 실존주의와 관련한 글을 읽고 단편적인 지식을 주워 모을 수 있다. 환자가 그런 글들에서 진정한 진리를 발견한다면, 기독교의 계시에 내포된 것의 일부를 조합할 수 있을 것이다. 그렇게 조합한 결과에서 생명의 존중, 이웃 사랑, 책임의식, 정직 같은 원칙들도 찾아낼 것이다. 따라서 라몬 레이 아르디드가 토마스 아퀴나스의 "모든 영혼은 천성적으로 그리스도인이다"[10]라는 말을 인용했듯이 기독교의 계시를 깨닫게 될 것이다. 그러나 수액이 충분해서 새로운 싹이 파릇파릇 돋아나는 살아 있는 식물이 아니라, 그는 꺾어낸 꽃들을 모아놓은 꽃다발에 불과할 것이다. 다시 말하면, 꽃들과 비슷하게 만든 조화造花들과 뒤섞일 가능성이 높다.

하지만 요즘에는 지난 세기보다 이성이 인간을 지배한다는 믿음이 크게 퇴색했다. 원자폭탄과 관계가 있는 듯하다. 과학 발전을 선두에서 이끄는 학자들부터 과학 발전에 내재된 위험을 두려워하는 실정이다. 원자폭탄의 개발에 공헌한 핵물리학자 중 하나로 시카고 대학교 교수인 로버트 문(Robert Moon, 1911-1989)은 도덕재무장운동Moral Re-Armament 집회에서 일본인들에게 공개적으로 사과한 후, 우리가 하나님의 목소리에 귀를 기울여야만 그 치명적인 위험이 사라질 것이라고 주장했다. "우리 시대는 성령이 우선이 되고 지성이 나중이 되어야 할 것"이라고 덧붙였다.[11]

한편 합리적인 판단으로 삶의 대원칙을 회복하려 노력하는 경우, 모든 도덕주의가 그렇듯이 추상적인 원칙으로 채워진 엄격한 윤리를 강조하기 마련이다. 이런 방향으로의 변화는 제대로 된 변화가 아니라 오히려 우리를 죽음으로 내모는 냉혹한 변화다. 오랜 시간이 지나지 않아, 진실한 마음으로 결심하더라도 이 원칙을 지키기가 불가능하다는 것을 모두가 깨닫게 될 것이다. 따라서 하나님과의 진실한 교감에서 다른 해결책을 찾지 못하면, 즉 용서를 경험하지 못하면 절망이나, 타협의 철학만이 남게 될 것이다.

기독교의 특징은 인간의 원칙에 따라 선택을 행하지 않고, 실제 인간, 살아 있는 하나님, 즉 그리스도를 목표로 한다는 점이다. 물론 기독교에도 이성으로 찾아낼 수 있는 모든 도덕적 원칙이 있다. 그러나 그리스도를 따르면 우리는 원칙을 적용하는 단순한 기계가 아니라 그 이상의 존재, 실제 인간이 된다. 따라서 기독교는 우리에게 윤리 규범만을 안겨주는 게 아니다. 하나님과의 개인적인 관계, 그리고 삶의 근원에서 샘솟는 삶의 흐름과 진정한 자유까지 안겨준다.

<u>12</u>

생명의 근원에서 샘솟는 새로운 삶

실제 인간에 대한 지금까지의 연구에서 어떤 결론을 끌어낼 수 있을까? 삶과 자유와 실제 인간이라는 개념들이 서로 밀접한 관계를 맺으며 하나로 수렴하는 것을 확인했다. 나는 이 책을 시작하면서 제네바의 두 기념일을 언급했다. 오늘은 스위스의 건국 기념일, 8월 1일의 전야다. 8월 1일은 스위스 연방을 탄생시킨 뤼틀리 서약이 체결된 날이다. 제네바는 여러 캉통(스위스의 주—옮긴이)과 수세기 동안 연대하고 군사적으로 우호 관계를 맺은 후에 마지막으로 연방에 가입했다.

8월 1일 저녁이 되면, 스위스의 모든 도시와 마을에서 한꺼번에 종소리가 울려 퍼지고, 높고 낮은 모든 산의 정상에서, 또 모든 호숫가에서 봉홧불이 환히 타오를 것이다. 과거에는 위험이 닥치면, 예컨대 외국군이 우리의 자유를 위협하면, 그렇게 봉홧불로 연방 전역에 전투 태세를 갖추라고 알렸다. 내 조국 스위스는 산과 계곡, 도시와 시골로 이루어진 하나의 몸이다. 스위스는 학자들의 지성, 노동과 자유를 향한 국민의 끈질긴 의지와 열정으로 이루어진 하나의 영혼이다.

그러나 내 조국은 그 이상의 것이다. 바로 실제 인간이다. 뤼틀리 서약은 '전능하신 하나님의 이름'으로 맺은 약속이다. 소수의 산골 주민을 멀리 떨어진 합스부르크 가문의 백성이라는 비참한 상황에서 인간적인 존재로 드높여준 확신에 찬 선택이었고, 새로운 삶의 분출이었다. 기나긴 역사에서 새로운 삶을 향한 열정이 다시 용솟음쳤다. 무의미한 갈등과 부유한 부르주아의 편협한 순응주의에 삶이 억눌렸던 암울한 시대였지만, 계시를 받은 사람들이 대의를 위해 서약하며 외친 호소에 삶이 활력을 되찾고 되살아났다.

진정한 인간이 되게 하는 진정한 자유

개인의 삶도 마찬가지다. 자유롭고 책임 있는 선택이 있을 때 우리의 실제 인간도 불현듯 되살아난다. 그때 우리 안에서 새로운 생명이 용솟음친다. 시간이 지나면서 새로운 삶은 조금씩 기계적 행위로 길들여지고, 우리는 새로운 삶에서 비롯된 기계적 행위의 포로가 된다. 그러나 새로운 약속이 맺어질 때, 등장인물에 가려진 실제 인간이 홀연히 되살아난다. 삶은 안정된 상태가 아니다. 삶은 부침浮沈이 교대로 나타나고 새로운 탄생이 반복되는 연속체다. 삶은 변하지 않는 유기체 안에서 무한히 지속되는 것이 아니다. 세대가 바뀔 때마다, 새로운 생명체가 태어날 때마다 삶의 기운이 다시 용솟음친다.

앞에서 말했듯이, 클로드 베르나르가 살아 있는 생명체에서 '두 종류의 현상', 즉 삶의 현상과 죽음의 현상을 구분했다. 삶의 현상은 내재적이고 말이 없으며 감추어져서 과학적으로 관찰되지 않는다. 삶의 현상만이 살아 있고 창조적이다. 삶의 현상은 영적으로 인지되며, 원인보다 목적으로 결정된다. 또한 타자와 이웃과 하나님과의 만남에서, 그런 만남이 요구하는 진정성으로 돌연히 나타난다.

반면에 죽음의 현상은 눈에 보이는 흔적이며 기계적 행위, 요컨대 우리가 객관적으로 관찰하고 연구할 수 있는 모든 것이다. 생리학의 신체 반사작용, 과학적 심리학의 심리학적 결정론이 대표적인 예다. 반사작용은 고도로 진화하더라도 행동이 아니라 반응이다. 따라서 반사작용은 삶의 결정체結晶體, 다시 말하면 자유가 없는 기계적 행위에서 나타나는 삶이다. 매순간, 우리가 진정으로 행동하는 것인지 습관에 따라 단순히 반응하는 것인지 신중하게 생각해봐야 한다. 우리가 기관차인지 객차인지, 자율적인 힘을 지닌 존재인지 외부의 힘에 의해 수동적으로 끌려가는 존재인지, 요컨대 우리가 실제 인간인지 아니면 등장인물에 불과한지를 생각해봐야 한다.

진정한 자유는 기계적 행위로부터 벗어날 때 온다. 자유롭다는 것은 다시 자기 자신이 된다는 것이다. 반사작용과, 진정한 삶을 방해하는 냉혹한 기계적 행위를 반복하는 자아가 아니라, 실제 인간의 자아가 된다는 뜻이다. 자유로운 순간은 진정한 열매를 기대할 수 있는 순간이다. 갑자기 내가 서른다섯 살이었을 때가 떠오른다. 나는 아내와 오랜 대화를 나눈 후에, 어린 시절에 잃은 부모의 죽음을 슬퍼하며 눈물을 흘렸다. 그 순간, 온몸이 떨렸고, 내 안에서 어떤 급격한 변화가 일어나는 듯한 기분이었다. 그때 나는 내 자아와 내 등장인물로부터, 억압된 감정에서 비롯된 무의식적인 심리적 보상으로부터 해방됐다.

그 이후로 나는 내 상담실에서 유사한 순간을 겪는 사람들을 무수히 보았다. 그들은 어깨를 짓누르던 두꺼운 외투를 벗어던진 기분이라고 말했다. 그들이 그 존재조차 모른 채 오래전부터 질질 끌고 다니던 외투였다. 등장인물의 가면을 찢어내고 실제 인간을 다시 드러나게 하는 것이 실제 인간을 다루는 의학의 목적이다. 그러나 출산처럼, 등장인물을 찢어내는 순간에는 언제나 고통이 따른다. 등장인물도 강력하지만, 우리를 옭아매는 기계적 행위도 끝없는 반복에 의해 더욱 강화된 상태이기 때문이다. 우리가 누군가를 위선자라고, 그것도 병적인 위선자라고 비판한다면, 그런 비판에는 그가 원하면 다른 식으로도 행동할 수 있을 거라는 뜻이 담겨 있기 때문에 그는 마음에 깊은 상처를 입게 된다.

심리학적 결정론의 강력함은 말로 표현하기 힘들다. 콘크리트에 마모되는 손톱처럼, 심리학적 결정론에 우리 의지가 꺾여버린다. '콤플렉스'는 가혹하기 이를 데 없다. 성채의 벽에는 불안이라 불리는 보초가 항상 지키고 있다. 섹스를 끔찍한 벌레처럼 생각하며 멀리하는 깊은 상처를 지닌 젊은 여자를 예로 들어보자. 그녀는 사랑을 뜨겁게 갈구하면서도 두려워한다. 그녀가 어떤 모임에 참석해서 한 젊은 남자를 만났다. 그는 별다른 의미 없이 그녀에게 친절한 인사말을 건넸다. 경고의 종소리가 그녀의 내면에 요란하게 울렸고, 불안과 두려움이 밀려왔다. 결국 그녀는 몸이 아팠고 서둘러 집에 돌아가야 했다.

분석 심리요법과 관련한 콤플렉스에만 국한된 현상이 아니다. 우리의 습관적인 행동을 결정짓는 모든 반사작용도 마찬가지다. 우리 행동은 우리도 모르는 사이에 기계적인 정서적 반응에 의해 결정된다. 예컨대 질투의 힘을 생각해보라. 질투는 의지를 꺾어버리고, 심지어 의식까지 무용지물로 만든다.

본능적인 질투는 그림자처럼 확실하게 사랑의 뒤를 바짝 따른다. 남편에게 밥 먹듯이 속은 여자를 예로 들어보자. 그녀는 종교적으로 회심한 덕분에, 부끄럽게만 생각하던 극단적인 질투심에서 해방됐다. 그러나 남편이 또 다시 불륜을 저지르자, 그녀는 다시 과거의 반응에 사로잡혔다. 그렇게 되살아난 질투심에 그녀는 자신의 신앙까지 의심할 정도로 좌절감에서 벗어나지 못했다.

나는 그녀에게 의사들이 잘 알고 있는 성적 본능에 대해 말해주었다. 토마스 아퀴나스가 "은총도 성적 본능을 억누를 수 없다"고 말한 것으로 보아 신학자들도 성적 본능에 대해 잘 알고 있을 것이다. 은총은 우리에게 성적 본능에 대한 승리를 안겨주고, 새로운 삶을 용솟음치게 함으로써 우리를 자유롭게 해준다. 그러나 죽음과 부활을 넘어서야만 우리는 완전한 자유를 경험할 수 있을 것이다. 그래도 그녀에게 어떤 변화가 일어났던 모양이다. 그녀가 다시 상담실에서 나와 마주보고 앉아 자신의 질투심을 고백하고, 신앙의 교감으로 질투심을 다시 극복할 힘을 모색하고 있다는 게 증거다.

자연스러운 본능적 반응을 지속적으로 완전히 감추면 은총의 행위보다 무의식적인 억압을 더 의심하게 된다. 내가 '지속적'이라 말한 이유는, 우리가 영적 경험을 한 직후 얼마 동안은 몸과 정신의 억압 모두에서 해방된 듯한 기분이 들기 때문이다. 그러나 이런 은총의 상태는 오래 지속되지 않고, 자연스러운 반사작용이 다시 나타난다. 이처럼 은총의 상태가 오래 지속되지 않는 이유는 해방보다 장애, 청산보다 억압이 더 강하게 작용하기 때문이다. 의학 용어로 표현하면, 병리학적 반응의 거짓 해결과 은총의 진정한 해결 사이에 '감별진단diagnostic différentiel'이 행해지기 때문이다.

나는 이 장을 쓰는 데 집중하기 위해 요즘 며칠 동안 상담을 중단하고 있다. 그래서 주초에 한 젊은 환자에게 상담할 여유가 없다고 말했는데, 그녀는 거의 분노에 가까운 반응을 보였다. 하지만 그녀는 곧 나에게 편지를 보내 용서를 구하며, 자신의 그런 반응으로 내 작업이 방해받기보다는 도움이 됐기를 바란다고 했다. 그녀의 첫 반응은 무척 자연스러운 것이었다. 반면에 그녀의 편지는 초자연적 반응이었다. 그 사이에 그녀의 기도가 결실을 맺었다는 증거였다.

따라서 여기서 말하는 자유는 때때로 성령의 분출로 나타나고, 성령은 그때까지 우리를 지배하던 자연적인 메커니즘에서 우리를 완전히 해방하신다. 그러나 대개 우리는 이보다 훨씬 작은 해방으로 만족해야 한다. 구체적으로 말하면, 그런 메커니즘의 존재를 깨닫는 정도의 해방이다. 물론 그 이후에는 그 메커니즘을 극복하려는 시도가 뒤따라야 한다. 이와 마찬가지로, 용서는 반항이라는 자연스러운 첫 반응을 감추기 위한 수단이 아니다. 용서는 반항한 후에 반항을 청산하려는 경이로운 제2의 반응이다.

프로이트가 말했듯이, 내면에 깊이 존재하는 이런 메커니즘의 의식을 방해하는 검열도 무척 강력하다. 그러나 메커니즘의 존재를 의식하게 됐다는 것 자체만으로도 상당한 해방을 이루어낸 것이며, 더 큰 자유를 향한 문이 열린 것이다. 심리적 메커니즘을 의식하지 못한 상태에 있는 한 그 힘은 강력하기 이를 데 없지만, 의식하는 순간부터는 그 힘이 상대적으로 줄어들기 때문이다. 따라서 신앙과 확신이 승리를 획득할 가능성이 한층 높아진다.

그러나 어떤 콤플렉스도 없이 살아간다는 꿈은 허황된 것이다. 매순간, 우리는 이미 해방됐다고 생각하는 과거의 반사작용으로 되돌아간다. 이런 이유로 은총의 삶은 전혀 안락한 삶이 아니다. 은총을 경험한 사람들은 타협이나 도피, 심리적 위안으로 만족하지 않기 때문이다. 그들은 삶에서 비롯되는 모든 문제에게 용기 있게 맞서고, 내적 투쟁을 충실하게 수행한다.

우리가 가장 인간적으로 생각하는 것, 요컨대 우리의 실제 인간을 특징적으로 보여주는 것이라 생각하는 것이 실제로는 기계적 행위여서 비인격적인 경우가 적지 않다. 우리는 습관으로 강화된 심리적 메커니즘에서 비롯되는 여러 가지 충동의 노예에 불과하다. 예컨대 어떤 사람은 인색의 노예이고, 어떤 사람들은 낭비의 노예다. 둘 모두 불안감을 느끼고, 각자의 콤플렉스에서 벗어나지 못했다는 막연한 혼란에 시달린다. 달리 말하면, 자유롭지 못하고 실제 인간이 되기는커녕 실제 인간을 배신했다는 당혹감을 떨치지 못한다. 그들이 거듭해서 자신들을 합리화하며 안심하려는 모습이 그 증거다. 인색한 사람은 낭비벽이 심한 사람을 비판하며 자신의 인색을 합리화하고, 낭비가 심한 사람은 인색한 사람을 비판하며 자신의 낭비를 합리화한다. 한 사람이나 한 집단의 체계적인 비판은 질투나 다른 콤플렉스의 방증이다.

끝없는 부부 싸움의 근원을 여기서 찾을 수 있다. 어느 쪽이든 상대의 악습을 비판하기에 유리한 위치에 있기 때문이다. 낭비벽이 심한 남편(혹은 부인)은 씀씀이가 시원시원해서 인색의 노예가 아니기에 자유롭다고 자화자찬하고, 인색한 남편(혹은 부인)은 절약해서 낭비벽의 노예가 아니기에 자유롭다고 자화자찬할 수 있다.

물론 이런 식의 합리화는 삶의 모든 영역에 적용된다. 어떤 사람은 낙관주의의 포로이고, 어떤 사람들은 비관주의의 포로다. 또 어떤 사람은 꼼꼼하기 이를 데 없지만, 반대로 정리정돈과 담을 쌓고 지내기도 한다. 어떤 사람은 신중하지만, 어떤 사람은 무모하다. 또 어떤 사람은 습관적으로 자신의 감정을 드러낸다. 따라서 그는 자신의 고통을 남들에게 지겹도록 말하고, 자신의 감성을 극대화함으로써 고통의 크기를 키운다. 반면에 어떤 사람은 습관적으로 자신의 감정을 감춘다. 따라서 그는 감정을 억누르고 남들에게 감춤으로써 고통의 크기를 키운다. 관례를 묵묵히 따르는 순응주의자가 있는 반면에 모험을 좋아하는 모험주의자가 있다. 시간을 철저하게 지키는 사람이 있는 반면에 항상 지각하는 사람이 있다. 나에게 처음 상담받기로 한 사람이 약속 시간에 늦는다고 가정해보자. 나는 '흘러가는 시간을 안타깝게 생각하는 많은 사람들과 달리 시간의 노예가 아닌 자유로운 사람인 모양이군' 하고 생각한다. 하지만 그가 다른 모든 약속에도 상습적으로 늦는 사람이라면, 나는 그가 결코 자유로운 사람이 아니라고 생각하며, 그 이유를 따져봐야겠다고 다짐한다.

상습적인 지각은 우연이 아니다. 상습적인 지각은 일종의 태업일 수 있다. 요컨대 이 세상의 우연한 원칙에 대한 저항, 인간의 삶과 사회를 지배하는 원칙을 그대로 받아들이지 않겠다는 거부일 수 있다. 따라서 장점과 단점은 얼핏 생각하면 우리의 실제 인간을 특징짓는 조건인 듯하지만, 실제로는 이차적인 특징에 불과하다.

진정한 인간이 된다는 것은 행동의 자유를 획득한다는 뜻이다. 다시 말하면, 기계적 행동에 좌우되지 않고 적어도 어느 정도까지는 자신을 지배할 수 있다는 뜻이다. 구체적으로 말하면, 어디에도 구속받지 않은 확신에 따라 때로는 돈을 아끼지 않고 때로는 아낄 수 있다는 뜻이다. 현실감각을 잃지 않고 이상주의자가 되고, 자신의 이상을 도외시하지 않고 현실주의자가 될 수 있다는 뜻이기도 하다. 또 작은 무질서에도 짜증을 내는 광기를 부리지 않고도 정리정돈에 충실할 수 있다는 뜻이기도 하다. 19세기에는 의지력을 중요하게 생각했다. 그러나 현대 심리학에서 입증됐듯이, 개인의 노력을 신뢰하는 것은 실효성도 없고 심지어 해롭기도 하다. 개인의 노력은 기존의 등장인물에 또 다른 인위적 등장인물을 덧씌우는 결과만을 낳을 뿐이다.

게다가 개인의 의지나 결심이 본능적 충동이나 강력한 심리학적 결정론에 반하면 실패할 수밖에 없고, 개인의 힘을 북돋우기는커녕 꺾어놓기 십상인 끝없는 갈등으로 이어진다. 의지와 결심으로 정리정돈을 하지 않는 사소한 결함은 해결할 수 있지만, 그 대가로 새로운 것의 노예가 된다. 예컨대 뭔가를 해결하려면 결심을 해야 한다는 생각의 노예가 된다. 따라서 그런 생각에서 융통성이나 창조적인 상상력을 기대하기는 힘들다. 게다가 힘들게 정리해놓은 것들이 예기치 않은 사건으로 헝클어지면 번민과 불안이 불시에 밀려온다.

의지와 노력은 아무짝에도 쓸모없다는 뜻일까? 그렇지 않다. 노력하면 결실이 있는 부분들에 한해 노력하면 된다. 내 원고를 읽은 한 환자를 얼마 전에 만났다. 그녀는 이렇게 말했다. "자신의 삶을 사랑하지 않은 노파의 얘기에 가슴이 뭉클했어요. 저도 그렇거든요. 저도 사는 게 싫어요. 제 마음가짐이 잘못된 거라는 건 알지만, 고쳐보려 노력해도 소용없어요. 삶을 사랑해보려 하지만 소용없어요. 저도 삶을 사랑하고 싶어요. 하지만 그 노파처럼 그런 경지에 이르지 못했어요!" "만약 당신 정원에 사과나무 한 그루가 있다면, 그 나무에 사과가 열리지 않더라도 당신은 사과나무의 마음가짐이 잘못됐다고 탓하지 않을 겁니다. 삶에 대한 사랑은 삶의 자연스러운 열매입니다. 사과를 만들려고 애써 노력하지 마십시오. 사과나무가 스스로 열매를 맺어야 합니다. 사과나무를 돌보고, 땅에 비료를 주고, 벌레를 제거하는 데 힘을 쏟으십시오. 한마디로, 사과나무가 살아가기에 적합한 환경을 조성하는 데 힘쓰십시오. 그러면 자연스레 수액이 증가해서 생명의 흐름이 회복될 겁니다."

따라서 진정한 해방은 새로운 생명이 분출하는지 그러지 않는지에 달려 있다. 노파는 삶과 화해하며 새로운 생명이 자연스레 내면에서 용솟음치는 경험을 했지만, 후자의 환자는 어떻게든 그런 경험을 하려 노력했지만 아무런 성과를 거두지 못했다. 우리는 하나님 그리고 타자와 개인적 접점을 형성하려는 노력과 의지를 통해서 새로운 생명이 분출하고 실제 인간이 드러나는 환경을 조성할 수 있다. 하나님 그리고 타자와의 개인적 접촉이 있을 때, 우리는 내면에 깊게 자리 잡은 문제를 깨닫고, 우리 실제 인간의 일부라고 여겼지만 과거의 잔재에 불과한 기계적인 행동의 먼지를 성령이 깨끗이 씻어주실 것이기 때문이다.

자유로운 삶으로 가는 길

따라서 내면의 자유를 추구하는 우리에게는 두 길이 열려 있다. 완전히 대립되는 두 길로, 하나는 우리 의지를 바탕으로 자유를 얻으려고 노력하는 길이고, 다른 하나는 신뢰를 바탕으로 한 개인적인 만남에 힘쓰는 길이다. 첫 번째 길은 또 다른 등장인물을 인위적으로 만들어 그 등장인물을 지배하겠다는 뜻에 불과해서 긴장을 조성하지만, 두 번째 길은 긴장을 풀어준다. 또 첫 번째 길은 의지력을 요구하지만, 두 번째 길은 포기를 요구한다. 끝으로, 첫 번째 길은 금욕주의의 방법인 반면에, 두 번째 길은 현대 심리학에 근거한 방법이다.

신뢰를 바탕으로 한 긴장 완화는 심리요법과 관련된 모든 학파에서 권장하며 사용하는 방법이다. 프로이트학파의 자유연상법, 융학파와 아들러학파의 대화법, 환자가 제시받은 이미지와 상징을 보고 마음대로 몽상에 젖게 하는 로베르 데주와유(Robert Desoille, 1890-1966)의 백일몽 기법 등 어떤 방법을 사용하더라도 실제 인간의 발견은 자기구속을 포기한 결과다.

그러나 이 방법은 기독교의 방법이기도 하다. 기독교에서는 예수 그리스도를 통해 하나님께 귀의한 인간이 하나님의 섭리에 모든 것을 맡기도록 유도하지 않는가. 이런 이유로 기도, 특히 공동기도는 교회의 근거인 신앙의 교감이기 때문에 의학적 치료의 결과와 무척 유사한 심리적 효과를 자아낼 수 있다. 따라서 나는 기도를 통해, 내 존재를 완전히 새롭게 해주는 새로운 생명이 분출되는 기분을 온몸으로 느낄 수 있다. 요컨대 내가 그때까지 억누르거나 자제하던 진정한 감정, 내가 좋아하는 것과 싫어하는 것, 내 열망과 신념 등 나의 실제 인간을 발견하게 된다.

과거의 습관적인 삶에서 나 자신의 거짓 없는 모습이라 생각했던 때도 진정한 나였던 적이 거의 없었다는 것을 깨닫는다. 다시 말하면, 진정한 나의 모습과는 사뭇 다른 등장인물의 역할을 했을 뿐이라는 사실을 깨닫는다. 따라서 이런 등장인물이라는 껍데기를 벗어던지고 나의 진정한 모습을 다시 발견하며, 나 자신을 본연의 모습대로 분명하게 내보이고 싶은 욕망을 느낀다.

이런 감동적인 순간을 온몸으로 느꼈던 환자를 예로 들어보자. 깊은 사색에 빠져 있던 그녀가 갑자기 머릿속에 떠오른 생각을 말했다. "나 자신이 되고, 나의 진실한 모습을 드러내는 것은 '자기를 부인하라'(막 8:34)는 성경의 가르침을 거역하는 게 아닌가요?" 그녀는 내게 대답할 틈도 주지 않고 계속해서 말했다. 기억의 물결이 어린 시절까지 거슬러 올라갔다. 그녀에게는 여동생 하나가 있었다. 어린 시절 그녀는 여동생과 씨름을 하면서 재밌게 놀았다. 씨름은 언제나 똑같은 식으로 끝났다. 여동생이 그녀보다 힘이 세지는 않았지만 그녀를 쓰러뜨리며 승리를 거두었다.

어린아이들은 이렇게 어떤 의식처럼 똑같은 식으로 반복되는 놀이를 좋아한다. 어떤 묵계가 놀이의 흐름을 가차 없이 지배하고, 각자는 자신에게 할당된 역할을 충실하게 해내야 하는 듯하다. 그런데 어느 날, 특별한 이유가 있었던 것은 아니지만 내 환자가 그 묵계를 깨뜨리며, 월등한 힘으로 여동생을 쉽게 바닥에 쓰러뜨렸다. 여동생은 요란하게 울음을 터뜨렸고, 부모가 부리나케 달려왔다. 내 환자는 여동생에게 심술궂은 짓을 했다는 이유로 심한 꾸지람을 들었다.

그녀가 나중에야 깨달았듯이, 그 사건 이후로 그녀는 여동생을 울리지 않으려고 자신의 삶을 억누를 수밖에 없었다. 한쪽이 성장하기 위해서는 짝을 이룬 상대가 양보하는 게 원칙인 것처럼! 이런 현상은 생각보다 훨씬 자주 벌어진다. 특히, 한쪽이 마음껏 활동하도록 다른 한쪽이 자신을 희생하는 부부 관계에서 이런 현상이 흔히 눈에 띈다. 하지만 그 결과는 안타까울 뿐이다. 그들의 관계는 엄밀히 말하면 부부 관계가 아니다. 결혼생활은 진정한 상호협조로 부부 모두가 성장하는 삶이기 때문이다.

이런 결혼생활에서는 모든 것이 잘못된 것이다. 한쪽이 자신을 내세우지 않는 태도를 기독교의 자기희생, 자기포기라 생각하며, 상대는 독재자가 되어 자신의 독선적 행위를 자아의 확인이라 생각한다. 이 문제는 생각만큼 간단하지 않다. 부부가 서로 상대에게 상처를 주지 않으려고 자신을 내세우지 않으려 애쓰는 경우가 많기 때문이다. 그로 인해 부부 모두가 자신을 억제함으로써 메마른 삶을 살기 십상이다.

내가 환자의 여동생까지 만나보지는 않았지만, 그녀도 언니를 위해 자신의 주장을 자주 억제했을 것이고, 그런 사실을 나중에 깨달았을 것이다. 이처럼 많은 가정과 공동체에서, 각 구성원은 다른 구성원들에게 짓눌려 지내는 것처럼 보이지만, 모든 구성원이 다른 구성원의 성장을 위해 자신의 욕구를 자제하는 게 일반적이다.

여기에 많은 사람들이 흔히 범하는 중대한 잘못이 있다. 자신을 내세우고 자신의 의견을 말하며 그 의견에 따라 행동하더라도, 이 모든 것을 관용으로 행하면 다른 사람들에게 불안감을 주지는 않는다. 오히려 그들도 똑같이 행동하도록 자극하며, 그와 함께 진실한 대화를 시작하는 계기가 될 수 있다. 또한 자신을 포기한다는 것은 자기를 내세우지 않는 등장인물을 통해 자신의 확신을 억제하라는 뜻은 아니다. 오히려 습관적으로 등장인물을 만들어내던 것을 포기하고, 하나님이 그분의 계획에 따라 우리와 대화하시며 우리의 실제 인간을 깨우시도록 우리 삶의 방향을 하나님께 다시 맡긴다는 뜻이다. 하나님이 원하시는 것을 추구하고, 하나님의 뜻을 대담하게 주장한다는 의미다.

많은 사람들이 기독교를 부정적으로 생각한다. 하나님이 우리에게 성숙보다 포기를 원하시고, 기독교는 자기를 억제하도록 강요하는 종교라 생각하기 때문이다. 그들의 생각이 맞는다면, 그리스도가 그러셨듯이 하나님을 '아버지'라고 부를 자격이 있겠는가? 나는 억압된 삶을 해방하려 애쓸 때 하나님께 맞서 싸우지 않는다. 오히려 하나님과 힘을 합해 함께 싸운다. 식물 주변을 뒤덮은 나쁜 잡초들을 뽑아내는 정원사처럼, 나는 온갖 정성을 다해 그 식물에 대한 하나님의 계획을 회복하려고 노력한다. 그 식물도 하나님의 피조물이기 때문에 그런 보살핌을 받을 자격이 있기 때문이다.

하나님이 그 식물에 생명을 주셨다. 따라서 하나님은 그 식물이 꽃을 피우고 열매 맺기를 바라실 것이다. 그리스도는 우리에게 열매를 맺으라고 숱하게 말씀하시지 않았던가? 열매를 맺는다는 것은 자기 자신이 되고 자신을 명확히 드러내는 것이며, 하나님의 계획에 따라 성숙하는 것이다.

따라서 많은 그리스도인이 인식하지 못하고 있지만, 그리스도인의 삶에도 긍정적이고 생산적이며 창조적인 면이 있다. 그렇다고 내가 기독교가 구체적인 포기를 요구한다는 것을 부인하는 것은 아니다. 예수는 더 많은 열매를 맺도록 포도나무를 가지치기하는 일꾼들에 비유해서 말씀하셨다. 정확히 말하면 가지치기의 목적은 삶을 억압하는 게 아니라, 더 풍요롭고 만족스럽게 살도록 수액의 흐름을 좋게 하는 것이다.

따라서 가지치기의 목적은 외부의 영향으로 축적된 속박에서 실제 인간을 해방하는 것, 결국 자유로운 삶이다. 수액이 내부에서 샘솟는다. 이런 모습이 하나님이 이끄시는 삶이다. 기도와 행동이 균형을 이룬 삶이다. 기도는 하나님과의 대화이고, 하나님의 창조적 영감을 추구하는 행위다. 반면에 행동은 자아의 대담하고 확신에 찬 확인이고, 하나님께 받은 영감의 실천이다. 등장인물은 기계적 행위의 감옥이고, 내 환자처럼 자신의 삶을 억제하는 잘못된 포기다. 반면에 실제 인간은 자유의지에 따른 약속이고, 하나님께 받은 명령의 회복이다.

물론 자유로운 삶에 이르는 과정이 쉽지는 않다. 이 책에서 나는 누구도 완전히 자유로운 삶에 이른 적이 없으며, 등장인물과 실제 인간을 완벽하게 분리하는 것이 불가능하며, 하나님과의 대화는 간헐적인 데다 감추어진다는 것을 입증해보였다. 그러나 어렵고 불완전하더라도 하나님의 목적을 추구할 때, 생명의 근원인 실제 인간이 창조되고 자유와 생명이 새롭게 샘솟는다.

이런 마음가짐으로 하나님과 얼굴을 맞대고 대화할 때, 인색한 사람은 자신의 인색함을 인식하고, 자신의 행동을 변명하고 합리화하는 대신에 인색에서 해방되어 관대해질 수 있다. 또한 낭비벽이 심한 사람도 이런 태도를 지닐 때 자신의 콤플렉스에서 해방되고, 재산을 보다 현명하게 관리할 수 있다. 이런 마음가짐은 원칙과 기계적인 행동에 사로잡힌 삶에 융통성을 더해준다. 하나님의 계획을 추구한다는 것은 어떤 상황에나 진정으로 적응해서, 각 상황에서 제기되는 문제에 과감히 맞서고, 그 상황을 통해 하나님이 우리에게 말씀하시는 것을 경청한다는 뜻이다.

하나님께 의존한다는 것은 인간과 사물과 자기 자신으로부터 자유로워진다는 뜻이다. 어떤 것에든 노예가 되지 않고 하나님이 우리에게 주시는 모든 것을 즐긴다는 뜻이다. 또 상황에 따라 넉넉하게 쓰거나 절약하고, 말을 하거나 침묵하며, 행동하거나 휴식을 취하고, 진지하게 처신하거나 즐겁게 지내고, 저항하거나 양보한다는 뜻이다.

성공의 정점에 이른 예술가를 예로 들어보자. 그는 젊은 시절부터 성공이라는 목표를 향해 매진했고, 결국 세계적인 명성을 얻었다. "직업 면에서 보면 저는 더 이상 바랄 게 없습니다. 꿈을 실현했으니까요. 하지만 제가 선생님께 상담을 받으려고 온 이유는, 뭔가 허전함을 느끼기 때문입니다. 예, 저는 성공을 즐기지 못하고 있습니다." 그러고는 자신의 아버지는 유약한 사람이어서 경쟁을 견디지 못하고 피폐한 삶을 살았다고 덧붙였다. 아버지의 무능함 때문에 그는 지독한 가난과 시련을 견디며 어린 시절을 보냈다. 그는 성공할 때까지 불굴의 의지로 경쟁에서 싸워 이기겠다고 다짐했다.

마침내 그는 성공이라는 목표를 이루었지만, 처음에 품었던 마음가짐에서 벗어나지 못한 채 일을 손에서 놓지 못했다. 한마디로, 성공을 즐기지 못했다. 게다가 결혼생활마저 행복하지 않았다. 그는 자신에게 그랬듯이 아내에게도 지나치게 많은 것을 요구하기 때문이란 것을 알고 있었다. 나는 그에게 이렇게 말했다. "당신은 한가롭게 시간을 보내는 법을 모릅니다. 예술가에게는 그런 생활도 무척 중요할 텐데요." "맞습니다, 바로 그겁니다. 저는 편안하게 시간을 보내지 못합니다. 항상 긴장한 채 지냅니다." 그러나 유익한 여유로움과 게으름의 경계가 어디일까? 잃어버린 시간이 자발적 포기이고 하나님이 원하는 휴식인지, 아니면 반항이고 불순종인지 판단하려면 기도해야 한다.

하나님께 의존한다는 것은 우리 시간을 활용해 하나님의 계획을 추구한다는 뜻이다. 테오도르 보베는 이 문제를 주제로 얇은 책 한 권을 썼다.[1] 보다 인간 중심적인 의학에 필요한 평온함을 얻기 위해, 묵상할 시간과 가족과 함께할 시간을 확보하기 위해, 나는 환자를 많이 받지 않고, 원고를 청탁하고 학회 참가를 요구하는 사람들의 부탁을 거절해야 했다. 그 때문에 많은 사람들이 실망해서 나는 무척 힘들었다. 그러나 다른 사람들에게 인정받고 싶은 욕망 자체가 자만심이 아닌가? 내가 모든 청탁과 부탁을 받아들인다면 나는 실제 인간을 추구하는 자유인이 아니라, 현대인에게 고통을 주는 근원인 '시간과의 경쟁'에 매몰된 포로 신세를 벗어나지 못할 것이다.

실제 인간을 향하여

삶의 대차대조표를 정직하게 작성하려는 한 40대 남자가 상담을 받으려고 나를 찾아왔다. 그는 온갖 직업을 전전하며 사방팔방으로 옮겨 다녔지만 전혀 만족하지 못했다. 또 많은 여자와 사귀었지만 누구에게도 마음을 주지 않았다. 그야말로 사회에 무관심한 부적응자였다. 정확한 평가였지만 다른 것이 있었다. 그가 고백한 바에 따르면, 그는 항상 절대자를 추구했고 어디서나 절대자를 찾아 헤맸다. 그러나 그는 악행을 견디지 못했다. 사장이나 감독관이 그를 부당하게 대우하면, 그는 분개하고 낙담했지만 말없이 그곳을 떠나 다른 곳에서 절대자를 추구했다.

나는 그에게 공감할 수 있었다. 나와 비슷한 점이 많은 사람인 듯했다. 나 역시도 절대자를 열렬히 추구하고 있지 않은가. 그러나 그가 찾으려는 절대자는 동화 속 절대자였다. 다시 말하면, 나무랄 데 없이 완벽한 절대자, 그가 실망하거나 어떤 한계도 느끼지 않고 안주할 수 있는 절대자였다. 그는 초라하기 그지없는 자신의 삶을 돌이켜보고 있다. 난관에 부딪칠 때마다 맞서 싸우지 않고 회피했다. 또 실제 인간을 형성하는 대화를 끊고 지냈다. 따라서 그의 실제 인간은 성장할 틈도 없이 사라져버렸다. 결국 그는 자신이 무엇을 원하는지도 모르는 지경에 이르고 말았다. 그는 아무것도 선택할 수 없고 어떤 책임도 떠안을 수 없었다. 삶이 먼지처럼 흩어지는 것 같았다.

많은 사람이 그에게 절대자는 존재하지 않는다며, 적어도 뭔가를 소유하려면 일시적이고 작은 것에도 만족해야 한다고 말했다. 그는 이런 천박한 철학에 만족할 수 없었다. 그러나 나는 절대자가 분명히 존재하며 누구든 절대자를 경험할 수 있다는 것을 알고 있다. 우리가 절대자를 소유할 수 없고 절대자의 품에 안주할 수는 없을지라도 새로운 생명, 절대적 생명이 샘솟는 순간, 지극히 짧은 순간에 절대자를 경험하고 절대자로부터 계시를 받을 수 있다는 것을 나는 분명히 알고 있다. 그 순간은 정지된 상태가 아니다. 외부의 악과 내부의 악, 맞서 싸워야 하는 세계, 우리 내면의 고유한 세계가 우리에게 강요하는 투쟁이 극한점에 이를 때 일어나는 움직임이고 전율이며 비약이다.

클로드 베르나르는 삶을 유기체와 외부 환경 간의 갈등이라고 정의했다. 세상이 우리처럼 상대적이고 불완전하기 때문에, 그로 인한 갈등에서 새로운 생명이 끊임없이 샘솟는다. 만족한 인간은 화석처럼 굳어버린 인간일 것이다. 불만족은 끊임없는 운동체처럼, 아직 끝나지 않은 탐구처럼 삶을 유지해준다. 그래서 파스칼이 "우리는 사물 자체를 추구하지 않고, 사물의 탐구를 추구한다"고 말한 것이다. 절대자는 이런 탐구 자체에 존재한다. 절대자는 사물에 속한 것도 아니고, 절대적이고 완전한 사물에 있는 것도 아니다. 절대자는 실제 인간과 유사하며, 사물의 불완전함에 대한 실제 인간의 반발과 유사하다.

삶은 정지된 상태가 아니라 움직이는 것이다. 자연계 어디에서도 생명체는 고정적이고 안정된 특징을 보이지 않고, 생명의 연속적인 물결, 파동의 모습을 띤다. 앞에서도 보았듯이, 진정성도 완결된 상태가 아니다. 진정성이 부족하다고 인식하는 순간에 경험하는 움직임이다. 사랑도 정지된 상태가 아니다. 사랑도 끊임없이 변하는 것이다. 개인적 접촉도 정지된 상태가 아니라 순간적인 움직임이어서 끊임없이 다시 찾아야 하는 것이다. 결혼생활도 정지된 상태가 아니다. 변화무쌍한 끝없는 모험이다.

영적 삶도 고정된 상태가 아니다. 신앙은 하나님을 향한 움직임이며, 신앙이 부족하다고 고백하는 순간에 온몸으로 느끼는 하나님을 향한 귀의다. 이런 이유로 예수 그리스도는 성령을 어디에서 와서 어디로 가는지 누구도 모르는 바람에, 또 누구도 손에 쥘 수 없지만 절대자를 향한 우리 갈증을 풀어주는 힘에 비유했던 것이다.

실제 인간도 포착할 수 없고 완결되지 않은 것이다. 따라서 실제 인간은 우리 몸과 정신, 즉 우리 존재를 끊임없이 다시 만들며 바꾸어간다. 실제 인간의 개화도 정지된 상태나 귀착점이 아니라, 영원한 미완성에서 비롯되는 변화다. 개화가 성장의 궁극적 단계라면, 그것은 삶이 멈추는 순간이기도 할 것이다. 장미꽃은 활짝 피자마자 시들기 시작한다. 많은 사람들이 생각하는 것처럼, 실제 인간의 개화는 지식과 경험의 축적이 아니다. 돌이 차곡차곡 쌓여 기념물이 되는 것과는 다르다. 지식과 경험의 축적은 거대한 등장인물을 만들어낼 뿐, 실제 인간을 만들어내지는 못한다.

실제 인간은 양적 개념이 아니라 질적 개념이다. 실제 인간은 절대자의 속성을 띤 내면의 강렬한 움직임에서 느닷없이 나타난다. 재산을 아무리 축적하더라도 우리는 실제 인간에 더 가까이 다가갈 수 없다. 실제 인간은 소유물에 있지 않고 존재 자체에 있기 때문이다. 실제 인간은 어떤 식으로도 측정되지 않고, 시험받지도 않으며, 정의되지도 않는다. 자신을 안다고 주장하는 것이, 자신을 제대로 인식하지 못하는 가장 확실한 길이다.

장애자, 신경증 환자, 노인은 마음대로 움직일 수 없어 삶에 제약을 받지만, 삶에 만족하며 살아가는 사람들보다 훨씬 강렬하게 실제 인간의 개화를 경험할 수 있다. 언젠가 리옹의 기욤 브뤼나 박사가, 사람들이 실제 인간을 다루는 의학의 목적을 잘못 이해해서 양적 성장으로 한계도 없고 고통도 없는 삶을 꿈꾸며 인간을 찬양하는 헛된 꿈을 추구할지도 모른다고 나에게 걱정을 토로한 적이 있다. 심리학자들이 발표하는 많은 글이 그런 혼동을 야기하는 것은 사실이다. 인간의 완성은 모든 문제의 해결, 모든 속박에서 벗어나는 해방에 달린 것처럼 글을 써대기 때문이다.

실제 인간은 완벽한 원을 그리며 최대로 부풀려진 풍선과는 완전히 다른 것이다. 실제 인간은 예측할 수도 없고 규명할 수도 없는 것으로, 건강한 몸에서나 병든 몸에서나 차별 없이 나타날 수 있는 내적 경험이다. 실제 인간은 발육하는 씨앗과 같다. 밀의 낟알이 무엇인가? 그 낟알의 무게를 재고 크기를 측정한다고, 혹은 화학적으로 분석하고 현미경으로 관찰한다고 밀의 낟알을 정의한 것이 아니다. 밀의 낟알에는 우리 눈에는 아직 보이지 않는 밀의 모든 것이 담겨 있다. 누에는 무엇일까? 누에의 변태 과정 전체를 미리 보지 않고는 누에를 정의할 수 없다. 어린아이는 무엇일까? 어린아이에게 앞으로 닥칠 삶 전체를 생각하지 않고는 그 아이를 결코 설명할 수 없다. 그 아이가 앞으로 경험할 삶은 미지의 것으로 가득하다.

결국 실제 인간은 닫힌 개념이 아니라 열린 개념이다. 베르그송은 열린 마음과 닫힌 마음을 구분했다. 앞에서 소개한 내 환자가 꿈꾸었던 동화 속의 완성된 절대자가 살아 있는 절대자가 아니라 죽은 절대자인 것처럼, 닫힌 마음은 죽은 마음이다. 우리는 이 책을 시작하면서 제기한 질문, "나는 누구인가?"에 현학자나 예언자처럼 대답해서는 안 된다. 또 실제 인간의 의미를 빈틈없이 완전한 목록으로 작성할 수 있다는 생각도 포기해야 한다. 실제 인간에는 언제나 미스터리처럼 해결되지 않는 부분들이 남아 있다. 그 이유는 실제 인간이 살아 있는 존재라는 사실과도 밀접한 관계가 있다. 당장 내일이라도 생명이 어떤 식으로 다시 용솟음치며 실제 인간을 바꿔놓을지 누구도 알 수 없다.

실제 인간은 가능태로, 끊임없이 다시 활기를 띠고 삶이 새로 발현될 때마다 새로운 모습으로 나타나는 삶의 흐름이다. 하나님이나 타자와 대화하는 순간, 나는 두 가지를 분명하게 확신한다. 나를 '발견'한다는 확신과 '변화'에 대한 확신이다. 내가 새로 발견하는 '나'는 내가 과거에 생각하던 '나'가 아니다. 그때부터 나는 과거의 나와 다르다. 하지만 동시에 나는 여전히 똑같은 사람이며, 똑같은 삶이 새로운 활력을 얻었고, 오늘 내가 발견한 것을 의심할 만한 것이 전혀 없더라도 똑같은 삶이 어제도 내 안에 억제돼 있었다는 것을 확신할 수 있다.

우리 자신이 아니라 하나님에게서 비롯된 힘 덕분에 우리 자신의 한계를 넘어섰다고 느낄 때보다, 개인적인 삶과 자아 발견을 강렬하게 느끼는 때는 없다. 그런 느낌과 더불어 우리 삶 전체의 모습이 뒤바뀌고, 새로운 삶이 샘솟는 순간 우리의 실제 인간이 불시에 나타난다. 그 순간에 우리 삶 전체를 만들어가는 씨앗이 담겨 있을 수 있다. 철학자 샤를 세크레탕 (Charles Secrétan, 1815-1895)의 경우가 그랬다. 그는 사춘기 시절에 몽트뢰 교회의 지붕에 올라가 아름다운 레만 호수를 바라보았을 때 하나님의 원대한 사랑을 느닷없이 깨닫게 되었다며, 그 순간을 감동적으로 표현해주었다. 하나님과 개인적으로 접촉한 순간이었고, 하나님과 대화한 순간이었다. 그가 평생 동안 추구한 자유 철학이 온전히 그 순간에 담겨 있었다.

이런 경험은 몇몇 예외적인 사상가에게만 허락된 특권이 아니다. 실제 인간이 형성되는 정상적인 과정이다. 실제 인간의 형성 과정은 연속적이지 않고 간헐적이다. 우리가 인위적으로 실제 인간을 만들어낼 수는 없다. 우리는 실제 인간이 형성되는 길과 분위기를 준비할 수 있을 뿐이다. 의학이 생명을 만들어낼 수 없는 것처럼 실제 인간은 제 힘으로 생성되지만, 우리는 실제 인간이 나타나기에 적합한 조건을 조성할 수 있다.

우리는 당장 활용할 수 있는 물리적이고 심리적인 온갖 기법을 동원해 환자들을 도울 수 있다. 그러나 본질적인 도움, 즉 실제 인간과 관련된 도움은 하나님께만 기대할 수 있다. 하나님의 도움이 있어야만 실제 인간을 깨워서 활짝 꽃피게 할 수 있다. 우리가 해결할 수 없는 문제를 해결하기 위해서 하나님의 개입을 기다리는 믿음이 곧 신앙이다.

우리는 한 환자를 두고, 수주 동안 때로는 수개월 동안 깊은 어둠과 싸운다. 그런 과정에서 갑자기 빛이 나타나 환자의 삶을 환히 비춰준다. 그 빛은 결코 우리가 만들어낸 빛이 아니다. 우리가 환자의 몸과 심리 현상을 관찰하며 돌보는 동안, 우리와 환자 사이에 형성된 개인적 접촉의 도움을 받아 또 다른 대화가 어둠 속에서 진행된다. 살아 있는 하나님이 환자의 실제 인간과 접촉해 그 빛을 깨워내고, 그 빛이 환자의 운명과 관련된 자유롭고 책임 있는 약속에서 불시에 나타나게 만든다.

이제 우리는 앞에서 사용했던 비유, "우리 삶은 하나님이 작곡하신 악보다"라는 말을 완결 지을 수 있다. 실제 인간은 오케스트라, 즉 우리 몸과 정신을 지휘해 그 악보를 연주하는 오케스트라 지휘자다. 그러나 작곡가가 부재하지는 않는다. 오케스트라가 연주하는 동안 작곡가도 연주장에 있다. 그는 오케스트라 지휘자를 지켜보며 용기를 북돋워준다. 또 오케스트라 지휘자에게 귀엣말하며, 자신의 의도를 이해시켜 정확히 연주하도록 돕는다.

따라서 실제 인간이 운명과 뒤섞인다. 삶이 충격적으로든 조촐하게든 전환점을 맞을 때마다 실제 인간은 조금씩 자신의 모습을 드러낸다. 그러나 실제 인간은 끝까지 완전한 모습을 드러내지 않는다. 게다가 실제 인간은 구체적으로 보이지 않는다. 우리는 몸과 정신으로 표출되는 실제 인간의 그림자만을 인식할 수 있을 뿐이다. 실제 인간을 분석해서 완벽하게 파악하려는 시도 자체가 불가능하다. 학식이 뛰어난 사람일수록 실제 인간을 잘못 인지할 가능성이 더 크다.

실제 인간은 하나님과도 불가사의한 관계가 있고, 타자와도 불가사의한 관계가 있는 불가사의한 영적 실체다. 삶의 흐름이 새롭게 샘솟고, 등장인물의 덧없는 족쇄를 끊어 등장인물을 해방하고, 사랑이 시작되는 특별한 순간에 우리는 그 관계들을 어느 정도 감지할 수 있다.

진정한 자아를 찾기 위하여

"아빠, 나는 누구야?" 둘째 아이가 어렸을 때 내게 흔히 던지던 질문이다. 어린아이의 이 질문에 철학적이거나 심리학적인 깊은 의미가 담겨 있지는 않았을 것이다. 초등학교도 입학하지 않은 아이에게 심오하게 대답할 필요는 없었다. 간단히 "넌 아빠 아들이지"라고 대답했다. 둘째는 다시 물었다. "그럼 아빠는 누구야?" 이 질문에 나는 "아빠는 네 아빠지"라고 대답했다. 말장난처럼 들리겠지만, 적어도 당시에 아들과 나는 이렇게 둘 사이의 관계를 맺었고, 그보다 더 정직한 질문과 대답은 없었다고 생각한다.

물론 어느덧 20대 중반을 향해가는 아들은 내게 "아빠, 나는 누구야?"라고 묻지 않는다. 왜 묻지 않을까? 이제는 그런 유치한 질문을 할 나이가 지났다는 자의식 때문일까? 그런 질문은 혼자만의 성찰, 즉 자기성찰로 충분히 해결할 수 있다고 확신하기 때문일까? 그러나 자기성찰만으로는 누구도 자신의 진정한 자아를 찾아낼 수 없다는 게 정설이다. 우리는 사회생활을 하면서 이런저런 가면을 뒤집어쓰며 온전한 자신의 모습을 감춘다. "열 길 물속은 알아도 한 길 사람 속은 모른다", "겉과 속이 다르다"라는 말이 왜 나왔겠는가. 사회적 삶을 사는 과정에서 우리 자신도 의식하지 못하는 사이에 자신의 실제 존재가 완전히 가려졌다. 따라서 우리는 삶이라는 거대한 연극에서 한 등장인물로 존재하고, 그 등장인물이 나의 실제 인간인 듯한 착각에 빠져든다.

우리가 맡은 등장인물은 끊임없이 변한다. 그럼 우리 자신의 실제 인간은 변하지 않는 것일까? 실제 인간이 무엇인지 정확히 모르는데 어떻게 그 질문에 대답할 수 있겠는가? 분명한 것은 등장인물과 실제 인간을 분리해서 생각할 수 없다는 것이다. 그러지 않는다면 하나님이 우리에게 허락하신 독립된 존재로서의 '나'가 존재할 수 없을 테니까. 등장인물은 겉으로 보이지만 실제 인간은 각자의 내면에 숨어 보이지 않는다. 실제 인간을 찾아가는 실마리가 바로 여기에 있다. 다시 말하면, 등장인물을 통해 실제 인간을 찾아가는 방법이 있다. 앞에서도 말했듯이 자기성찰로는 부족하다. 무엇을 더해야 할까? 폴 투르니에는 '대화'를 한 방법으로 제시한다. 대화는 인간에 의한 인간의 선택으로 두 사람 간의 관계를 확립하는 수단이다. 물론 정직하고 솔직한 대화여야 한다는 전제가 있다. 폴 투르니에가 한 인간을 파악하는 데 겉모습만 보고 속단하는 기계적인 심리학을 경계하는 이유가 이것이다. 대화를 위해서는 '타자'의 존재가 전제된다. 타자에게 내밀한 비밀을 솔직하게 털어놓는 이야기를 통해 두 대화자가 개인적 접점을 이룰 때 실제 인간이 순간적으로 나타난다. 그러나 우리는 등장인물로서나 실제 인간으로서나 끊임없이 변하는 존재다. 어딘가에 기준점을 두어야 하고, 그 기준점은 변하지 않는 것이어야 한다. 적어도 그리스도인에게 하나님이 변화의 바다에서 유일하게 변하지 않는 존재인 것은 분명하다.

하나님은 우리 인간에게 두 가지 질문을 하셨다. 하나는 아담에게 물으신 "네가 어디에 있느냐?"(창 3:9)였고, 다른 하나는 가인에게 물으신 "네 아우 아벨이 어디에 있느냐?"(창 4:9)였다. 하나님이 물리적 위치를 물으신 것일까? 전능하신 하나님이 아담이 어디에 있는지 몰라서, 아벨이 어디에 있는지 몰라서 그렇게 물으셨을까? 어느새 껍데기를 뒤집어쓴 아담에게는 하나님이 우리 인간에게 주셨던 죄 없는 실제 인간의 존재를 물으신 것이고, 가인에게는 함께해야 할 대화 상대를 물으신 것이다. 우리는 아담으로 인해 실제 인간을 잃었고, 가인으로 인해 대화 상대를 잃었다. 대화? 우리가 매일 하는 것이라 반문하는 독자도 있을 것이다. 그러나 마음을 열고 정말 솔직하게 대화하는가? 마음속 깊은 곳에 감춘 비밀이 없이 무엇이든 말하고 있는가? 이 질문에 '그렇다!'라고 자신 있게 대답할 사람은 거의 없을 것이다. 그런 대화 상대가 있다면 다행이지만, 우리 그리스도인에게는 언제든 마음을 열고 솔직하게 대화할 수 있는 상대가 있다. 바로 하나님이며, 하나님과의 대화가 기도다. 이쯤에서 '어떻게 기도해야 하는가?'가 명확해진다. 이른바 기복기도는 하나님과의 대화인 기도를 왜곡한 것이다. 기도는 우리 일상의 잘못을 고백하며 마음의 짐을 씻어내며 우리의 실제 인간을 잠시나마 엿보기 위해 하나님과 하나가 되는 것이어야 한다. 그리스도인을 위한 잡지 《크리스채너티 투데이》가 2006년 10월에 발표한 '복음주의자가 생각하고 행동하며 살아가는 방식에 영향을 미친 50권의 책'에 이 책이 선정된 것도 여기에 이유가 있지 않을까 싶다.

충주에서

강주헌

주

1. 나는 누구인가?

1. Jean Rostand, *La vie et ses problèmes*, Flammarion, Paris, 1939.
2. Ferdinand Gonseth, *Déterminisme et libre arbitre*, Editions du Griffon, Neuchâtel, 1944을 보라.
3. R. Troisfontains, 'La mort, épreuve de l'amour, condition de la liberté', in *La mort*, Centre d'études Laennec, Paris, 1948.

2. 실제 인간이 사라진 세상

1. See Gabriel Marcel, 'L'existence et la liberté humaine chez Jean-Paul Sartre', in 2. *Les grands appels de l'homme contemporain*, Editions du Temps pré-sent, Paris, 1946을 보라.
3. René Allendy, *Journal d'un médecin malade*, Denoël, Paris, 1944.
4. René-S. March, 'Médecine scientifique et respect de la personne', 1952 Inter-natiional Geneva Conference, in *Journal de Genève*, 12th September, 1952.

3. 모순된 존재

1. Jean-Paul Sartre, *Existentialism and Humanism*, translated by Philip Mairet, Methuen and Co., London, 1948, p. 42.
2. Alphonse Maeder, *Vers la guérison de l'âme*, Delachaux and Niestlé, Neuchâtel, 1946을 보라.
3. Georges Gusdorf, *La Découverte de soi*, Presses universitaires de France, Pasis, 1953.

4. C. G. Jung, *L'homme à la découverte de son âme*, Editions du Mont-Blanc, Geneva, 1944.

5. H. Baruk, *Psychiatrie morale expérimentale*, Presses universitaires de France, Paris, 1945.

6. C. G. Jung, *L'homme à la découverte de son âme*, Editions du Mont-Blanc, Geneva, 1944.

7. Charles Baudouin, *La force en nous*, Delachaux and Niestlé, Neuchâtel,1950.

8. C. G. Jung, *L'homme à la découverte de son âme*, Editions du Mont-Blanc, Geneva, 1944.

4. 유토피아

1. Georges Gusdorf, *La Découverte de soi*, Presses universitaires de France, Pasis, 1953.

2. Jean-Jacques Rousseau, *Confessions*, translated by J. M. Cohen, Penguin Books, London, 1953.

3. Thibaudet, *Réflexions sur la littérature*, N.R. F., Paris, 1940에서 인용.

4. H. F. Amiel, *The private Journal of Henri Frédéric Amiel*, translated by Van Wyck Brooks and Charles Van Wyck Brooks, MacMillan & Co., New York, 1935.

5. Julien Green, *Personal Record*, 1928-1939, translated by Jocelyn Godefroi, Hamish Hamilton, London, p. 52 and p. 340.

6. A. Gide, Journal, N. R. F., Paris.

7. Paul Claudel, 'Déclarations à Frédéric Lefévre', in *Nouvelles littéraires*, Paris, 18th April, 1925.

8. T. Feugére, *Le Mouvement religieux dans la littérature du XVIIᵉ siècle*, Boivin, 1938에 인용됨. Allan Ross's English translation of Saint Francis de Sales' *Introduction to the Devout Life*, Burnes Oates and Washbourne, London, 1943, pp. 137-138을 참고하라.

9. A. Gide, Journal, N. R. F., Paris.

10. H. F. Amiel, *The private Journal of Henri Frédéric Amiel*, translated by

Van Wyck Brooks and Charles Van Wyck Brooks, MacMillan & Co., New York, 1935. p. 620.

11. Friedrich Nietzsche, *The Joyful Wisdom*, translated by Thomas Common, T. N. Foulis, Edinburgh, 1910, p. 259.

12. Georges Gusdorf, *La Découverte de soi*, Presses universitaires de France, Pasis, 1953.

13. Shri Ramakrishna, *Message actuel de l'inde.* Les Cajiers du Sud, Paris.

14. Georges Gusdorf, *La parole*, Presses universitaires de France, Paris, 1953을 보라.

15. Leïa, *Le symbolisme des contes de fées*, Editions du Mont-Blanc, Geneva, 1943을 보라.

16. André Sarradon, *La Personne du médecin*, unpublished.

17. *Petit écho de la mode*, Paris, 11th July, 1954에서 인용.

5. 생물학의 교훈

1. Henri Poincaré, *Science and Hypothesis*, Walter Scott Publishing Co., London and Newcastle-on-Tyne, 1905.

2. Ch.-Eng. Guye, *Physico-Chemical Evolution*, translated by J. R. Clarke, Methuen & Co., London, 1925.

3. Arnault Tzanck, *La conscience créatrice*, Charlot, Algiers, 1943.

4. Richard Siebeck, *La vie, la maladie, le péché*, la mort, an unpublished lecture.

5. Viktor von Weizsäcker, *Der Begriff der Allgemeinen Medizin*, Enke Verlag, Stuttgart, 1947.

6. Jean Rostand, *La vie et ses problémes*, Flammarion, Paris, 1939.

7. Jean Friedel, *Biologie et foi chrétienne*, Georg, Geneva, 1942.

8. Jean Rostand, *La vie et ses problémes*, Flammarion, Paris, 1939.

9. Lecomte du Nouy, *L'homme et sa destinee*, Paris, La Colombe, Ed. du Vieux Colombier, 1948.

10. Ch.-Eng. Guye, *L'evolution Physico-chimique*, Paris, Hermann, 1942.

11. Lecomte du Noüy, *L'avenir de l'Esprit*, Gallimard, Paris, 1941.

12. Lecomte du Noüy, *Biological Time*, Methuen & Co., London, 1936, p.1.

13. Jean Rostand, *La vie et ses problémes*, Flammarion, Paris, 1939.

14. Claude Bernard, *Les Phénomènes communs aux animaux et aux végétaux*, quoted by Dr Tzanck, *La conscience créatrice*, Charlot, Algiers, 1943.

15. Claude Bernard, *Le cahier rouge*, Gallimard, Paris, 1942.

16. Maurice Vernet, *Le problème de la vie*, Plon, Paris, 1947.

17. A. Ferrière, *Le prigrès spirituel*, Editions Forum, Geneva, 1927을 보라.

18. Lecomte du Noüy, *Biological Time*, p. 32.

19. Maurice Vernet, 앞의 책.

20. Jean de Rougemont, *Vie du corps et vie de l'esprit,* Paul Derain, Lyons, 1945.

21. Arnault Tzanck, *La conscience créatrice*, Charlot, Algiers, 1943.

22. Maurice Vernet, *Le problème de la vie*, Plon, Paris, 1947.

23. Maurice Vernet, *La sensibilité organique*, Flammarion, Paris, 1948.

24. Arnault Tzanck, *La conscience créatrice*, Charlot, Algiers, 1943.

25. Paul Cossa, *Du réflexe au psychique* , Desclée de Brouwer, Bruges, 1948.

26. Arnault Tzanck, *La conscience créatrice*, Charlot, Algiers, 1943.

27. Arnault Tzanck, *La conscience créatrice*, Charlot, Algiers, 1943.

28. Georges Gusdorf, *La Découverte de soi.*

29. Henri Bergson, *Creative Evolution*, translated by Arthur Mitchell, Macmillan & Co., London, 1911, p. 174.

30. *La Découverte de soi.*

31. Pierre Ponsoye, *L'esprit, force biologique fondamentale*, Imprimerie Causse, Graille & Castelnau, Montpellier, 1942.

6. 심리학과 에스프리

1. F. Georgi, 'Psychophysische Korrelationen', in *Schweizerische Medizinische Wochenschrift*, 1948, No. 23, p. 553.

2. Georges Menkès, *Médecine sans frontières*, Editions du Mont-Blanc,

Geneva, 1945를 보라.

3. René Leriche, 'Qu'est-ce que la maladie?' , in *Journal de médecine de Bordeaux et du Sud-Ouest*, October, 1950.

4. Heinri Hüebschmann, *Psyche und Tuberkulose*, Ferdinand Enke Verlag, Stuttgart, 1952.

5. Igor A. Caruso, *Psychanalyse und Synthese der Existenz*, Herder, Vienna, 1952.

6. Paul Tournier, 'The Frontier between Psychotherapy and Soul-Healing' in *Journal of Psychotherapy as a Religious Process*, No. 1, Dayton, Ohio, January, 1954.

7. A. Maeder, *La personne du Médecin, un agent psychothérapeutique*, Delachaux and Niestlé, Neuchâtel. 1953.

8. A. Maeder, *Vers la guérison de l'âme.*

9. A. Stocker, 'Structures affectives ou hiérarchie de la personne' , in *Afchivio di Psicologia, Neurologia e Psichiatria, Anno X Fasc. III*, September, 1949, Milan.

10. Alexander Mitscherlich, 'Neue Ergebnisse in der wissentschaftlichen Weltorientierung'. Conference on Psychotherapy and Psychosomatic Medicine Cf. *Neue Zürcher Zeitung*, Zurich, No. 741.

11. Cf. Alphonse Maeder, *Le rôle du contact affectif en psychothérapie*, address delivered at the International Congress on Psychotherapy, Leyden, 1951.

12. Charles Odier, *Les deux sources consciente et inconsciente de la vie morale*, La Baconnière, Neuchâtel, 1943.

13. *L'ascèse chrétienne et l'homme cintemporain*, Editions du Cerf, Paris, 1951.

7. 대화

1. Sir Edmund Gosse, C.B., *Father and Son*, Evergreen Books, London, 1941, p. 34.

2. A. Maeder, *La personne du médecin, un agent psychothérapeutique.*

3. Aloys von Orelli, *Persönlichkeit, Selbst, Person*, Georg Thieme, Stuttgart, 1951.

4. Quoted by A. Meader, *Le rôle du contact affectif en psychothérapie*.

5. English translation by Ronald Gregor Smith, T. & T. Clark, Edinburgh, 1937.

6. Jean-Paul Sartre, *L'être et le néant*, N. R. F., Paris, 1943.

7. Georges Gusdorf, *La Parole*을 보라.

8. F. Trensz, 'Die Entwicklung der Medizin und die Aufgaben der "Medizin der Person"', *Wege zum Menschen*, Vandenhoeck & Ruprecht, Göttingen, 1954, Heft 8을 보라.

9. A. N. Tsirintanes, 'Griechische Kultur, Christlicher Glaube und Menschliche Person', *Wege zum Menschen*, 1954, Heft 7을 보라.

10. Published (in English) in Athens, 1948.

11. *La personne du médecin, un agent psychothérapeutique*.

12. *Les psychonévroses et leur traitement morale,* Masson, Paris, 1905.

8. 장애물과 방해꾼

1. Jean de Rougemont, *Vie du corps et vie de l'esprit,* Paul Derain, Lyons, 1945.

2. Jules Romains, *Les Hommes de bonne volonté, VI: Les humbles*, Flammarion, Paris.

3. Oscar Forel, 'Peur, panique et politique', in *Revue suisse de psychologie*, 1942, Nos. 1 and 2.

4. P. W. E. Bibliographical note in *For Health and Healing*, London, March, 1954.

5. R. P. Ducatillon, O. P., 'Taille de l'homme Pécheur', in *L'homme et le péché*, Plon, Paris, 1938.

6. Abbé J.-p. Schaller, 'Les limites de la médecine et le docteur Paul Tournier' in *Bulletin de la Société médicale des hôpitaux*, Laval Médical, Quebec, April, 1954, p. 551.

7. Max Thurian, *La confession*, Delachaux and Niestlé, Neuchâtel, 1953.

8. A. Stocker, *Le traitement moral des nerveux*, Editions du Rhône, Geneva, 1945.

9. Dr. Dubois, *Les Psychonevroses dt leur traitement moral*, Paris, Masson, 1905.

9. 살아 있는 하나님

1. A. Stocker, 'Structures affectives ou hiérarchie de la personne' , in *Afchivio di Psicologia, Neurologia e Psichiatria, Anno X Fasc. III*, September, 1949, Milan.

2. Alphonse Maeder, *Vers la guérison de l'âme*, Delachaux and Niestlé, Neuchâtel, 1946.

3. Jean-Daniel Bindschedler, *Le fondement thèologique de la Médecine de la Personne*, Thesis, Faculty of Protestant Theology, University of Strasbourg, 1954.

4. *Vers la guérison de l'âme.*

5. François Mauriac, *Journal*, Grasset, Paris.

6. Dom Weisberger, O.S.B., *La défense de la personne*, an address delivered to the Société de Saint-Luc de Belgique, Impr. Tancrède, Paris.

7. *Existentialism and Humanism.*

8. J. Ellul, 'Les fondements bibliques de notre responsabilité' in *Actes et Travaux du troisième congrès médico-social protestant*, Bordeaux, Imprimerie Coneslant, Cahors, 1952.

9. Henri Ochsenbein, 'Le problème de la santé et la vision biblique de l'homme', in *Santè et vie spirituelle, Actes du IVe congrès médico-social protestant français à Strasbourg*, Oberlin, Strasbourg, 1953.

10. H. Baruk, *Psychiatrie morale expérimentale*, Presses universitaires de France, Paris, 1945.

11. Aloys von Orelli, *Persönlichkeit, Selbst, Person*, Georg Thieme, Stuttgart, 1951.

10. 사물의 세계와 실제 인간의 세계

1. G. K. Chesterton, *St Francis of Assisi*, Hodder and Stoughton, London, p. 110.

2. Brother Lawrence, *The Practice of the Presence of God*, S.C.M. Press, London, 1956.

3. F. Gonseth, a lecture delivered in Geneva, 27th November 1950, reported in *La Suisse*, 28th November 1950.

4. Claude Verdan, 'De l'indication à l'acte opératoire', in *Revue médicale de la Suisse romande*, Lausanne, 25th March 1952.

5. Jean Delay, 'Inaugural Lecture', in *La Semaine des hôpitaux*, 14th October 1947.

6. Renè-S. Mach, 'Inaugural Lecture', in *Praxis*, Berne, No. 1, 1954.

7. Vinzenz Neubauer, *Der Weg zur Persönlichkeit*, Tyrolia Verlag, Innsbruck-Vienna, 1947.

8. Alexis Carrel. *Man, the Unknown*, Penguin Books, Harmondsworth, 1948.

9. Charles Hauter, 'Les Deux natures en Christ', in *Revue d'histoire et de philosophie religieuses*, 1952, No. 3, p. 201, Presses universitaires de France, Paris.

10. Paul Plattner, *Médecine de la personne*, Artsenblad, Amaterdam, April, 1950.

11. Maurice Nédoncelle, *La réciprocité des consciences*, Aubier, Paris, 1942.

12. Armand Vincent, *Le Jardinier des hommes*, Editions du Seuil, Paris, 1945.

13. 특히 *La personne du médecin*, un agent psychothérapeutique를 보라.

14. Ramon Rey Ardid, *El sentido religioso de la medicina de la persona*, Octavioy Félez, Saragossa, 1953.

11. 삶은 곧 선택이다

1. Renè Allendy, *L'amour*, Denoël, Paris, 1942.

2. H. H. Pius XII, Allocution to the first International Congress on the

Histopathology of the Nervous System, *Acta Apostolicae Sedis*, Rome, 1952.

3. Paul Tournier, *A Doctor's Casebook*, translated by Edwin Hudson, S.C.M. Press, London, 1954, p. 49.

4. Raymond Trotot, *La neuro-chirurgie et la personne humaine*, Médicine de France, Paris, 1954.

5. Charles Hauter, 'Les Deux natures en Christ', in *Revue d'histoire et de philosophie religieuses*, 1952, No. 3, p. 201, Presses universitaires de France, Paris.

6. Translated by Anthony Bower and published by Hamish Hamilton, London, 1953.

7. Claude Verdan, 'De l'indication à l'acte opératoire', in *Revue médicale de la Suisse romande*, Lausanne, 25th March 1952.

8. Søren Kierkegaard, *Ou bien... ou bieng*, Paris, N. R. F., 1943.

9. Paul Plattner, *Médecine de la personne*, Artsenblad, Amaterdam, April, 1950.

10. Ramon Rey Ardid, *El sentido religioso de la medicina de la persona*, Octavioy Félez, Saragossa, 1953.

11. Robert Moon, "La sécurité à lâge atomique", *Courrier d'information du Rearmement moral*, Caux et Berne, 16 juillet 1954.

12. 생명의 근원에서 샘솟는 새로운 삶

1. Théodore Bovet, *Zeit Haben und frei sein*, Furche Verlag, Hamburg, 1954.

찾아보기

문명사회에서 실제 인간이 등장인물 뒤로
소멸되어 가는 현상이 오늘날 더욱 두드러지게 나타나는 이유는
테크놀로지의 발달, 도시에 집중된 인구,
삶의 기계화 때문이다.

인간이란

무엇인가